蓝海经济

第 5 辑

中国海油集团能源经济研究院 编

石油工业出版社

内 容 提 要

本书是由中国海油集团能源经济研究院组织编写的蓝海系列丛书第5辑，矢志深耕"蓝海"，聚焦能源、引领创新、推动变革，打造以论文集为载体的高水平科研学术交流平台。本书围绕"海洋、创新、未来"三重内涵，从专家视点、能源经济、企业管理和理论方法四大板块分析全球海洋能源及相关产业发展趋势，建设世界一流企业的管理理论方法和实践经验，助推我国能源行业及相关企业高质量发展。

本书具有学术性、专业性和前瞻性，可以作为政府部门、能源行业从业者、专家学者及高等院校师生的参考用书。

图书在版编目（CIP）数据

蓝海经济 . 第 5 辑 / 中国海油集团能源经济研究院编 . 北京：石油工业出版社, 2025. 6. -- ISBN 978-7-5183-7625-4

Ⅰ. F426.22

中国国家版本馆 CIP 数据核字第 2025LR2004 号

蓝海经济 第 5 辑

中国海油集团能源经济研究院　编

出版发行：石油工业出版社
　　　　　（北京市朝阳区安华里二区 1 号楼 100011）
网　　址：www.petropub.com
编 辑 部：(010) 64523609　图书营销中心：(010) 64523633
经　　销：全国新华书店
印　　刷：北京中石油彩色印刷有限责任公司

2025 年 6 月第 1 版　2025 年 6 月第 1 次印刷
787 毫米 ×1092 毫米　开本：1/16　印张：14
字数：272 千字

定　价：88.00元
（如发现印装质量问题，我社图书营销中心负责调换）
版权所有，翻印必究

《蓝海经济》编委会

主　　任：王　震

副 主 任：胡森林　郭胜伟　白晓辉　韩广忠

主　　编：王　震（兼）

副 主 编：丛　威　徐　鹏

委　　员：（以姓氏笔画为序）

门秀杰　马　杰　王建明　王　恺　王　勇

王晓光　毛加祥　田广武　刘灵丽　孙洋洲

孙海萍　苏佳纯　李　楠　张胜军　陆忠杰

金　镭　赵连增　郝宏娜　柯晓明　侯凯锋

郭海涛　崔　忻　崔　凯　崔　琳　鲍春莉

潘继平

编　　辑：殷立欣　常　娜　赵冠伟

英文编辑：王晓光

目 录

01 专家视点

对企业技术创新管理中六大问题的一些思考   2

关于新质生产力与"五个价值"体系耦合机制的思考   14

02 能源经济

海洋油气产业培育发展海洋能源新质生产力路径研究   26

"十五五"中国化工新材料发展趋势研究   41

"十五五"中国石油消费展望   51

2024年全球上游油气资源并购回顾及展望   64

"双碳"目标下海上风电建设对油气开发的影响及发展思考   74

"双碳"目标下油气行业全面绿色低碳发展路径分析   85

03 企业管理

中国海油价值创造的实践与思考　　　　　　　　　　　106

典型能源央企数字产业发展模式路径分析　　　　　　119

LNG 接收站项目成本的控制及管理对策研究　　　　　127

电力现货市场中天然气销售与燃气发电协同经营模式研究　　141

04 理论方法

基于 LSTM 模型的国内外碳排放配额价格预测研究　　　　156

基于数智化和 AHP-CRITIC 法的 LNG 项目成本控制研究　　169

兼顾准确性和可解释性的聚丙烯毛利预测模型　　　　　　183

基于多期双重差分模型的中美贸易转移实证方法研究　　　199

CONTENTS

Expert Insights

Key Issues in Managing Technological Innovation in Business　　13

Coupling Mechanism Between the New Quality Productive Forces
and "Five-Value System"　　24

Energy Economics

Developing Offshore Energy New Quality Productive Forces: Path
for China's Offshore Oil and Gas Industry　　40

Developmental Trends of New Chemical Materials in China During
the 15th Five-Year Plan Period　　50

Oil Consumption Outlook During the 15th Five-Year Plan Period　　63

Global Upstream Oil and Gas M&A in 2024: Review and Prospect　　73

Prospect of Offshore Wind Power Construction and the Impacts on
Oil and Gas Development Under the Dual Carbon Goals　　84

Pathways to Comprehensive Green and Low-Carbon Transition in
Oil & Gas Industry Under the Dual Carbon Goals　　104

Enterprise Management

Value Creation in Energy Industry: Practices and Insights from the CNOOC	118
Analysis of the Path on Digital Industry Development in Typical Energy SOEs	126
Cost Control for LNG Receiving Terminals Construction and Management Strategies	140
Gas-Power Synergy in Electricity Spot Markets: Integrated Business Models for Natural Gas Sales and Generation	154

Theories and Methods

Carbon Emission Trading Price Prediction: Based on LSTM Model	168
Cost Control for LNG Construction Projects: Digitization and AHP-CRITIC Method	182
Polypropylene Gross Margin Forecasting: Balancing Accuracy and Interpretability	198
An Empirical Study on Sino-US Trade Diversion: Based on Multi-Period Difference-in-Differences Model	216

征稿启事

筑梦蓝海，经略能源。中国海油集团能源经济研究院组织编写的蓝海系列丛书《蓝海经济》，矢志深耕"蓝海"，聚焦能源、引领创新、推动变革，打造以论文集为载体的高水平科研学术交流平台。所谓"蓝海"，寓意海洋、创新、未来三个内涵。海洋，从产业层面分析研究海洋能源全产业链；创新，从公司层面纵论战略转型、管理创新和技术创新；未来，侧重于探讨以"三新"（新产业、新业态、新模式）助推行业高质量发展。

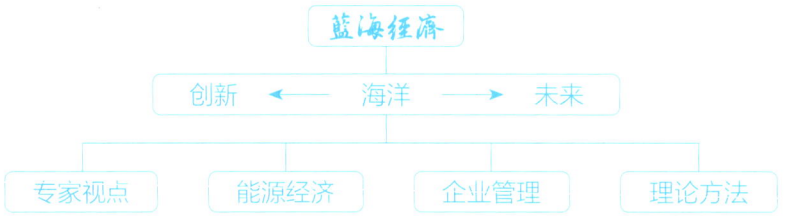

《蓝海经济》第 6 辑征稿已启动，欢迎能源行业和高等院校的专家、学者、研究人员投稿。主要征稿方向：

1. "十五五"能源发展趋势与挑战；
2. 中美贸易摩擦下的油气行业趋势分析；
3. 市场化改革与公司管理创新；
4. 可再生能源与储能技术融合发展；
5. 氢能经济的发展与挑战；
6. 新能源与新型电力系统治理创新；
7. 核能与新兴能源技术趋势分析；
8. 智慧油气。

投稿字数：8000 字以上

截稿日期：2025 年 8 月 31 日（第 6 辑）

投稿网址：https://lhjj.portal.founderss.cn

咨询邮箱：sh_jyybjb@cnooc.com.cn

联 系 人：殷立欣 / 赵冠伟

电　　话：010-84525953/89913788

投稿须知及论文写作规范
请扫二维码

《蓝海经济》编辑部

专家视点

对企业技术创新管理中六大问题的一些思考

高旭东 *

清华大学

摘要：企业技术创新管理对企业的生存和发展具有重要意义，但是一直存在一些不容易理解的问题。本文是对六个重要问题的思考，希望对提高企业技术创新管理的有效性有所帮助。

关键词：技术创新管理；抓手；方法；人才；领导

0 引言

对任何企业来说，以有效的技术创新管理提升企业的技术创新能力都是企业生存和发展的重要条件，在技术密集型行业更是如此。问题在于，企业技术创新能力的培养是一项非常复杂的系统工程，企业的技术创新管理存在诸多挑战。

对中国企业而言，挑战更多，一个原因是体制机制变动剧烈，大大增加了认识企业技术创新管理基本规律的难度，甚至存在很多认识偏差和误区，比如自主技术创新与开放式创新的关系问题、国企创新与民企创新异同的问题。

企业技术创新管理的内容很多，本文集中讨论六个问题：技术创新的抓手、技术创新的勇气、技术创新的方法、技术创新的人才、技术创新的误区和技术创新的领导。

1 技术创新的抓手

很多人认为，虽然企业主要领导宣称非常重视技术创新、有关政府部门大力提倡技术创新，但是很多时候创新效果并不理想。为什么会出现这样的情况？有没有解决的办法？

我们先看一个具体现象，然后提出解决问题的思路和方法。这个现象是：中国虽然是一个发展中国家，但是在一些重要领域取得了了不起的成就，比如"两弹一星"、空

---

* 高旭东，男，博士，教授，主要从事公司战略、技术战略、技术能力培养研究。E-mail: gaoxudong@sem.tsinghua.edu.cn

间探索、尖端武器装备、特高压、高铁和移动通信等。为什么会取得巨大成功？一个基本答案是，这些领域的"大工程项目"是有效的抓手。实际上，不仅我国是这样，其他国家，比如美国，也是这样，"地面防御计划""曼哈顿工程"和"阿波罗计划"，都是非常成功的例子[1]。理论和实践都证明，重大工程对技术能力的提升和创新体系的建设具有重大的带动和引领作用，特别是提供珍贵但是稀缺的组织资源[2-3]。

上面的现象和启示具有普遍意义。对于广大企业而言，无论是国企还是民企，创新效果欠佳的原因是多方面的，常见的包括技术创新难度太大、人才缺乏、资金缺乏、外部环境不够友好（比如相应的材料、装备不符合要求，国外技术封锁）等。但这些都不是最根本的，最根本的原因是缺乏有效的抓手。大量的实践证明，推动技术创新的有效抓手基本都不是抽象的、笼统的、高大上的企业战略规划或者政府政策本身，而是落实企业战略规划或者政府文件等实实在在的具体任务、具体项目[4]。没有具体任务、具体项目的推进落实，战略和政策再宏伟，也会落空。

具体的任务、项目可大可小，但是一定要有专人负责，一定要有明确的目标，特别是挑战性的目标，一定要有足够的资源投入。另外，越是接近市场的任务、项目，越容易拉动创新活动。以产品创新拉动技术创新比以技术创新推动产品创新更容易成功，一个重要原因是压力更为直接、更为具体。比亚迪和IBM的例子很有启发性。

比亚迪早在2002年就进军电动车领域，2008年底就推出了双模混动车F3DM，但是销量非常不理想，到2010年底，累计销量只有417辆。这是产品不满足用户需求的结果。王传福的选择是：直面问题，一定要开发出真正能用、真正好用的新能源车。转折点在2020年到来，"汉"系列轿车既好看又好用，比亚迪的新能源车真正得到用户的高度认可[5]。

IBM在计算机产业长期居于领导地位，一个重要原因是其在大型机领域的巨大成功。IBM360大型机在1964年开发成功。这是托马斯·约翰·沃森"倾其全部资源，用了两年时间完成的新产品"。沃森指出："360系列代表着与原来设计生产计算机完全不同的理念……它开启的不仅仅是计算机的新时代，还是商业、科研和政府应用新技术的新时代。"IBM360开发成功后，IBM的总收入、职工人数急剧增加[6]。

2 技术创新的勇气

实践中，很多企业，无论是国企还是民企，都没有足够的勇气进行技术创新，因为创新有难度、有不确定性、有风险。从本质上讲，不创新是因为担心创新不成功以及由此带来的损失（主要是财务损失）。但是，不创新问题更大、损失更大。换句话说，"创新是找死",但是还有生存与发展的机会,不创新则只能"等死"。

实际上,因为长期不敢创新,我国很多企业已经没有足够的能力应对新的挑战。一是经济增长速度下滑,二是需求升级,结果是竞争不断加剧,企业经营日益困难,不少企业对未来缺乏信心。需要深刻认识到,不是没有需求了,而是需求已发生转变并实现升级了,至于国际需求,则更加量大面广。从根本上讲,当前企业面临的危机,有其他因素(比如政府政策不到位)的影响,但最主要的还是企业内部的"能力危机",能力跟不上需求的变化了。对任何一个企业而言,抱怨需求变化是没有用的,唯一的出路是调整能力、提高能力,满足新的需求[7]。

与很多企业不敢创新、最终陷入"能力危机"相比,由"新一代创业者"引领的高科技创业企业正在如雨后春笋般出现、崛起。这些"新一代创业者"志向远大,受过非常好的教育,有广阔的视野,他们创办的企业从一开始就敢于和善于开发世界一流的技术和产品,引领行业的发展[1]。从这一视角看,深度求索(DeepSeek)并不是一个特例,而是众多"新一代创业者"创办的高科技创业企业的典型代表之一。

这些由"新一代创业者"引领的高科技创业企业的出现具有非常重要的意义:我国很多企业缺乏创新勇气的问题今后会得到比较有效的、迅速的解决,因为这些企业的实践证明,中国企业可以在越来越多的领域进行世界一流的技术创新,既可以通过"引进消化吸收"当好学生,也可以通过领先的创新成为老师。信心不足的问题解决了,创新资源(包括资金、人才)的约束现在也不是主要矛盾,需要做的就是坚定不移地开展创新的行动了[8]。

当然,对于国企,解决创新的勇气问题还有另外一重挑战:如何应对创新中不可避免的巨大风险所引发的"追责"问题。这个问题非常具有挑战性,已经导致不少为了"免责"而"躺平"的行为,严重影响企业的创新与发展。解决这个问题也非常不容易,存在一些抱怨、误解是可以理解的。但问题的核心是,究竟有没有解决的办法?

实际上,办法是有的,就像国企能不能推动原始创新一样,就看企业的主要负责人是不是真正有责任感、真正愿意搞创新、真正愿意把企业办好[9]。以万华化学集团股份有限公司(简称"万华化学")为例,这个企业的起点并不高,20世纪八九十年代都在为生存而战,特别是到了20世纪90年代后期,企业的经营极度困难,人才大量流失,可以说是处于破产边缘。令人高兴的是,万华化学通过不断探索和改革,已经真正实现了"鼓励创新、宽容失败、重奖成功"。例如,2004年,科技人员发明的一项技术在生产装置上试验失败了,损失了5 000万元,是公司年利润的10%左右。研发团队所有人都哭了,但是公司并没有埋怨他们,因为这是创新不可避免的,这样的损失必须接受,这样的失败也成为后来的成功之母,失败是有重要价值的。结果就是,万华化学已经成长为"化工界的华为",在技术创新方面,已经实现了从"跟随"到"我更好"再到"独家"的跨越,拥有超过6 200项发明专利、14项全球首创技术、47项打破"卡脖子"技术[10]。

当然,对政府而言,一定要营造良好的创新氛围,让企业敢于创新。一个真正管用的办法是切实落实"尽职免责",在创新活动中(在各种企业经营活动中),只要做到了"尽职",就应该"免责"。需要特别指出的是,企业可以在实现"尽职免责"中发挥关键作用,即提供"尽职"的标准和事实。纪检监察部门不可能制定适用于所有场景的"尽职免责"标准,企业最有条件提出合理的建议。

3 技术创新的方法

技术创新的方法有很多,在我国经济发展的新阶段,以下3个方法尤为重要:一是把应用研究放在前后贯通的位置,二是坚持"在尝试中学习",三是高度重视企业技术创新环境的塑造。

第一个方法,把应用研究放在前后贯通的位置。一个完整的创新链条(图1),从右往左分别是产品生产、产品开发、应用研究、基础研究、基础科学。这5个部分,哪个更重要?不同企业、不同的发展阶段,答案是不一样的。从世界范围看,最领先的企业一般将应用研究置于中枢位置,建立强大的应用研究能力;有了强大的应用研究能力,往右延伸,先进的产品技术、工艺技术就可以源源不断地产生,企业就可以以高质量、低成本的产品在市场上占据有利位置;为了建立强大的应用研究能力,企业往往需要往左延伸,进行必要的基础研究甚至是涉足基础科学[11-12]。

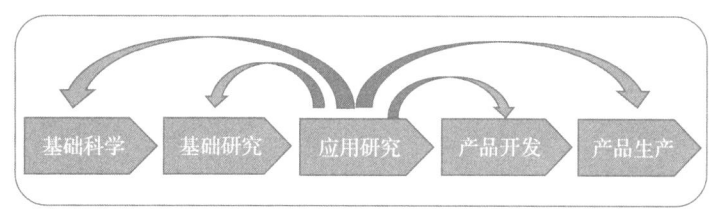

图1 技术创新链条示意图
Figure 1 Schematic diagram of the technology innovation chain

从我国企业的情况来看,改革开放以来,绝大多数中国企业最擅长的、心里最有底的是图1最右侧的"产品生产"部分,我国也因此成为"世界工厂"。但是,在经济发展新阶段,仅仅拥有强大的产品生产能力是远远不够的,需要尽快向左延伸,把其他能力培养起来。实际上，当前相当多的企业信心不足，根源就在于应用研究能力太弱，难以实现持续的产品升级换代和生产工艺提升。

需要特别指出的是，一般的"产学研"合作无法替代企业内部的能力培养，包括基础科学、基础研究方面的能力，更包括应用研究的能力。在很多情况下，特别是在以科学为基础的行业，没有相当高水平的基础研究、基础科学能力，应用研究能力的建设必然难以有效推进。在过去相当长的一段时间里，我国很多企业的"产学研"合作成效有限，一个根本原因是企业的科研能力不足，难以理解、吸收先进的科学知识。这同发达国家企业的情况是不同的。例如，美国硅谷的应用材料公司，职工1.26万人，拥有博士学位的就有4 000多人。

第二个方法，即坚持"在尝试中学习"，力戒"机会主义的方法"，也非常重要。一般而言，技术能力培养有两种基本方法[13]。Rosenbloom和Cusumano对录像机（VCR）产业的研究非常深入地分析了二者的区别。他们的研究发现，原本在技术上、市场上都更有优势的美国企业RCA和AMPEX之所以最终败给了索尼、JVC、松下等企业，根本原因在于它们在创新上采取的是"机会主义"的做法。新产品开发的基本特点是：往往涉及很多不同的技术，需要一点儿一点儿突破，需要各项技术的整合，特别是产品设计与制造工艺的整合。RCA和AMPEX总是试图以设计突破性的产品赢得竞争优势，结果发现产品设计难以成功，更不用说开发出先进、成熟的制造工艺。与RCA和AMPEX的做法相反，索尼等企业则是在非常高远的目标指导下（把产品价格从5万美元降低到500美元），长期坚持"在尝试中学习"的原则，一点儿一点儿取得技术突破，一点儿一点儿提高产品性能，一点儿一点儿改进生产工艺。

改革开放以来，我国不少企业在技术创新方面的"机会主义"做法是比较严重的，包括过度依赖"合资"、过度依赖"产学研"合作、过度依赖"开放式创新"，也包括因为太过追逐市场热点导致的频繁技术方向改变。在一定意义上，"机会主义"做法的实质是，因为自身的能力不够，总想利用外部资源来弥补，或者利用各种取巧的方法来弥补。在技术比较简单的情况下，这样做可能问题不大，甚至效果不错。但是，在技术比较复杂、先进的情况下，这样做的效果一定不会好，因为难以培养起独特的资源和能力[14]。

第三个方法，高度重视企业技术创新环境的塑造。我们可以从三个视角理解。一是创新平台视角。如果一个企业可以成为"平台领导者"[15-16]，就可以与平台中的其他企业形成相互依赖、相互支持的关系，建立强于竞争对手的产业链和生态体系，就可以把"单打独斗"变成平台之间、产业链之间、生态体系之间的竞争。不少企业，包括比亚迪、特斯拉、百度、阿里巴巴、腾讯、京东、拼多多、微软、英特尔、思科、苹果、亚马逊、谷歌、丰田、三星等等，都在成为"平台领导者"方面进行了很多探索。一个基本结论是，充分考虑合作伙伴的利益，特别是在平台建立的早期阶段，是成为有效"平台领导者"的重要条件。

二是波特教授提出的"钻石模型"视角[17]。波特教授的研究表明，一个企业的竞争优势与其自身的资源和能力有关，但同样重要的是身处一个有利的区域环境中，包括高水平产业结构与产业组织（企业战略、企业间的合作与竞争）、高水平生产要素的支持、高水平相关产业和企业（比如零部件供应企业）的支持以及高水平市场需求的支持。以生产要素为例，最重要的是一流的科学家和工程师，他们可以在特定领域进行一流的研究与开发工作，这是强大的技术创新能力的源泉。例如，在糖尿病领域，丹麦在全世界具有领先的优势，一个重要原因是丹麦在这个领域拥有一流的科学家和工程师。

根据波特教授的研究，一个企业要想取得突出的创新成就，一方面要高度重视企业内部的创新活动，另一方面要高度重视企业外部的影响。例如：与教育系统特别是高等教育系统紧密合作，为本企业所在领域培养优秀的人才；与用户紧密合作，正确把握创新的方向和具体要求；与相关产业和支持产业紧密合作，确保相关材料、装备等的有效供应；与竞争对手合作，创造良好的竞争环境。

三是保障创新安全的视角。对中国企业而言，这个问题尤为重要[1, 18]。改革开放以来，我国企业大都选择"与国际接轨"，即全面加入西方发达国家特别是美国主导的创新体系、产业体系和经济体系。这样做的好处是明显的，即在比较短的时间里获得了迅速发展。但是，这也积累了巨大的问题，就是在很多领域丧失了发展的主动权。在这种情况下，2018年以来美国的技术封锁让不少企业一度陷入非常被动的境地。要摆脱这一困境，只有实现"高水平科技自立自强"，只有"建立以本土企业、本土力量为主导的技术创新体系、产业体系和经济体系"，才能从根本上解决掌握发展主动权的问题。这也意味着，在今后相当长的一段时间里，世界上将同时存在两大体系：一个是以中国为主导的技术创新体系以及相应的产业体系和经济体系，另一个是以美国为主导的体系。这两大体系，从本质上讲是相互竞争而不是合作的关系，虽然也有合作。在这样的背景下，企业的战略选择变得非常复杂，需要在这两大体系之间布局创新力量。

4 技术创新的人才

技术创新需要人才。但是，一个令人费解的现象是，很多企业对于吸引人才最多算是"半心半意"，距离"全心全意"相去甚远。例如，不少国企不敢招人，原因是没有"编制"，只能"退休多少，新招多少"，甚至坚持"减人增效"，有人退休也不进新人。这样的做法，无异于自己把自己"憋死"，因为在新技术、新思想快速变化的时代，新鲜血液的作用是不可替代的。唯一的出路是不断增加新鲜血液，不断用新的技术、新的方法发展现有业务，并不断发展新的业务。

又如，很多企业口头上希望招聘人才，但是不给人才提供相应的待遇，理由之一是"我们是小企业，实力有限，很难吸引人才"，或者"我们是国企，难以提供市场化的待遇"。这是拒绝人才的理由，不是吸引人才的理由，也是消极的思想和做法。结果只能是，"招不到人才—做不好创新—赢不了竞争—更招不到人才"，恶性循环，企业最终难以生存。正确的、积极的做法是从现有的实力出发，即使没有能力多招人才也要少招，但是不能不招，这样企业才能从小变大、从弱变强。

吸引人才最重要的是尊重人才。IBM是尊重人才、尊重每个人的典范。IBM的领导人小托马斯·沃森指出：在一个公司中，成功与失败的真正差别往往可以追溯到一个问题，即职工的活力和才能是不是真正被激发出来了。在这一认识的影响下，IBM尊重每个人的具体表现包括：激发每个人的活力，发挥每个人的才能、创造力、适应性，奖励每个人的成就和贡献，为每个人的发展创造机会，保证每个人的声音能够被听到，保护每个人的权利和尊严，为每个人提供基本的安全感[19]。其中，一个非常重要的做法是，尽力保障职工的就业安全。虽然没有写在纸上，但"充分就业"是IBM最重要的政策之一。只要职工的工作令人满意，IBM就会坚持这一政策。当然，"充分就业"不是说保证职工一直在一个岗位上工作，而是可以适应多个不同岗位的要求，因而需要帮助职工掌握多种技能、胜任多个工作岗位。

需要特别指出的是，很多企业缺乏保障职工就业安全的理念，甚至以市场经济条件下必须坚持"效率优先"原则作为解雇职工的理由。实际上，真正优秀的企业都清楚，真正的"效率优先"需要以职工的积极性、创造性为基础，如果连职业安全都没有，职工是不可能全心全意为企业作贡献的，"效率优先"是不可能得以落实的。

为了充分调动创新人才的积极性、充分发挥他们的聪明才智，还需要积极开展"计划外创新"。一般而言，可以把一个企业的创新活动分为两类："计划内创新"和"计划外创新"。"计划内创新"指的是一个企业为了实现其既定的发展目标和竞争战略而有计划地安排的创新活动，而"计划外创新"则是非计划安排的、自发的创新活动[8, 20]。

"计划外创新"为什么有利于调动和激发创新人员的积极性、创造性？一个重要原因是其自发性，是他们真心愿意做的事情。"计划外创新"可以非常有效，3M公司就是一个很典型的例子，公司的很多重要产品都是"计划外创新"的结果。实际上，为了把计划外创新搞好，3M公司作出了很多制度安排，比如科研人员，后来扩展到所有人员可以把15%的时间用在自己认为有意义的"计划外创新"活动上，可以为自己的"计划外创新"向公司申请必要的科研费用。3M公司之后，很多企业（比如谷歌、脸书、

IBM）都推行了"计划外创新"，而且成效也非常显著。我国也有越来越多的企业（比如中国石油）在推广"计划外创新"[21]。

5　技术创新的误区

在很多时候，技术创新是一个非常复杂的过程，因而存在很多误区。本文着重讨论四个误区：创新重点的选择、创新与资源的关系、创新中的计划性与自发性以及创新与对外合作的关系。

创新重点的选择看似容易，其实不然。例如，如何处理渐进性创新与原始创新的关系？无论是理论还是实践都告诉我们，企业里的绝大多数创新都是渐进性创新，而且渐进性创新的效果非常好。相反，原始创新是不常见的，大多出现在产业发展的早期，或者当市场发生重大变化时[22]。现在很多企业都在谈"寻找第二增长曲线"，实际上是没有真正弄清楚渐进性创新与原始创新的关系。开创第二增长曲线往往是非常不容易的。真正应该问的问题是，第一增长曲线已经开始下降了吗？真的在下降吗？在第一增长曲线上，本企业已经做到了行业领先、行业第一了吗？为什么？

又如，如何处理基础研究与产品生产的关系？长期以来，我国企业高度重视产品生产，制造的产品质量又好价格又低，在市场上非常受欢迎，成就了"世界工厂"的美名。但是，随着竞争的加剧，特别是国际竞争的加剧，我国企业研发能力弱的问题日益突出。在这样的背景下，一种观点是，我国企业竞争力不够，根本原因是基础研究不够，要把基础研究放在首位。这是一种走极端的做法。基础研究当然重要，但是对大多数行业而言，正如前面分析过的，应用研究才是中枢、重点，而基础研究不是。

再如，新兴技术与成熟技术孰轻孰重？首先，在条件许可的情况下，一定要大力发展新兴技术，因为"先行者优势"太强大，后来者面临众多不利因素。"后发优势"远没有人们想象的那么普遍和明显[11]。特别是在发展中国家，"后来者劣势"十分突出[8]。同时，在条件许可的情况下，一定要高度重视成熟技术的"重新发明"，特别是在难以引进的情况下。这对发展中国家的大企业尤为重要，因为它们掌握着巨大的内部市场，可以为成熟技术的"重新发明"提供支撑[23]。

关于创新与资源的关系，一个常见的误区是把资源放在首位，认为只有资源具备了才能展开创新。实际上，一个企业只要深刻感受到了创新的紧迫性、重要性，只要有了足够的信心，没有资源也会去找资源。现实中，往往是有资源、无压力、无信心，因而无创新[8]。前面分析过的大唐电信科技股份有限公司（简称"大唐电信"）是一个典型，它在行业中可谓资源严重缺乏，但是在时分同步码分多址（TD-SCDMA）的发展中起到了重要的作用。

关于创新中的计划性与自发性,一个常见的误区是,认为在技术追赶阶段技术创新是可以计划的,而在技术领先阶段,因为是"无人区",是不可计划的。这样的认识忘记了一个基本事实:就像科学研究一样,技术创新也需要遵循"提出假设—验证假设"的过程;既然是这样的过程,就存在相当的计划性,即选定一定的领域或者方向,反复重复"提出假设—验证假设"的过程。当然,在一定时间内(可长可短),如果效果不明显,这一过程也可以停止,再重新选择新的领域或者方向,进行新的"提出假设—验证假设"探索。

关于创新与对外合作的关系,一个常见的误区是把对外合作放在不合适的、过高的位置,这既包括与国内其他组织的合作,也包括与国外组织的合作。对我国企业而言,这个问题尤为突出,因为在改革开放以来的40多年里,很多企业对于对外合作甚至到了盲从的地步,包括认为"高水平对外开放"可以成为解决科技自立自强的主要方法。实际上,技术创新的性质决定了,任何时候,企业内部都必须建立足够的技术能力,反之就没有"消化吸收能力",企业外部有多少技术,都难以被有效利用[11-12,24]。

6 技术创新的领导

技术创新受很多因素影响,但是企业高层领导,特别是"一把手"的影响是最主要的,也是决定性的。以"四能力"模型(认识企业所处环境的能力、建立愿景的能力、建立企业内外部关系的能力、用不断创新的方法实现愿景的能力)[25]为基础,本文重点强调企业高层领导在创新中需要坚持的4个原则:(1)以远见卓识引领创新;(2)以高远目标拉动创新;(3)以良好的企业内外部环境助力创新;(4)以卓越的能力实现创新。

以远见卓识引领创新,核心是先于别人发现重大机遇或者挑战,这是创新走在别的企业前面的基础。从机遇看,特斯拉的马斯克、比亚迪的王传福比别人更早地看到了新能源车的机遇。在太阳能发电领域,在大多数企业选择多晶硅技术时,西安隆基硅材料有限公司(后改名为隆基绿能科技股份有限公司)坚信单晶硅技术的优势。在纺织产业,当大多数人认为这是一个夕阳产业时,山东魏桥创业集团有限公司决定大干快上。

从挑战看,美的是一个典型例子。当大部分企业热衷于引进消化吸收国外技术时,美的清醒地认识到这样做的局限性和风险,率先建立了中央研究院,力争在技术和产品的自主开发方面取得突破[26]。虽然房地产行业现在遇到很大挑战,但是碧桂园积极发展建筑机器人的尝试体现了这家企业的独特之处。具体而言,在碧桂园意识到建筑行业一线劳动者会出现严重的供不应求局面后,在2~3年内就建立起了一支由6 000~7 000

名科学家、工程师组成的队伍,专注于建筑机器人的研究和制造。

以高远目标拉动创新,核心是深刻理解"高远"的重要性。所谓"高远",就是远超企业现有能力,只有经过非常大的努力才能实现[27]。中国石油集团东方地球物理勘探有限责任公司(简称"东方物探")是一个例子。1999年,东方物探亏损8.8亿元,是中国石油天然气集团有限公司(简称"中国石油")下属企业中的第一亏损大户。2002年,东方物探比原计划提前3年实现扭亏,公司从上到下感到很振奋。但是,两家跨国公司开始对东方物探进行技术封锁,不再向东方物探出售有关软件及其升级版本,或者提出了极为苛刻的限制条件。为了打破僵局,东方物探决定进行自主技术创新。即使在跨国公司提出不再搞技术封锁后,东方物探也没有改变决定。在投入大量的人力物力财力、历经两年的艰苦努力后,东方物探终于取得技术突破。更重要的是,公司从此确立了以技术创新保障企业发展的战略,不断挑战自我,不断以高远的目标激励自己,不断取得重大进步,从海底节点(OBN)市场份额世界第一,在世界市场展示行业龙头作用,到迎接最艰巨的挑战(进军墨西哥湾),再到2024年获得国家技术发明奖一等奖,不断向世界一流企业迈进。

以良好的企业内外部环境助力创新至关重要,因为重大创新需要企业内外力量的支持。大唐电信推动第三代移动通信(3G)国际标准之一TD-SCDMA创新的实践是一个非常好的例子。当大唐电信在1997年提出要发展3G国际标准时,国内几乎没有人相信我国有这样的能力,这也导致以后的十几年里困难重重。但是,大唐电信没有放弃,而是想尽一切办法,包括建立"TD产业联盟""TD技术论坛",也包括建立"非正式社会网络",积极推动TD-SCDMA的发展,直到2009年中国移动取得中国第一张3G牌照[28]。这也为我国在4G、5G领域取得重大突破,进而引领世界,打下了坚实的基础。

以卓越能力实现创新,核心是通过思想、文化、组织等方面的变革促进能力培养,以能力培养实现创新。例如,在中国经济发展的新阶段,在中国企业越来越多走向世界一流企业的新形势下,在思想上,企业需要把对外开放的重点从引进消化吸收国外技术迅速调整到加速自主创新、科技自立自强以及加速走向世界市场上来;在组织上,需要大力加强面向自主创新的研发组织建设,扩大研发组织规模,提高研发组织质量;在文化上,要实现从"跟随""当学生"到"创造""既当学生也当先生"的转变[28]。还是以万华化学为例,以创新与改革为基础,万华化学练就了一个了不起的本事:"自己研发的产品也好,买的技术也好,给我们10年时间,一定能够从国内一般的产品质量到国内一流,到国际一流,再到国际领先。为什么能做到这一点?我说就是因为体系,我们所有的动作首先是标准化,二是自动化,三是数字化,四是智能化。这个动作是一样的,反复重复,追求卓越,最后是世界领先"[10]。

参考文献

[1] 高旭东. 中国经济发展新阶段[M]. 北京：清华大学出版社，2022.

[2] Mazzucato M. From market fixing to market-creating: a new framework for innovation policy[J]. Industry and Innovation, 23 (2): 140–156.

[3] 袁家军. 神舟飞船系统工程管理[M]. 北京：机械工业出版社，2005.

[4] Wheelwright S C, Clark K B. Revolutionizing product development[M]. New York: The Free Press, 1992.

[5] 秦朔，熊玥伽. 工程师之魂：比亚迪三十而立（1994—2024）[M]. 北京：中信出版社，2024.

[6] 皮尤. 构建IBM帝国：塑造一个产业及其技术[M]. 北京：机械工业出版社，2006.

[7] 高旭东. 科学客观地认识经济发展面临的挑战与机会[J]. 企业改革与发展，2024（9）.

[8] 高旭东. 企业自主创新战略与方法[M]. 北京：知识产权出版社，2007.

[9] 高旭东. 如何有效提升央企原始创新能力[J]. 国资报告，2025（1）：89–92.

[10] 中国企业家网. 万华化学廖增太：砍什么预算都不能砍科研经费[EB/OL].（2024-12-15）[2025-03-18]. http://www.iceo.com.cn/article/70a76328-3c68-4f71-a292-3523721d1c24.

[11] Chandler A. Shaping the industrial century: The remarkable story of the evolution of the modern chemical and pharmaceutical industries[M]. Cambridge: Harvard University Press, 2005.

[12] Henderson R M. The Evolution of Integrative Capability: Innovation in Cardiovascular Drug discovery[J]. Industrial and Corporate Change, 1994, 3 (3): 607–630.

[13] Rosenbloom R S, Cusumano M A. Technological pioneering and competitive advantage: The birth of the VCR industry[J]. California Management Review, 1987, 29 (4), 51–76.

[14] Barney J. Firm Resources and Sustained Competitive Advantage[J]. Journal of Management, 1991, 17 (1): 99–120.

[15] Cusumano M A. Staying Power: Six Enduring Principles for Managing Strategy and Innovation in an Uncertain World[M]. Oxford: University Press, 2010.

[16] Gawer A, Cusumano M A. Platform leadership: How Intel, Microsoft, and Cisco drive industry innovation[M]. Boston: Harvard Business School Press, 2002.

[17] Porter M. The competitive advantage of nations[M]. New York: The Free Press, 1990.

[18] 高旭东. 中国本土企业技术创新的"共同成长"理论[J]. 技术经济. 2018，37（12）：4–7.

[19] Mercer D. IBM: How the world's most successful corporation is managed[M]. North Ryde: Methuen Australia Pty Ltd, 1987: 186–201.

[20] Burgelman R A. Strategy is destiny[M]. New York, NY: The Free Press, 2002.

［21］刘振武，孙星云，高旭东，等．中国石油集团公司技术创新案例[M]．北京：石油工业出版社，2006．

［22］Utterback J M. Mastering the dynamics of innovation[M]. Boston, MA: Harvard Business School Press, 1996.

［23］Gao X. Approaching the technological innovation frontier: evidence from Chinese SOEs[J]. Industry and innovation, 2019, 26 (1): 100–120.

［24］Pavitt K. What makes basic research economically useful[J]. Research Policy, 1991, 20: 109–119.

［25］Ancona D, Malone T W, Orlikowski W J, et al. In praise of the incomplete leader[J]. Harvard business review, 2007, 85 (2): 92–100, 156.

［26］陈莉．美的研发转型：技术创新的运营管理实践[M]．北京：机械工业出版社，2024．

［27］Hamel, G. & Prahalad, C. K. Strategic intent[J]. Harvard Business Review, 1989, 67: 63–76.

［28］Gao, X. A latecomer's strategy to promote a technology standard: The case of Datang and TD-SCDMA. [J] Research Policy, 2014, 43 (3): 597–607.

Key Issues in Managing Technological Innovation in Business

Xudong GAO

Tsinghua University

Abstract: Corporate technological innovation management is of great significance to the survival and development of enterprises. However, there have always been some issues that are not easy to understand. Six important issues are reflected, and it is hoped that it will be helpful in improving the effectiveness of corporate technological innovation management.

Keywords: technological innovation management; grip; methodology; talent; leadership

关于新质生产力与"五个价值"体系耦合机制的思考

杨劲*，姚荣

中移数智科技有限公司

摘要：新质生产力作为创新驱动的先进生产质态，已成为推动经济高质量发展与中国式现代化进程的核心动力。本文基于马克思主义政治经济学与系统论相结合的理论框架，剖析新质生产力的生成机理，深入分析了其与"五个价值"的内在逻辑及衍生关系。研究表明，新质生产力与"五个价值"形成双向驱动的良性循环，共同构成高质量发展的重要动力、关键支撑和根本保障。本文基于科技创新、产业升级、价值创造和制度创新"四维协同"，提出相应的对策建议。

关键词：新质生产力；中央企业；五个价值；价值创造体系

1 研究背景

中央企业在关系国家安全和国民经济命脉的主要行业和关键领域占据支配地位，是国民经济的重要支柱，在推动社会进步中发挥着不可替代的作用。近年来，全球格局加速演化，国际环境日趋复杂，同时我国改革开放不断深化，国内市场环境、政策导向和社会需求均发生显著变化。在此背景下，中央企业面临国际国内的双重挑战与机遇，转型升级与高质量发展尤为紧迫关键，发展新质生产力成为中央企业突破传统路径依赖、服务国家战略需求的核心抓手。党的二十大明确提出新时代新征程党的中心任务，赋予了中央企业新的使命责任。中央企业作为国民经济的"顶梁柱"，应把"实现中华民族伟大复兴"作为奋斗目标，这是国家出资设立中央企业的基本要求，也是中央企业存在的终极使命。2023年12月25—26日，国务院国资委党委书记、主任张玉卓在中央企业负责人会议中提出要更加注重提升增加值、功能价值、经济增加值（EVA）、战略性新兴产业收入和增加值占比、品牌价值，进一步增强核心功能、提高核心竞争力，更好推动中央企业高质量发展[1]。"五个价值"是引导中央企业适应新时代经济发展要求、

---

* 杨劲，女，硕士，高级工程师，主要从事数字化转型战略、产业数字化赋能等研究。E-mail：yangjin@cmdi.chinamobile.com

落实适应新时代经济发展要求的重要举措，是承载高质量发展这一首要任务的关键路径，是推动完善价值创造体系的核心引领。本文深入剖析新质生产力与"五个价值"的耦合关系及其范式重构，提出通过系统化推进科技创新、产业升级、价值创造和制度创新的"四维协同"相关对策建议，旨在为国有企业管理创新实践与世界一流企业构建提供坚实基础，促进中央企业更好地适应新时代经济发展的需求，实现经济、政治和社会属性的有机统一。

2 新质生产力与"五个价值"体系耦合机制

2.1 新质生产力驱动下的企业管理理论跃迁

2024年1月，习近平总书记在二十届中央政治局第十一次集体学习时强调："发展新质生产力是推动高质量发展的内在要求和重要着力点。"2024年《政府工作报告》将"加快发展新质生产力"列为年度首要任务，体现了对马克思主义生产力理论的继承与创新，凸显了高质量发展对中国式现代化的关键作用。马克思主义生产力理论是唯物史观的核心，揭示了生产力作为人类社会发展的根本动力和变革力量的本质。新时代，以习近平同志为核心的党中央立足中华民族伟大复兴战略全局和世界百年未有之大变局，顺应科技革命和产业变革趋势，实现了马克思主义生产力理论的"中国化"时代化新发展[2]。新质生产力以技术革命性突破、生产要素创新性配置、产业深度转型升级为特征，涵盖了劳动者、劳动资料、劳动对象及其优化组合的质的跃升[3]。相较于传统管理理论，新质生产力理论在多个维度上实现了耦合与超越，主要体现在以下四个方面（表1）。

表 1 新质生产力驱动下的企业管理理论

Table 1　Enterprise management theory driven by new quality productive forces

理论维度	传统解释范畴	新质生产力适配性革新
资源基础观	物质资源独占性	数据-技术复合资源动态配置
动态能力理论	市场响应速度	技术路线快速迭代能力
利益相关者理论	股东利益最大化	生态化价值网络治理
开放式创新理论	外部技术引进	跨界创新生态共同体构建

一是资源基础观迭代。传统资源基础观认为，企业的竞争优势源自异质性、稀缺性且不可替代的资源组合。然而，在新质生产力框架的演进下，技术、数据与制度要素的协同融合已超越了传统资源的范畴，构建了一个"实体-数字"相融合的复合型资源体

系。在这一体系中，静态的资源占有模式转变为动态的能力积累过程，与技术要素的指数级更新速度相契合，数据要素成为继土地、劳动力、资本之后的第四大生产要素。

二是动态能力范式重构。传统动态能力理论强调，企业决策过程应围绕"感知—捕捉—重构"展开。然而，在新质生产力的背景下，动态能力从依赖"组织惯例"逐渐向"算法惯例"演进，形成了更为高效的"感知—决策—执行"闭环，实现了从"市场响应"向"技术—制度"双轨驱动的升维。具体而言，这一理论框架不仅要求企业能够敏锐地识别市场技术的瞬息万变，迅速调整内部结构和流程的能力，还强调了组织学习的重要性，认为企业需要通过不断学习和创新来提升自身的动态能力，从而在竞争中脱颖而出。

三是利益相关者理论升维。在传统管理思维中，利益相关者理论在新质生产力框架下已逐渐演化为一种崭新的范式，即"生态化治理"。该范式依托技术赋能和制度设计，促进多元主体间价值的协同共创。在此背景下，企业从传统的"股东至上"原则转向追求"生态价值最大化"，为此企业需借助先进的数字化治理工具及公益企业认证体系，在经济、社会与环境等多个维度上实现帕累托最优，确保在追求经济效益的同时，积极履行社会责任，从而在更广阔的层面上达成价值的共同创造与共享。

四是开放式创新模式跃迁。传统的开放式创新理论为创新生态系统的发展奠定了坚实基础，推动了创新协作模式由单一的线性模式向更为复杂的、动态的非线性涌现模式转变。在此背景下，开放式创新理论演化为"创新生态系统"的全新范式，通过技术开源与制度协同的双重机制，打破创新的传统边界，实现创新模式从"线性推进"向"网络化涌现"的根本性转型。在此新范式下，企业需积极构建自身的生态位，形成"技术—市场—政策"三者间的共振与协同机制，以有效应对未来产业中日益凸显的技术复杂性挑战。

2.2 新质生产力与"五个价值"的理论耦合

新质生产力不仅重塑企业管理实践，更推动管理理论范式的认知论革命，从竞争逻辑转向共生逻辑，为构建中国特色管理学体系提供关键切口[4]。"五个价值"是中央企业实现适应新时代经济发展要求的关键措施，是承载高质量发展这一首要任务的重要途径，是推动完善价值创造体系的核心驱动力。本文进一步研究了新质生产力与"五个价值"的本质联系，为企业实现可持续发展提供理论支持。新质生产力涵盖了经济价值、社会价值、环境价值、创新价值和治理价值等多个维度。经济价值是新质生产力的核心基础，是建设世界一流企业不可或缺的基石[5]。作为社会价值创造的主体，中央企业通过技术创新与生产要素的高效配置，已实现降本增效的显著成效，为企业持续发展注入了强劲动力，为社会的正常运转和国家的安全提供了有力保障。经济价值与"五个价值"中增加值和经济增加值两个指标相关。增加值彰显了中央企业对国民经济的实质性贡献，是衡量其经济活动对国内生产总值增长贡献程度的关键标尺[6]。经济增加值揭示了中央企业为股东创造的真实价值，在考虑企业税后净营业利润的同时，扣除了包括股权和债务在内的全部资本成本，更真实全面地反映了中央企业的经营绩效和盈利能力。

社会价值强调绿色化、包容性发展，强调企业应积极承担起社会责任，将社会公平正义纳入发展考量，推进生态文明建设，让发展成果惠及更广泛的人群。中央企业兼具功能与经济双重价值属性，在服务国家战略和履行社会责任中创造功能价值。在生产经营和市场竞争中创造经济价值。社会价值对标"五个价值"中的功能价值。多年来，中央企业积极履行社会责任，主动承担部分地方国有企业及民营企业投不起、不敢投、不愿投的重大项目，这些项目利国利民，对国家战略发展具有长效影响力。此外，中央企业在环境保护、社区发展、科技创新、人才发展等方面均投入了巨大的人力、物力和财力，有力推动了社会的全面进步，实现了国有资产的高效运营和持续增值，充分彰显了其在推动社会公平、进步和繁荣方面所发挥的不可替代的作用，进一步印证了其在新质生产力培育过程中的重要价值。

创新价值深植于颠覆性技术，将成为催生新业态、新商业模式的强大动力，引领传统产业向高端智能绿色方向转型。在此背景下，应积极培育新能源、新材料等战略性新兴产业，需前瞻性地规划量子信息、未来网络等前沿未来产业的发展路径，加速实施"新赛道"战略，以推动重大前沿技术与颠覆性技术的快速涌现和深入应用，确保国家在全球科技竞争中保持领先地位。"五个价值"中，战略性新兴产业为中央企业提供了增长潜力和产业转型契机。中央企业凭借其雄厚的资本实力、丰富的资源储备以及强大的技术创新能力，积极布局战略性新兴领域，实现了业务的多元化和现代化转型，有效降低了其在新兴市场中的投资风险，确保了资产的稳健增长。

治理价值倡导以政策引导与融合路径为核心，将质量指标与品牌价值紧密绑定进行评估，构建起"质量—品牌—生产力"的螺旋上升发展模式。在这一模式下，政府扮演着至关重要的角色，通过制定完善相关政策法规，引导企业不断加强质量管理，提升产品和服务的整体质量水平。同时，政府还应将品牌战略有机融入新质生产力的培育框架中，通过加强品牌建设，提升企业的市场知名度和美誉度。治理价值对照"五个价值"的品牌价值，当前中央企业已经成功塑造了一系列具有广泛影响力和良好美誉度的品牌，凭借其在市场上的独特魅力和高度认可度，实现了显著的市场溢价，为中央企业创造了丰厚的经济价值，进一步强化了中央企业的抗风险能力，使其能够在复杂多变的市场环境中保持稳健的发展态势，稳固自身的领先地位。

"五个价值"深刻揭示了新质生产力各要素之间的耦合关系。增加值作为新质生产力的经济贡献载体，通过技术跃迁和生产要素重组显著提高生产效率，从而直接扩大企业增加值。经济增加值作为新质生产力的资本效率衡量标准，强调全要素生产率的提升，要求企业更加重视扣除债务资本和股权资本成本后的实际价值创造。基于该理念，中央企业优先将研发投入芯片制造设备、高端医疗设备等关键领域，尽管在短期内可能会对企业的利润产生影响，但一旦成功突破技术垄断，将显著提升企业的长期EVA，为企业的可持续发展奠定坚实基础。国务院国资委将EVA纳入企业考核体系，旨在引导企业从传统的"规模扩张"模式向"价值创造"模式转变，与新质生产力的内涵高度契合，强调企业在追求经济增长的同时，必须注重资本效率的提升和实际价值的创造，以实现更加高质量、可持续的发展。功能价值作为新质生产力的战略使命延伸，其核心在于紧密服务国家重大战略需求，强调中央企业在科技创新、产业控制以及安全支撑等关键领域应发挥出不可替代的重要作用，确保在新质生产力的推动下，实现更高水平的发展和服务国家大局的目标。战略性新兴产业收入和增加值占比是新质生产力的具体化载体，涵盖新能源、生物制造、新一代信息技术等领域，不仅体现在经济结构中的重要地位，且发展水平直接关系到国家的创新能力和竞争力。如中国海洋石油集团有限公司（简称"中国海油"）以"深海一号"能源站的成功投产为标志，在深海油气勘探开发技术上的重大突破，不仅提升了公司在深海领域的勘探开发能力，更体现了新质生产力在保障国家能源安全、推动产业升级方面的重要作用。品牌价值作为新质生产力市场认可度的直观映射，通过技术品牌化和标准输出，企业能够将自身的技术优势转化为市场溢价能力，从而在激烈的市场竞争中脱颖而出。国务院国资委强调品牌价值的提升，实质上是对企业提出了将技术创新与市场拓展紧密结合的要求，推动企业实现从技术领先到市场领先的跨越。以中国移动为例，其在2024年中国品牌价值500强榜单中排名第9，品牌价值高达442亿美元，是国内电信运营商中唯一实现品牌价值正增长的企业，充分展示了品牌价值提升对于增强企业全球竞争力的重要意义。

2.3 国资央企价值增长新范式赋能实践案例

国资央企以数字化转型为核心，深度融合先进技术与产业实践，通过构建数字化基础设施、优化业务流程、创新管理模式，推动企业从规模驱动向创新驱动转变，从传统运营向智慧运营跃迁，打造央国企价值增长新范式，形成新质生产力，驱动传统产业向高端化、智能化、绿色化方向升级，进而实现"五个价值"全面提升，实现高质量发展目标。以下选取两个中移数智科技有限公司转型赋能企业的实践案例。

2.3.1 城投行业数字化转型驱动产业升级

某集团公司作为市级重点国有企业，其定位为"城市建设运营主体"，主要负责城市片区功能开发、工程施工及技术服务、房地产开发、资产运营等业务。由于宏观经济的波动和行业周期的调整，该企业正面临转型升级和追求高质量发展的双重挑战。与行业领先企业相比，尚存在一定的差距。例如，在工程建设板块，其市场化运营能力和盈利能力有待提升；房地产板块的发展动力不足；金融板块的投入规模和管理资产规模相对较小。此外，在外部环境迅速变化的背景下，集团公司在市场研判与响应机制方面缺乏足够的灵活性。新形势下，集团公司以数智化转型为核心，从重塑数智化转型创新架构入手，推动各板块高质量发展，全面缩小与行业头部企业的差距，实现由传统开发建设运营企业向数智化驱动综合服务商的转型升级。借助大数据、云计算、人工智能等先进技术，重点推进数字基础设施升级、智能应用场景建设以及数据治理体系完善，全面构建一体化数字平台，实现数据资源的统一管理与共享，打破信息孤岛，构建跨部门、跨层级的协同作业机制，大幅提升了经营决策效率与风险预警能力，打造新质生产力。

在转型实践中，集团公司以提升"五个价值"为导向，深度融合数字化先进技术与企业管理。一是通过升级云平台和网络设施，集团公司实现了各业务系统的无缝对接，推动了数据在项目管理、资产运营及风险控制中的精准应用，发挥出"决策支撑"和"智能化保障"的关键作用。二是借助智能监控和数据分析，实现对经营动态的实时监测和预警，降低运营成本，提升经济增加值和功能价值。三是依托数字化转型实现业务流程再造与管理模式创新。通过一体化数字平台实现工程项目管理、房地产开发和资产运营等领域业务数据化、流程智能化和决策科学化，推进集团公司从传统产业向智能化、精细化运营的转变。四是注重数据标准化和数据资产管理。集团公司构建完整的数据采集、清洗、存储和分析闭环，促使数据要素在企业战略制定、风险预控和价值创造中发挥出强大驱动效应，进一步促进了战略性新兴产业收入和品牌价值的提升。集团公司通过数字化转型实践为打造新质生产力、促进传统产业转型升级、提升"五个价值"提供了典型性实践经验。

2.3.2 组织数智化转型能力的评测方法

作为战略制定的重要输入，客观的数智化成熟度评估结果，对于组织能否准确识别自身数智化转型的真实痛点，能否客观和安全地评估本领域数字供应链的水平，能否构建一套经济可行、系统完整的转型方案，具有决定性意义。目前，在业界较为成熟的做法是采用企业架构方法来制定转型战略、目标、路径、解决方案以及治理体系。本文发现由于转型经验的不足和数字人才的匮乏，众多组织缺乏系统性的部署策略，将转型实施简化为新型技术的应用，易陷入"既要""又要"的"内卷"困境。此外，数智化转型是一个长期复杂的系统工程，具有全局性、系统性、复杂性、不确定性和多变性的特点，而我国传统产业在数字化转型方面存在程度不一、区域差异等问题，要求企业或社会组织必须构建一套符合转型规律、满足价值发展需求的方法框架（图1）。

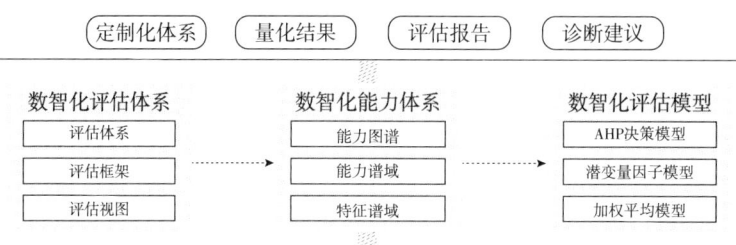

图1　数智化能力评估框架
Figure 1　Digital intelligence capability assessment framework

数智化成熟度评估模型 DSTMM（以下简称 DSTM2），是由中移数智科技有限公司基于信息基础设施与信息赋能服务所构建的一套评价体系，该体系整合了成熟度评估方法、指标库、模型算法库等核心要素，探讨了组织在数字化转型中的挑战，提供了相应的解决策略。DSTM2 评估模型（图2）采用了"3×2"矩阵式架构，设计理念是将行业属性、商业领域、能力发展三个维度的评估与单域能力、整体协同两个进阶维度相结合，使得 DSTM2 能够为不同规模的组织提供一个全面且灵活的评估框架，确保这些组织在资源投入、数字化能力、市场环境等条件发生变动时，仍能有效地识别自身问题，并据此制定出既经济合理又技术适度先进的转型方案，助力企业精准识别转型痛点、规避技术堆砌

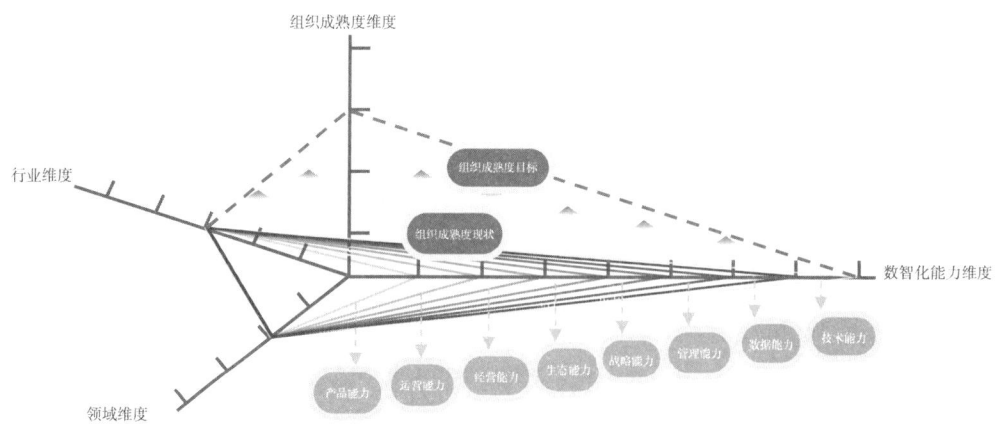

图2　数智化成熟度评估模型（DSTM2）
Figure 2　Digital intelligence maturity assessment model（DSTM2 Model）

陷阱。该模型的核心价值体现在：以量化评估激活经济价值，优化资源配置效率；以数字供应链协同提升社会价值，促进产业生态共赢；以风险可控能力体系夯实治理价值，保障转型稳健性等。价值导向深度契合"五个价值"要求。同时，该模型通过动态适配资源投入与市场变化，催化数据、算法、算力等新质生产要素深度融合，激活智能决策、柔性生产等创新动能，形成传统业务升级与数字业态孵化的双轮驱动，为构建现代化产业体系提供方法论支撑。

3 政策启示

新质生产力的发展要求以科技创新为根本驱动力，涉及数字化、绿色化、高端化的生产力转型，必须通过"源（技术源头）、升（产业升级）、态（产业生态）"三个维度共同努力。以"五个价值"引领国资央企目标管理体系的重塑，需要进一步坚持守正创新、内外兼修，衡量国资央企对经济社会产生的综合效用与功能价值。如何将新质生产力与"五个价值"实践路径相契合，助力国资央企更好地发挥新型生产关系构建者的作用，深入实施党中央关于发展新质生产力的战略部署，深化国资国企改革与价值创造体系的融合，需要通过系统化推进科技创新、产业升级、价值创造和制度创新"四维协同"。

3.1 强化科技创新核心地位，夯实新质生产力根基

科技创新是催生新产业、新模式、新动能的关键驱动力，也是发展新质生产力的核心要素。作为科技强国建设的骨干力量，中央企业肩负着发挥科技创新主体作用的重大使命[7]。为此，中央企业应持续增强资金与政策支持，加大投入力度，全力攻克引领行业发展的原创性、前沿性技术难题，特别是要集中力量突破关键核心技术面临的"卡脖子"问题，加快锻造国家战略科技力量。下一步，中央企业应强化原始自主创新，主动承担国家科技专项任务，掌握核心技术的主导权，不断提升科技供给品质。同时，应高度重视提高研发投入的产出效率，增加对应用基础研究的投入，以确保原创性重大科技成果的持续产出。此外，还应建立中试平台，加速科技成果的转化应用，确保科研成果能够有效转化为实际生产力，为国家科技自立自强发挥核心支撑作用。

3.2 重塑产业升级逻辑，优化新质生产力布局

现代化产业体系是构建现代化国家的物质技术基石，中央企业应积极响应国家号召，切实抓好经济布局的优化和结构调整工作。紧密围绕主责主业，加快推进"三个集中"

战略实施，发挥在现代化产业体系建设中的引领和支撑作用[8]。为此，中央企业需巩固并强化我国产业体系完整的独特优势，加速传统产业的改造升级进程，同时加快数字化转型步伐，通过持续的技术创新、组织变革和市场开拓，确保企业始终置身于产业发展的前沿阵地。下一步，中央企业应积极加大在量子信息、集成电路、生命健康、脑科学、生物育种、空天科技、深地深海等前沿领域的布局和投入，积极推进产业基础高级化和产业链现代化进程，引导国有资本向国家安全、国计民生、战略性新兴产业等关键领域集中。设立千亿级未来产业引导基金，构建"直投 + 并购 + 孵化"的资本运作体系，以助力新兴产业的发展。此外，还应落实大规模设备更新政策，对重点行业实施智能化改造，打造"5G+ 工业互联网"融合应用场景，构建数字孪生工厂，推动产业数字化转型向纵深发展[9]。

3.3 加强国资央企价值创造，激发新质生产力活力

国资央企是国民经济的中流砥柱，加强价值创造，提升经营效率和创新能力，保障国家战略安全、促进民生福祉，对巩固党的执政基础、推动国家长治久安具有重大意义。下一步，中央企业应积极履行价值创造使命，提升"五个价值"价值创造能力。突出效益效率、创新驱动、产业优化、服务大局四项重点目标。要突出效益效率，加快转变发展方式，聚焦全员劳动生产率、净资产收益率（ROE）、经济增加值率等指标，有针对性地抓好提质增效稳增长，切实提高资产回报水平；要突出创新驱动，提升基础研究能力，充分发挥企业创新决策、研发投入、科研组织、成果转化的主体作用，加大关键核心技术攻关力度，促进科技与产业有效对接，进一步提高科技投入产出效率[10]；要突出服务大局，积极对接区域重大战略和区域协调发展战略，巩固在关系国家安全和国民经济命脉重要行业领域的控制地位，提升对公共服务体系的保障能力，进一步强化战略支撑作用。

3.4 深化体制机制改革，畅通新质生产力发展动力

在以中国式现代化推进强国建设的背景下，必须坚定不移地巩固和发展公有制经济，紧密围绕其核心功能，主动对接国家重大发展战略，充分彰显公有制经济在国民经济中的战略支撑作用，为强国建设提供坚实基础和强大动力。下一步，中央企业应加快全面深化改革进程，加速构建与新质生产力相契合的新型生产关系。在此过程中，应着重抓好以更好服务国家战略为核心导向的功能性改革，统筹谋划并协同推进功能使命类改革任务与体制机制类改革任务，确保改革举措的系统性和协同性。同时，要进一步完善现代企业制度，积极融合功能性改革与混合所有制改革，构建起高效协同的治理体系。为

激发科技创新活力，应加大科技创新激励力度，不断推动市场化改革的深入实施[11]。此外，还应加强政策层面的引导和支持，优化资源配置效率，努力营造一个公平、透明、可预期的市场环境，为中央企业的持续健康发展提供有力保障。

参考文献

[1] 张玉卓. 在中央企业负责人会议上的讲话[R]. 北京：国务院国有资产监督管理委员会，2023.

[2] 郭冠清，谷雨涵. 论新质生产力理论对马克思主义生产力理论的创新发展[J]. 上海经济研究，2024（5）：2-25.

[3] 李曦辉，陈景昭，徐蕾. 新质生产力的理论与实践价值[J]. 首都经济贸易大学学报，2024，26（6）：3-17.

[4] 刘美. 新质管理力：生产力跃迁中的管理新篇章[J]. 求是咨询，2024（7）：1-10.

[5] 颜娇，周博. 创新配置生产要素推动新质生产力发展[N]. 光明日报，2024-12-10（8）.

[6] 上海国有资本运营研究院. 解读三中全会《决定》：要厘清国有经济增加值核算重点与方法[EB/OL].（2024-09-12）[2025-04-02]. http://guoqp.net/?c=articles&a=show&id=4095.

[7] 刘国岩. 强化中央企业科技创新主体地位 以科技创新引领产业创新[EB/OL].（2024-02-02）[2025-04-02]. http://www.sasac.gov.cn/n4470048/n26915116/n29772770/n29772785/c29955958/content.html.

[8] 余国. 深入推进布局优化结构调整，更好发挥在建设现代化产业体系中的重要作用[EB/OL].（2025-03-27）[2025-04-02]. http://www.sasac.gov.cn/n4470048/n26915116/n29653709/n29653750/c29727073/content.html.

[9] 高玉娴. 央国企数字化转型与智能化发展：现状、挑战与成功经验剖析[EB/OL].（2024-01-25）[2025-04-02]. https://news.qq.com/rain/a/20240125A049AT00.

[10] 国务院国资委党委. 加快推进国资央企高质量发展 为完成经济社会发展目标任务提供有力支撑[N]. 学习时报，2025-02-18.

[11] 侯静杰，袁宗虎. 新时代工匠精神赋能新质生产力发展的价值意蕴和实践路径[J]. 南京航空航天大学学报（社会科学版），2024（6）：1-10.

Coupling Mechanism Between the New Quality Productive Forces and "Five-Value System"

Jin YANG, Rong YAO

China Mobile Intelligent Technology Co., Ltd.

Abstract: As an advanced form of productivity driven by innovation, new quality productive forces have become the core driving force for promoting high-quality economic development and the process of Chinese-style modernization. Based on a theoretical framework that combines Marxist political economy with systems theory, this study analyzes the generation mechanism of new quality productive forces and delves into their intrinsic logic and derivative relationships with the "Five Values". The research indicates that new quality productive forces and the "Five Values" exhibit a virtuous cycle of bidirectional drivers, jointly constituting the important impetus, key support and fundamental guarantee for high-quality development. Drawing on the "four-dimensional synergy" of technological innovation, industrial upgrading, value creation and institutional innovation, this study proposes corresponding countermeasures and suggestions.

Keywords: new quality productive forces; central enterprises; five values; value creation system

能源经济

Energy Economics

海洋油气产业培育发展海洋能源新质生产力路径研究

林益楷[*1]，张宇奇[1]，梅鑫[2]

1. 中国海洋石油集团有限公司；

2. 中国海洋石油集团有限公司党校

摘要： 当前新一轮科技革命和产业变革对海洋油气产业发展产生深远影响，新质生产力赋能海洋油气产业高质量发展呈现创新驱动高端化、科技驱动数智化、绿色驱动低碳化、产业驱动融合化等主要特征。着眼发展海洋经济和建设海洋强国，我国海洋油气产业培育发展新质生产力既在海上风电、绿色氢基燃料、碳捕集、利用与封存（CCUS）等领域拥有巨大资源潜力和广阔市场前景，同时也在海洋能源资源品位、政策支持和指引、技术成熟度和经济性等方面面临不少问题和挑战，应当以打造海上综合能源系统为总体方向，重点推进"岸电＋绿电"规模化应用、CCUS产业、"风光储氢"绿色能源生产基地、"燃气发电＋海上风电＋冷能利用"绿色能源港、绿色氢基燃料产业链群、"风光渔旅"海上风电产业生态等项目，实现海洋能源产业高质量融合发展。

关键词： 新质生产力；海洋油气产业；发展路径；融合发展

0 引言

党的二十大报告强调"发展海洋经济，加快建设海洋强国"，习近平总书记进一步指出"建设海洋强国必须努力使海洋产业成为国民经济的支柱产业"。海洋经济是全球增长最快的领域，全球海洋和沿海资源及产业的市场价值估算为3万亿美元，约占全球生产总值的5%[1]。根据自然资源部公布的《2024年中国海洋经济统计公报》，2024年全国海洋生产总值首次超过10万亿元，其中海洋油气业、海洋工程装备制造业、海洋电力业等15个海洋产业增加值达43 733亿元，占比41.5%，海洋油气及海洋能源相关产

---

* 林益楷，男，硕士，高级经济师，主要从事政策研究与企业管理工作。E-mail: linyk2@cnooc.com.cn

业正成为我国海洋经济发展的重要方向。随着当前全球科技创新进入空前密集活跃期，新一轮科技革命和产业变革将对海洋油气产业发展产生深远影响，同时油气行业正面临总体需求加速达峰、绿色低碳转型任务艰巨等一系列挑战和冲击，必须将培育发展新质生产力摆在海洋油气产业高质量发展的首要位置。

1 对新质生产力赋能海洋油气产业发展的基本认识

当今世界正处于新一轮科技革命和产业变革加速演化时期，生产能力及其要素正处于从量的积累到质的变化的关键变革时期[2]。2024年以来，业界围绕新质生产力这一概念进行了深入讨论并形成基本认识：新质生产力是创新起主导作用，摆脱传统经济增长方式、生产力发展路径，具有高科技、高效能、高质量特征，符合新发展理念的先进生产力质态[3]。新质生产力在赋能海洋油气产业高质量发展上，既具有新质生产力的所有普遍性特征，又体现着海洋油气的行业性特点，可以归纳为由海洋能源技术革命性突破、生产要素创新性配置、产业深度转型升级而催生的先进生产力质态，是海洋能源领域以高科技人才为代表的劳动者、以高端海洋油气技术装备为代表的劳动资料、以海洋油气等不可再生资源和以海上风电、光伏等可再生资源为代表的劳动对象的优化组合跃升。总体来看，新质生产力赋能海洋油气产业高质量发展呈现以下几个方面的典型特征。

1.1 创新驱动高端化

海洋已成为全球油气勘探开发的重点领域。近年来，海洋油气在全球新增探明油气储量（不含陆上非常规油气）中的占比接近80%，其中2011年以来约70%的重大勘探成果来自深海区，国际大型油气公司纷纷加大对海洋特别是深水油气技术装备的研发投入，推动海洋油气产业加速向高端化迈进[4]。从我国情况看，海洋石油天然气资源的54%分布在深水及超深水区域[5]，近年来中国海油持续加大海洋油气勘探开发投资力度，例如加快构建深水油气"勘探－开发－钻采－工程"一体化技术体系，形成了南海北部陆缘深水油气勘探地质理论、深水宽频地震勘探技术、深水油气田储层精细描述技术等10个标志性深水高效开发理论技术，具备了"水上－水面－水中－水下"的全海域深水工程设计能力，构建了以深水水下生产系统、深水导管架、浮式液化天然气生产储卸装置（FPSO）、半潜式生产平台为主要工程设施的全海域3 000米深水油气开发工程能力体系[6]。

1.2 科技驱动数智化

当前大型石油公司普遍加快生产场景的数字化转型，同时用人工智能（AI）等前沿技术提升自身智能化生产经营水平。例如，壳牌（Shell）将物联网（IoT）和 AI 技术相结合，以增强其勘探和生产活动[7]；雪佛龙（Chevron）采用数字孪生技术，创建了其物理资产的虚拟副本，使公司能够实时监控和模拟资产运行情况，提高运营效率[8]。中国海油充分认识到数智化转型在推进海洋油气高质量发展中的关键作用，近年来持续加快勘探开发统一数据标准体系"数据湖"建设，加大油气生产和企业经营管理数据资产目录梳理共享，发布人工智能模型"海能"，围绕智能油气田、智能工程、智能工厂等 8 大类 100 余个业务场景，形成数字化应用和智能化生产场景[9]。

1.3 绿色驱动低碳化

随着全球气候变暖持续加剧以及各国加大绿色低碳发展政策支持力度，国际石油公司普遍推出基于自身业务特点的清洁能源发展策略，2024 年与清洁能源生产和能源清洁利用相关的投资首次超过 2 万亿美元，在能源投资总额中的占比持续提升至 64.2%[10]。从当前阶段看，油气公司绿色低碳发展包括推动海上风电集群化开发、发展分布式光伏、因地制宜发展生物天然气和生物柴油、生物航煤等绿色燃料，积极有序发展可再生能源制氢。例如，道达尔能源（TotalEnergies）提出 2050 年实现净零排放目标，重点布局生物甲烷、氢能和碳捕集与封存（CCS）；中国海油提出"到 2028 年国内碳排放达到峰值、2050 年前实现碳中和"目标，实现我国首个"双百"深远海浮式风电示范项目"海油观澜号"成功并网发电和我国首套百万吨级海上二氧化碳封存装置在南海恩平 15-1 油田投用[11]。

1.4 产业驱动融合化

新质生产力赋能海洋油气产业高质量发展的典型特征在于打通油气上下游以及油气与渔业、旅游业等跨行业企业间的信息壁垒和合作堵点，以创新链、产业链、资金链、人才链"四链"深度融合推动产业转型升级。例如，挪威国家能源公司 Equinor 在北海探索建设涵盖石油和天然气、海上风电，以及碳捕获与封存等多产业聚集的大型能源枢纽，建设全球首个由漂浮式风机向石油平台供电项目 Hywind Tampen，项目投产后可满足挪威北海的 Snorre 和 Gullfaks 海上油田五座平台每年约 35% 的生产作业用电需求[12]。我国江苏东台、上海崇明岛、广东汕尾等地也纷纷加快推进项目落地建设，共同探索"海上新能源发电 + 陆上天然气发电调峰"的联合模式和"海上能源岛 + 储能 + 海洋牧场 + 海洋旅游 + 海洋油气"的立体式海洋资源多元化开发模式。

2 我国培育发展海洋能源新质生产力面临的机遇与挑战

2.1 我国海洋能源资源潜力巨大，打造培育新质生产力空间广阔

2.1.1 海上风电产业经济化规模化发展潜力巨大

我国可利用海域面积较为广阔，海上风能资源较为丰富，综合考虑航道、自然保护区、军事禁区等限制因素，水深小于60米的风电可开发规模约17.3亿千瓦，年平均利用小时约3 550小时；水深介于60～150米的深远海风电可开发规模约18.3亿千瓦，年平均利用小时约3 820小时[13]。当前我国海上风电持续迅猛发展，《中国海洋能源发展报告2024》指出，过去一年我国海上风电新增并网装机容量将达到800万千瓦，累计并网装机容量将超4 500万千瓦，同比增长约21.5%。据中国海油《2060能源展望（2024年版）》预测，2060年我国海上风电装机总量将超过3.5亿千瓦，发电量将超过1.1万千瓦时，约占国内总发电量的7%。随着技术的进步、规模化协同开发的深入、产业链供应链的成熟以及智能化数字化运维与管理水平的提高，中国海上风电建设成本和发电成本将持续下降，预计2060年近浅海风电单位千瓦平均投资成本将下降至5 800元，较2020年下降66%；2028年后深远海风电将逐步进入商业化发展阶段，预计2060年单位平均投资成本将下降至10 000元，较2020年下降75%[14]。

2.1.2 海上风电制绿色氢基燃料前景广阔

氢储能是解决大规模长周期储能的重要方式，与深远海风电结合匹配性好。当前我国海上风电规模不断扩大，弃风弃电及波动性加剧等问题出现，结合我国海上风电向大型化、深远海和漂浮式发展的必然趋势，氢储能有望成为海上风电消纳的有效途径。与此同时，作为绿氢的产业延伸，绿氨、绿醇等氢基燃料已展现出可观的中远期发展潜力。绿色甲醇方面，在航运业脱碳压力持续增长的背景下，多家航运巨头拟使用绿色甲醇燃料替代传统重油和低硫油，包括马士基集团（A. P. Moller-Maersk）在内的几家航运公司计划使用甲醇动力船。按全球已有的298艘甲醇燃料船订单规模估算，预计每年消耗甲醇300万～500万吨。绿氨方面，根据国际可再生能源署预测，氨作为氢的载体将从2030年的100万～300万吨增加到2050年的1.1亿～1.3亿吨。从实践来看，近期国家能源集团氢能科技有限责任公司与中集来福士海洋工程有限公司已探索打造我国首个利用海上平台在孤立电网条件下开展可再生能源绿电制氢、氨合成及合成甲醇工艺的"综合能源岛"，未来随着电制氢氨醇、电储能等技术的经济性和可靠性提升，海上风电制绿色氢基燃料在交通航运领域的应用将进一步拓展。

2.1.3 海上CCUS业务前景广阔

海洋油气企业发展CCUS业务，可以实现海洋油气开发与海洋碳封存和驱油协同，实现二氧化碳深海埋存和提高采收率的双赢。从陆上碳源看，在实现碳达峰碳中和（简称"双碳"）阶段，我国CCUS减排需求将在2030年、2060年分别达到2.1亿吨和14.1亿吨[15]，其中沿海省市电力、石化、建材等产业密集、土地资源有限，未来减碳需求量大。从海底碳汇看，我国近海盆地发育良好，中国地质调查局公布我国海域CO_2地质封存潜力达到2.58万亿吨，同时近海盆地具有分布广、封存容量大、安全与稳定性高等优势，封存潜力巨大。从市场前景来看，我国CCUS市场规模持续增长，2024年至2030年预计将保持年均约18%的增长速度，到2030年国内市场规模有望突破500亿元人民币[16]。预计到2060年，CCUS技术部署可以为化石能源发电、钢铁、化工和生物质生产等行业创造累计4 000亿～6 000亿美元的产业增加值[17]（图1）。

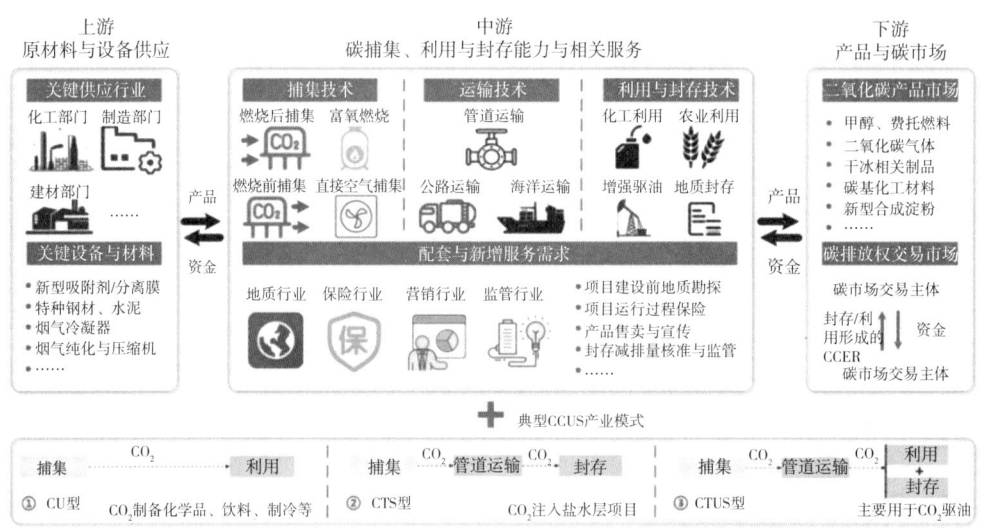

图1 CCUS产业链及产业模式[18]

Figure 1 CCUS industry chain and its industrial model

2.1.4 海洋能源与深远海养殖融合发展前景广阔

近年来，随着海上油气与风电等新能源融合发展以及海洋工程装备不断升级迭代，以养殖工船、深水网箱、休闲平台为代表的新型海洋牧场养殖模式加速发展，海洋养殖场就近利用海洋油气平台光伏和储能、海上风电、潮汐能等电能，实现海洋牧场清洁电力使用和深远海风电消纳的互促[19]，有力推动了海洋渔业向深海和大洋进军[20]。从实践看，2024年全球首台导管架风机与网箱融合一体化智能装备"明渔一号"第二季规模化养殖成功收鱼，首次实现了深远海风渔融合规模化养殖的实践探索；全球单体最大抗台型风渔融合网箱平台——中广核"伏羲一号"在广东汕尾建成投运，并完成首批养殖鱼苗投放。根据《2024年中国海洋经济统计公报》，2024年我国海洋渔业实现增加值4 880亿元，预计到2028年我国深海养殖市场规模将从457亿元增长到772亿元，展现出广阔的市场前景[21]。以福建省连江县为例，该县累计投放11个深远海养殖平台，实现年产量约1 800吨和年产值超2亿元，显示出较高的单位经济效益[22]。

2.1.5 潮流能、潮汐能等海洋能资源潜力巨大

我国近岸及其毗邻海域蕴藏着丰富的海洋能，占全球海洋能源发电储量的近1/5，能量密度位于世界前列，具备规模化开发利用的资源条件。其中：温差能资源可开发量预计超过13亿千瓦；潮汐能资源蕴藏量约为1.1亿千瓦，资源可开发量约为2 200万千瓦，预计到2025年我国潮汐发电装机容量将达到500兆瓦以上，到2030年市场规模将达到100亿元人民币[23]；潮流能和波浪能的资源可开发量分别为1 400万千瓦和1 300万千瓦。当前，我国已成为国际上少数几个具备兆瓦级潮流能并网项目开发能力的国家[24]，已逐渐实现该项技术的商业化应用，正朝着规模化部署迈进。

2.2 我国培育发展新质生产力面临的挑战

2.2.1 资源开发利用难度提升

油气资源方面，随着我国近海常规油气资源动用程度升高、在产油田稳产难度大、新发现油气田储量品质变差等问题日益突出，勘探开发加快迈向深水深层、高温高压、稠油低渗等领域。但我国深水油气田分布广泛，油气性质差异大，包括带气顶、薄互层、高含蜡量、挥发性、稀油和稠油等多种类型，油气性质的巨大差异进一步导致深水油气田在开发技术、生产装备和管理运营模式等领域面临挑战[25]。风电资源方面，在上一轮海上装机的热潮之后，我国近海风电资源开发利用已趋近饱和，且面临与近海养殖、渔业捕捞、航线开发等争夺有限资源等问题，发展空间受到挤压，进入深远海势在必行，但也将面临风高浪急、深水远岸等开发建设难题。

2.2.2 政策支持和引导力度不够

关于深远海海上风电，国家层面尚未出台有关发展规划，同时《中华人民共和国海域使用管理法》中"海域"指中华人民共和国内水和领海，不包含深远海海风项目所用的国管海域，导致深远海项目落地需要"一事一议"，增加了项目审批难度[26]。CCUS领域，国家补贴政策尚未落地，尽管有关部委陆续从示范项目推进、科技重大专项、投融资、绿色债券和税收优惠等方面出台了CCUS项目相关鼓励政策，但除中国人民银行初步提供了贷款资金及利率等方面的支持措施外，其他部门发布的政策均以鼓励引导性政策为主，落地性政策仍在研究中[27]。

2.2.3 资源开发利用技术水平还有差距

当前我国海洋能源开发利用技术整体处于试点示范阶段，比如漂浮式海上风电领域，国内浮式风电基础仍使用半潜式的纯钢结构，国外已经进入第二代漂浮式技术的产业化推进阶段，浮式基础采用运动幅度更小、建造复杂度更低的张力腿式，浮体材料应用成本更低的新型混凝土；电制氢基燃料领域，质子交换膜电解水制氢技术（PEMEL）被认为与可再生能源的波动性具有高度适配性，但其制作工艺复杂，阴阳极材料均由贵金属制成，且尚未解决海上风电间歇性供能给电解池耐用性带来的挑战；CCUS 领域，二氧化碳含量 15% 以下的低浓度排放源仍然是未来排放的主流，目前针对该部分低浓度排放源，只有化学吸收法一种较为有效成熟的方法，但能耗较高，其他新型捕集技术如化学吸附、膜分离、直接空气捕集（DAC）等同样面临高能耗和高成本等挑战，尚不具备大规模应用条件。

2.2.4 项目经济性不足

深远海风电项目成本主要由风机、浮体、施工、海缆等几个部分构成，其中浮体和施工等尚未达到规模化降本的阶段。海上风电制氢氨醇方面，国内项目按照发电侧标杆电价制氢，成本普遍在 25～35 元/千克，高于国内灰氢成本（煤制氢 7～10 元/千克、工业副产氢 10～16 元/千克），下游绿氨醇项目目前还不具有市场竞争力。CCUS 成本方面，预计 2030 年之前，我国陆上捕集输送封存总体成本仍将在 300 元/吨以上，由于政策环境没有形成，目前碳价不足以支撑产业盈利和可持续发展。

3 对海洋油气产业培育发展海洋能源新质生产力的初步思考

3.1 打造海上综合能源系统对发展我国海洋能源新质生产力的重要意义

3.1.1 综合能源系统已成为有效助力新质生产力发展的重要手段

综合能源系统是涵盖能源生产、能量存储、能源供应、能源消费和能源管理与服务，向用户提供一体化多能源的系统。在"双碳"背景下，我国能源领域发展新质生产力，本质是要围绕"用能效率提高、供能可靠性提高、碳排放降低、其他污染物降低和系统全生命周期成本降低"的"两高三低"目标，在电源侧整合煤炭、石油、天然气和电力多元资源，在需求侧整合冷、热、电、气等多种终端资源，最终实现在保障能源供需平衡的基础上提升能源利用的安全性、可靠性、低碳性和经济性[28]。综合能源系统利用先进的技术和管理模式，整合区域内石油、煤炭、天然气和电力等多种能源资源，实现多异质能源子系统之间的协调规划、优化运行、协同管理、交互响应和互补互济，在满足多元化用能需求的同时有效提升能源利用效率，有力支撑我国传统能源与新能源产业协同发展，并催生"横向多能互补、纵向源网荷储协调"的新业态、新模式。

3.1.2 综合能源系统已成为油气与新能源融合发展的现实路径

油气企业是能源生产、消耗大户，新能源在油气行业具有规模化应用潜力，可替代煤炭、成品油等高碳能源，提升油气生产终端电气化率和绿电消纳比例，有效实现生产控排减排。随着应对气候变化成为全球共识，油气企业降碳诉求和压力与日俱增，发展新能源、从石油公司向综合型能源公司转型发展成为油气行业企业的共同选择。"十四五"以来，我国陆续出台《关于完善能源绿色低碳转型体制机制和政策措施的意见》《"十四五"可再生能源发展规划》等指导意见、规划方案，国家能源局发布《加快油气勘探开发与新能源融合发展行动方案（2023—2025年）》，进一步标志着油气与新能源融合发展进入实质性发展阶段。目前，我国油气产业已成功与岸电、集中式风光热、分布式风光、绿色氢基燃料、燃气发电、CCUS等产业形成融合发展场景，一方面体现出油气业务全产业链与地热、清洁电力、氢能、CCUS等领域具备良好的装备技术衔接和转化基础，另一方面也展现了多产业协同布局推动油气企业从"一体化"油气经营模式向"一体化"新能源业务模式转型的良好前景[29]（图2）。

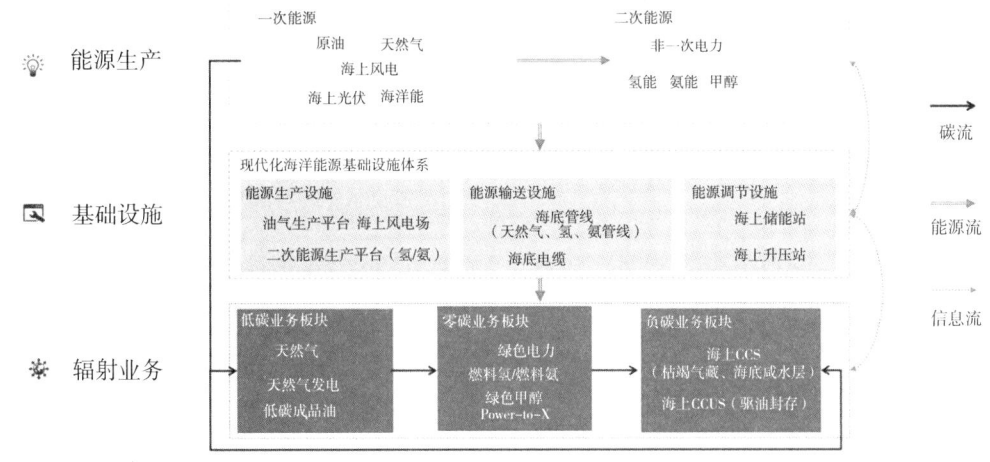

图 2　海洋油气与新能源融合发展产业图景
Figure 2　Integrated development of offshore oil, gas and new energy

3.1.3 综合能源系统已成为我国海洋能源资源融合发展的可靠选择

当前全球正在加快构建海洋油气生产、海上风电建设、深海矿产开发、海洋生物资源利用等多产业融合的综合体系，海上风电向油气平台供电、风光同场、海上制氢（氨醇）等海洋能源资源综合开发利用的融合发展模式正在从概念设计走向试验探索。

"十四五"以来，我国进一步推进海域立体分层设权，海洋能源资源综合开发利用的政策导向逐步增强，"协调用海、陆海统筹、产业融合、技术协同"的海洋能源资源综合开发模式已在国家、行业、企业层面形成共识。目前，国内在油气与新能源融合、可再生能源与渔业养殖/海洋文旅结合、海上风电制氢（氨醇）与航运协同等方面开展了较多的理论研究、技术研发和项目试点，市场主体的创新突破也正在推动管理政策机制的进一步优化。同时，随着欧洲北海综合能源系统的成功实践，我国江苏东台、上海崇明岛、广东汕尾等地也纷纷加快推进项目落地建设，共同探索"海上新能源发电＋陆上天然气发电调峰"的联合模式和"海上能源岛＋储能＋海洋牧场＋海洋旅游＋海洋油气融合"的立体式海洋资源多元化开发模式[30]。

3.2 探索构建海洋能源多业态融合发展六大场景

我国海洋能源产业发展正处于起步与快速发展并存的阶段，需要充分发挥各产业之间的整体协同性，因地制宜发展海洋能源新质生产力。下一步建议按照资源禀赋、技术成熟度和商业模式可行性，循序渐进积极探索六大融合应用场景。

3.2.1 以"岸电＋绿电"规模化应用推动海洋油气绿色生产

目前，岸电已成为赋能海上油气田绿色低碳生产的重要生产力，中国海油渤海油田岸电应用工程已全面建成投用，乌石23-5油田群已成为北部湾首个使用岸电的海上油田开发项目。油气上游企业可以充分利用各类电源互补互济特性构建多元绿色低碳能源供应结构，加快推动油田周边分布式风电建设，探索海洋温差能、地热能发电等新模式，并结合购买绿电等方式实现供电系统"零碳"目标。同时，可围绕海洋油气生产终端、码头等加快打造一批"小而美"的绿色低碳项目，如东营原油终端通过光伏＋空气源热泵＋储能＋光伏光热一体化（PVT）等技术建成"零碳"厂前区；涠洲终端结合电网内原有的燃气电站、余热电站、光伏电站共同构建我国首个"源网荷储"一体多能互补的海上油田群智慧电力系统等。

3.2.2 围绕CO_2捕集、利用与封存，打造海上特色负碳产业

目前，全球CCUS商业化项目大部分集中在陆上，海上二氧化碳地质封存潜力巨大，但项目屈指可数，尚未被充分开发利用。我国海上CCUS项目启动较晚，目前中国海油恩平15-1油田百万吨级CCS示范项目和乐东15-1气田CCS示范项目已建成投产。油气公司一方面可通过油气田内全海式"自注碳"，以源汇匹配为引领，在渤海、南海等部分区域开展试点，加快实施CO_2回注地层驱油、驱气，提高原油和天然气采收率，并开展咸水层CCS试注项目；另一方面，积极推动岸碳入海，如结合大亚湾园区石化企业碳排放源集中、珠江口盆地碳封存潜力大等优势，持续加强包括陆上CO_2捕集、集输、

处理和海上运输、封存等在内的海上CCS集群项目全产业链技术可靠性和经济可行性研究，探索形成海洋储碳可靠技术及商业模式。

3.2.3 围绕海上油气与风电集群融合发展，推动建设"风光储氢"绿色能源生产基地

油气公司可依托海洋油气生产体系谋划布局"风光储氢"绿色能源生产基地。例如，为满足海上油田群生产设施用电需求，积极推进周边海上风电与沿海滩涂风电、光伏等新能源项目开发，结合海上风电制氢、海底管道掺氢输送、天然气机组掺氢发电等项目，建设集海洋油气供应、风电制氢、碳捕集与封存于一体的"综合能源盆地"。也可考虑利用海上气田已有产供储运体系制造绿氢，通过现有管道按一定比例掺氢输送，满足沿海地区掺氢天然气消费需求，并结合陆上化肥生产设施和生物质碳源，建设绿色甲醇或可持续航空燃料生产基地。还可考虑依托南海东部海域一些海上老油气田，探索开展小型漂浮式风电项目示范，建设小规模海上平台绿电电解水制氢、储氢及小型掺氢天然气发电机组，联合优势企业共同推动深远海风电资源开发，并结合现有天然气管道和掺氢输送技术，打通规模化绿氢外输通道。

3.2.4 探索打造"燃气+海上风电"的国家级绿色能源港

当前我国沿海省份已经建成若干个国家级大型液化天然气（LNG）储备基地以及LNG大动脉，2024年我国在运LNG接收站达33座，预计2025年我国6座新建LNG接收站投产，2座在运LNG接收站完成扩建，全国在运LNG接收站达到39座，总接卸能力达到约2亿吨/年[31]。建议可考虑选取某沿海经济发达省份建设国家级大型LNG储备基地，项目充分利用该省部分地区"风光火气氢"一体化发展资源禀赋，打造千万吨国家级LNG接收储运中心、天然气燃气电厂、LNG冷能综合利用中心，以及天然气外输管线、槽车+罐箱外输基地和小船LNG液态销售基地。在此基础上，油气公司可协同电力企业积极发展海上风电等新能源业务，逐步建设集液化天然气接收、储存、外输，以及冷能利用、燃气发电、海上风电及制氢等多功能于一体的综合性绿色能源供应基地。

3.2.5 探索打造沿海绿色氢基燃料应用产业链群

氢储能有望成为海上风电消纳的有效途径，特别是在我国海上风电规模化发展、制氢产业链逐步成熟，以及碳市场持续扩围、碳价不断攀升的趋势下，风电制氢将有望展现成本优势。据测算，当绿电成本降至0.1元/（千瓦·时）时，可与灰氢开展竞争；碳价每增加0.1元/千克，煤制氢和天然气制氢成本将增加0.8～2.5元/千克。当碳价高于0.5元/千克时，各制氢成本之间将呈现"灰氢＞蓝氢（煤制氢+CCS）＞绿氢"的关系[32]。同时，"海氢上岸"通过推动沿海炼化、燃气发电领域的绿氢替代，将降低氢运输成本，解决"北氢南下、西氢东送"产销错配问题。一方面可围绕绿氢工业脱碳作用，

探索打造"绿氢+气电、炼化"融合发展应用场景,依托沿海省份炼化产业布局逐步开展绿氢替代,同时可依托 LNG 接收站、天然气发电厂等,规划建设含氢综合能源站、掺氢发电示范项目;另一方面,可围绕打造国际船舶低碳燃料加注枢纽,以上海、宁波、深圳、广州等国际加注中心为基础,完善国际船舶 LNG 加注链条,在此基础上稳步探索绿色甲醇、绿氨加注等产业链,推动实现绿色航运加注多元化发展。

3.2.6 探索打造"海洋能+风光渔旅"产业融合生态

自然资源部等六部门联合出台的《关于推动海洋能规模化利用的指导意见》提出,力争到 2030 年,海洋能装机规模达到 40 万千瓦,建成一批海岛多能互补电力系统和海洋能规模化示范工程。结合《关于推动海洋能规模化利用的指导意见》,可考虑依托我国东南沿海部分城市的旅游产业基础及天然岛屿众多等优势,结合地方政府打造海洋产业园战略布局,为当地政府量身定制"海上风光+海洋能+海洋牧场+海洋旅游"多能耦合立体开发方案。项目可考虑配套周边天然海岛进行深度开发,建设生态化、智慧化旅游小岛,构造"陆地-海洋-海岛"旅游产业链,在充分开展潮汐能、波浪能等资源调查评估基础上,因地制宜地利用多元海洋能,结合海上风光发电直接给景区供电,并通过绿电等交易平衡景区碳排放,打造国内海洋"零碳"生态景点,同时推动渔业养殖、水产品加工、文化推广和旅游服务等多个环节串联,助推三次产业融合发展,形成完整的休闲渔业产业链和价值链,构建海洋生态旅游新业态。

4 相关建议

4.1 国家政策层面

关于融合发展,建议国家进一步建立健全支持油气与新能源融合发展的法律法规体系,坚持先期培育、后期市场化的政策导向,完善功能性产业政策,健全市场机制,为融合发展提供更加积极有序的市场环境。同时,加强融合发展的综合规划与实施管理,明确油气优先主导地位,本着就近开发利用原则,支持油气企业主导推进油气田周边新能源开发建设。关于深远海海上风电,建议国家主管部门加大政策供给,尽快出台深远海海上风电开发建设管理的相关政策,公布国家层面的深远海风电发展规划,重视规划阶段对交通、军事、渔业、环境等冲突性、敏感性因素排查工作,进一步明确可开发场址,同时简化核准手续及管理流程,统筹协调相关政府部门共同参与联动机制,为深远海风电规模化开发建设创造有利条件。关于 CCUS,目前国内 CCUS 产业整体处于研究和示范阶段,建议国家有关部委进一步明确支持产业发展的扶持政策和激励措施,将产生的减排量正式纳入全国碳排放权交易市场抵消机制，研究出台国家层面的产业补贴政策，牵头开展二氧化碳驱油封存减排量方法学的研究与建立。

4.2 科技创新机制层面

海上风电方面，建议围绕降本增效加大创新力度，如研发更大单机容量的风电机组（15兆瓦及以上）以提高发电效率和降低度电成本，同时要结合我国独特的海域、码头、产业链条件，围绕漂浮式海上风电技术降本，加强浮体材料替换、半潜式和张力腿式基础结构设计优化等方面研究。海上风电制氢方面，重点研发适应海上风电波动性的高效电解水制氢技术，推动提升电源的动态响应能力，强化输入波动及负载启停、不均衡工况下的谐波性能，提高弱网场景下电源运行稳定性，从而增强制氢设备的稳定性和可靠性[33]。绿色燃料方面，建议能源企业在产业发展初期构建以创新为基础的绿色燃料顶层设计方案，建立研究、小试、中试、产业化等全产业链的科技布局，同时积极参与国内绿色燃料产业联盟，打造绿色燃料生态圈与产业集群。CCUS方面，聚焦降低全过程能耗和成本，重点围绕低浓度碳源低成本捕集、地质封存潜力评估、适宜封存地选择、高效驱油提采等技术开展攻关和创新，以技术进步推动全过程能耗和成本的大幅降低。

4.3 企业经营管理层面

战略规划与布局方面，建议在保持传统油气业务稳定发展的基础上，利用现有技术和基础设施丰富新能源利用场景，立足油、气、电、氢，拓展下游氨、甲醇等产业，与二氧化碳流交织打造海上综合能源系统。要着重处理好发展海洋能源新质生产力的近期与中长期关系，建议以相关产业基础能力为核心目标，系统性布局技术研发和典型项目先导示范；后续进一步大力开展关键技术攻关，培育和发展工程化能力，逐步形成支撑业务发展的技术能力。在此基础上，以初步形成产业能力为核心目标，突出关键核心技术应用和完善，扩大示范工程范围及规模，积极探索适宜的商业化模式。效益管理与成本控制方面，建议鼓励能源央企加大投资力度，调整优化对新业务的投资策略，以全集团利益最大化的视角设定投资回报标准，按阶段有序制定战略性新兴产业营业收入占比。同时充分利用超长期特别国债、"两重"项目等国家政策，助力国家重大战略实施和重点领域安全能力建设。体制机制建设方面，建议逐步建立适应海洋能源战略性新兴产业发展经营特点的决策流程与管控机制，探索适当的评价机制与绩效考核机制。同时注重以机制创新激发技术创新，利用技术创新实现降本增效，推动生产变革、产业替代，让"绿色溢价"转化为"绿色收益"。

参考文献

[1] 周芳.海洋命运共同体理念的丰富内涵与价值旨归[J].人民论坛，2023（23）：55-57.

[2] 黄群慧.新质生产力具有四大特性[N].北京日报，2024-04-08（9）.

[3] 央视新闻.什么是新质生产力？一图全解[EB/OL].（2024-02-03）[2025-03-07]. https://baijiahao.baidu.com/s?id=1789868012477491949&wfr=spider&for=pc.

[4] 林香红.面向2030：全球海洋经济发展的影响因素、趋势及对策建议[J].太平洋学报，2020，28（1）：50-63.

[5] 钟诚，杜鹏，刘自亮，等.碳中和与中国海洋油气发展的内在联结性[J].石油与天然气化工，2023，52（4）：32-47.

[6] 新华网.看见2025｜中海油研究总院总工程师（钻完井）李中：中国海洋油气走向深水区未来可期[EB/OL].（2025-02-12）[2025-03-01]. https://www.news.cn/energy/20250212/4cecdb7aac014b87a44c143dbb4391a9/c.html.

[7] Adarsh R. Digital Transformation in the Energy Industry: Top 10 Technologies to Watch in 2025[EB/OL].（2024-12-18）[2025-03-07]. https://www.startus-insights.com/innovators-guide/digital-transformation-in-energy.

[8] Chevron.the good twin: how digital doppelgängers are driving progress[EB/OL].（2023-02-07）[2025-02-28] https://www.chevron.com/newsroom/2023/q1/how-digital-doppelgangers-are-driving-progress.

[9] 单彤文.中国海油人工智能发展探索与实践[J].中国海上油气，2024，36（6）：177-185.

[10] 中国海油集团能源经济研究院.中国海洋能源发展报告2024[M].北京：石油工业出版社，2024.

[11] 陈宏举，刘强，孙丽丽，等.海上油气低碳发展现状与展望[J].油气藏评价与开发，2024，14（6）：981-989.

[12] 王鹏，才晓宇，刘海志.典型国际石油公司发展战略动向分析[J].国际石油经济，2024，32（10）：57-63.

[13] 周原冰，刘钟淇，侯金鸣.中国海上风电开发潜力与发展展望[M].中国海油集团能源经济研究院.蓝海经济　第3辑.北京：石油工业出版社，2024：69-81.

[14] 中国海油集团能源经济研究院.2060能源展望[R].北京：中国海油集团能源经济研究院，2024.

[15] 生态环境部环境规划院，等.中国二氧化碳捕集利用与封存（CCUS）年度报告（2021）[R].北京：生态环境部环境规划院，2021.

[16] 2024至2030年中国二氧化碳捕集利用与封存（CCUS）市场发展趋势及前景动态分析报告[EB/OL].（2024-09-10）[2025-03-01]. https://www.renrendoc.com/paper/347286348.html.

[17] CHEN D, JIANG M. Assessing the Socio-Economic Effects of Carbon Capture, Utility and Storage Investment From the Perspective of Carbon Neutrality in China[J]. Earth's Future, 2022, 10 (4).

[18] 魏一鸣，康佳宁，刘兰翠，等. 实现碳中和目标的CCUS产业发展展望[R]. 北京：北京理工大学能源与环境政策研究中心，2024.

[19] 刘学，郑军卫，刘文浩，等. 非常规卤水型锂资源开发现状与研究进展[J]. 矿产综合利用，2024，45（4）：21-26+56.

[20] 索安宁，岳维忠，马志远，等. 海洋牧场海域使用管理问题初探[J]. 海峡科学，2024（1）：123-126.

[21] 中研普华产业研究院. 2024—2028年中国深海养殖行业发展分析与投资研究咨询报告[R]. 深圳：中研普华产业研究院，2023.

[22] 国家数据局. 建设"百台万吨"深远海智慧养殖平台 推进渔业转型升级[EB/OL].（2024-09-04）[2025-02-28]. https://www.nda.gov.cn/sjj/ywpd/szjj/1213/20240906161600043455170_pc.html.

[23] 中研普华产业研究院. 2024—2029年中国潮汐发电行业市场深度分析与投资咨询报告[R]. 深圳：中研普华产业研究院，2024.

[24] 中国海油集团能源经济研究院. 中国海洋能源发展报告2023[M]. 北京：石油工业出版社，2023.

[25] 张伟. 深水油气高效开发技术装备发展与展望[J]. 石油科技论坛，2024，43（3）：77-84.

[26] 武魏楠，孙一凡. 挺进深远海[J]. 能源，2024（4）：10-19.

[27] 孙海萍，孙洋洲. 国内油气企业CCUS项目现状及产业发展研究[J]. 低碳化学与化工，2024，49（7）：139-146.

[28] 曾鸣，王永利. 综合能源系统推动新质生产力发展[EB/OL].（2024-04-13）[2025-03-07]. https://mp.weixin.qq.com/s?__biz=MzI2NTY5NzAwOA==&mid=2247526834&idx=2&sn=e5f41f79904a5ce62c5e710e0c78e04c&chksm=ebb469bdc95672e97a120472f00ca83d24f63638dfbf00b61859e17007ce068e6e05a346c016&scene=27.

[29] 王震，李楠，潘继平. 油气与新能源融合发展的模式与路径[J]. 天然气与石油，2024，42（1）：1-7.

[30] 汪啸，李楠，王震. 我国海洋能源资源综合开发利用的形势与策略研究[J]. 中国石油大学学报（社会科学版），2024，40（5）：1-8.

[31] 杨永明. 我国液化天然气接收站发展现状及前景展望[EB/OL].（2024-10-16）[2025-03-07]. https://cpnn.com.cn/news/zngc/202410/t20241016_1743070.html.

[32] 蒋珊. 绿氢制取成本预测及与灰氢、蓝氢对比 [J]. 石油石化绿色低碳, 2022, 7（2）: 6–11.

[33] 王峰, 逯鹏, 张清涛, 等. 海上风电制氢发展趋势及前景展望 [J]. 综合智慧能源, 2022, 44（5）: 41–48.

Developing Offshore Energy New Quality Productive Forces: Path for China's Offshore Oil and Gas Industry

Yikai LIN[1], Yuqi ZHANG[1], Xin MEI[2]

1. China National Offshore Oil Corporation;

2. CNOOC Cadre Academy

Abstract: In the current era, the new round of technological revolution and industrial transformation has greatly influenced the offshore oil and gas industry. The new-quality productive forces have enabled its high-quality development, which is marked by innovation-driven high-end development, technology-driven digitalization and intelligence, green-driven low-carbon development and industry-driven integration. China's offshore oil and gas industry has great potential and prospects in offshore wind power, green hydrogen and CCUS. But it also faces challenges in resource quality, policy support and technology utilization. Efforts should be made to create an integrated offshore energy system. Priority should be given to promoting the large-scale application of "shore power and green electricity", the CCUS industry, the production base of green energy covering "wind, solar, storage and hydrogen", the green energy port of "gas-fired power generation, offshore wind power and cold energy utilization", the industrial chain cluster of green hydrogen-based fuels, and the industrial ecology of "wind, sun, aquaculture and tourism" for offshore wind power, so as to achieve the high-quality integrated development of the marine energy industry.

Keywords: new-quality productive forces; marine oil and gas industry; development path; integrated development

"十五五"中国化工新材料发展趋势研究

柯晓明*，袁学玲

中国石化集团经济技术研究院有限公司

摘要：在全球技术竞争加剧与传统化工承压的背景下，中国的化工新材料产业正迎来战略转型期。当前我国虽已形成完整产业链，但高端产品仍受制于进口依赖与技术壁垒，"瓶颈"问题突出。"十五五"期间，战略性新兴产业与未来产业的崛起将为高端化工新材料带来广阔的市场空间。行业发展呈现三大趋势：产品向绿色化、功能化升级；本土企业突破外资的垄断和封锁；创新目标由替代引进转向自主原创。实现突破需构建"技术＋价值"双轮驱动体系：依托新质生产力强化基础研发能力，实施差异化竞争构建细分领域优势，通过产业协同加速技术转化。唯有完成从规模扩张向创新驱动的模式转变，方能实现产业高质量发展。

关键词：化工新材料；战新产业；发展趋势；技术创新；差异化策略

0 引言

经过多年的发展，中国石化行业在全球的地位显著且不断提升，已成为世界石化产业的重要一极，包括乙烯、对二甲苯（PX）、三大合成材料等在内的主要化工品产能已经位居全球首位，形成了较为完整的产业链体系，较好地满足了国民经济发展和人民生活的需求。值得关注的是，"十四五"期间国内大宗化工品原料（如"三烯""三苯"）的新建产能超过9 500万吨/年，是"十三五"期间的1.8倍，产能集中释放引发供需失衡，2022—2024年行业利润连续负增长，降幅分别为2.8%、20.7%和8.8%，凸显转型压力。此外，化工新材料领域正迎来快速发展机遇。作为能源革命与信息技术发展的关键载体，新材料市场保持高速增长，被业内认为是"蓝海"；但部分高端技术瓶颈尚未突破，主要由国际巨头掌控，制约国内企业竞争力提升。面对传统化工品效益低迷与新材料技术壁垒高筑的双重挑战，未来国内企业如何探索转型之路尤其值得思考。

---

* 柯晓明，男，硕士，正高级经济师，主要从事能源化工产业发展、石油石化市场等研究。E-mail: kexm.edri@sinopec.com

1 中国新材料产业体系不断完善，但是技术创新任重道远

据中国石油和化学工业联合会统计[1]，2023年我国化工新材料产能达4 900万吨/年、产量超3 600万吨，比2015年均提高1倍以上，实现产值1.37万亿元，自给率显著提升，产业体系不断健全，产业规模持续扩大。

化工新材料生产技术取得了重要突破。"十四五"期间，我国先后攻克了超高分子量聚乙烯、茂金属聚丙烯、1-己烯、光伏级EVA、光学级聚甲基丙烯酸甲酯（PMMA）、聚芳醚腈、液体橡胶、大丝束碳纤维、对位芳纶、高镍三元正极材料、质子交换膜等技术瓶颈。一批关键产品打破国外垄断，六亚甲基二异氰酸酯（HDI）、聚碳酸酯（PC）、聚苯硫醚（PPS）、电子级磷酸、电子级氢氟酸、电子级过氧化氢先后产业化。全球首套高强高模聚酰亚胺、酯化法环己酮、煤基聚乙醇酸（PGA）装置在我国建成。其中，2024年部分关键材料国产化取得突破，如万华化学集团股份有限公司（简称万华化学）的20万吨/年聚烯烃弹性体（POE）项目成功投产，沧州大化集团有限责任公司的高硅含量共聚聚碳酸酯试车成功，中国石油独山子石化公司的溶聚丁苯橡胶（SSBR）开车成功，武汉太紫微光电科技有限公司推出了自主研发的T150 A光刻胶，耀科新材料（苏州）有限公司实现了共价有机框架材料（COFs）的工业化生产。新能源材料方面，聚合物光伏材料通过工艺优化实现成本降低70%，电芯技术取得进展，大连液流电池示范项目并网；电子化学品方面，光刻胶等关键材料国产化率提升；环保材料方面，水性涂料、无溶剂环氧树脂等环保涂料快速发展。

然而，国内化工新材料高端产品仍受制于进口依赖与技术壁垒，"瓶颈"问题突出。目前，我国只有10%的化工材料技术达到国际领先水平，60%～70%处于追赶状态，20%～30%与国外存在较大差距[2]，特别是在高性能树脂、高性能合成橡胶、高性能纤维、功能性膜材料以及电子化学品等新材料领域仍无法完全满足市场需求。化工新材料中高端产品自给率相对较低，如茂金属聚乙烯等产品依赖进口超90%，电子化学品自给率不足80%，部分领域对外贸易逆差显著。国内企业在化工新材料的关键核心技术上存在短板，国外企业在中国没有突破的时候不愿意转让；国内技术研发往往侧重应用，原始创新能力不强；新材料产业涉及上中下游全产业链，国内在产业链协同方面存在不足；在一些新领域，标准体系尚不完善。

2 新材料市场潜力大，战新产业和未来产业助力迈向高端化

近年来，我国面临更加复杂的国内外经济和政治环境。为了增强经济的韧性和抗风险能力，提升发展的自主性，优化产业结构和培育新增长点，同时满足国家战略和人们

消费升级的需求，2024年两会政府工作报告提出"积极培育新兴产业和未来产业"。要巩固扩大智能网联新能源汽车产业领先优势，加快前沿新兴氢能、新材料、创新药产业发展，打造生物制造、商业航天、低空经济新增长引擎，开辟量子技术、生命科学新赛道。工业和信息化部等七部门提出推动未来产业创新发展的实施意见，推进六大产业发展。

新材料是战新产业和未来产业发展的根基，是抢占科技和经济发展制高点的重要领域，也是我国推进新型工业化的重要驱动力。未来材料将具备战略性、引领性和颠覆性，在产业推动力和附加值方面具有显著优势。

"十五五"期间，战略性新兴产业增加值年均增长将保持在较高水平，达10%～15%，为国内化工新材料市场发展提供了广阔的空间。到2030年，国内可再生能源发电累计装机容量占总发电装机容量的比重有望达到56%～60%[3-4]，持续带动光伏级EVA、POE、碳纤维、聚对苯二甲酸乙二醇酯（PET）、环氧树脂等产品需求；新能源汽车占汽车总销量的渗透率可能达到70%～80%[5-6]，拉动"三高一低"聚丙烯、工程塑料PC/聚酰胺（PA）、电池隔膜等产品消费；电子信息制造业在工业中的比重可能达到15%左右[7]，支撑光刻胶、高纯试剂、电子特气、聚四氟乙烯（PTFE）、交联聚乙烯（XDPE/XLPE）等产品研发和替代进口；生物医药及高端医疗装备产业规模年均增长15%左右[8]，促进聚乳酸（PLA）、高吸水性树脂（SAP）、热塑性聚氨酯/聚醚醚酮/聚甲基丙烯酸甲酯（TPU/PEEK/PMMA）等产品的应用。

与此同时，未来产业规模初步形成，2030年其产业增加值占GDP比重可能达到5%～8%；未来产业关键领域取得突破，量子计算设备的计算能力大幅提升，量子通信网络覆盖范围进一步扩大，智能机器人、智能交通等领域实现规模化应用，基因编辑、细胞治疗等前沿生物技术部分实现商业化。未来材料与未来产业发展直接相关，未来产业发展呼唤未来材料的新发展，典型化工新材料在未来产业的应用如图1所示。从理论

图1 典型化工新材料在未来产业中的应用

Figure 1　Application of typical new chemical materials in future industries

资料来源：中国石化集团经济技术研究院

上来讲,未来材料是现有材料经过多次颠覆性、原创性技术迭代得到的一类技术前沿引领但尚未成熟、技术发展方向不确定性强的战略性材料,属于科学层面的定义,例如自愈合材料、生物电子材料等智能材料。从国家战略层面来讲,我们要提前布局未来材料的基础科学研究。

除此之外,包装行业朝着功能化、绿色化、减量化发展,高端产品占比也将随之提升,如茂金属聚烯烃、乙烯-乙烯醇共聚物(EVOH)、聚对苯二甲酸乙二醇酯-1,4-环己烷二甲酯(PETG)等产品;随着建筑行业向绿色化、智能化和高效化方向发展,对高性能建筑材料,如多峰聚乙烯(PE)、耐热聚乙烯(PERT)/碳纤维/对位芳纶等产品的需求将持续增长。

据中国石化集团经济技术研究院有限公司预计,2030年国内高端化工材料需求总量将达到6 900万吨左右,"十五五"期间年均增长7%,远超大宗化学品的需求增速,未来五年国内化工高端材料的需求增速、自给率和需求量相对值详见图2。其中,需求量排在前三位的是高端聚烯烃、专用化学品和高性能工程塑料;需求增速排在前三位的是高性能纤维、可降解塑料和精细化工及单体。高端化工材料自给率将由目前的65%左右上升到2030年的76%左右。总体来看,化工材料市场需求增速快、产品附加值高,在当前大宗产品过剩、效益下滑的形势下,企业转换"新赛道"发展势必成为一个新趋势。

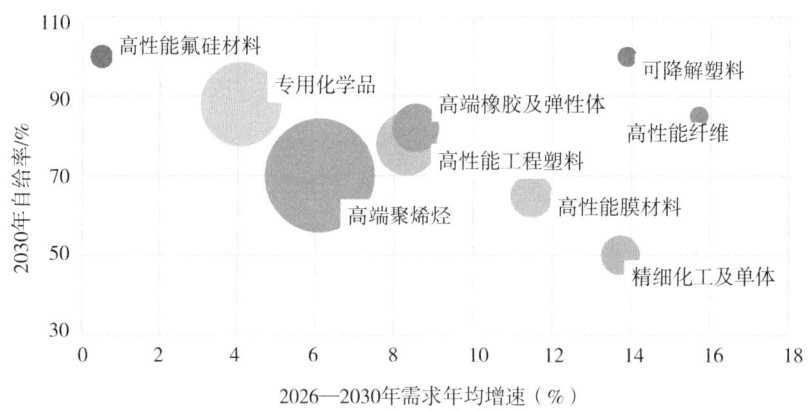

图2 "十五五"期间国内化工高端材料发展趋势

Figure 2　Development trends of domestic high-end chemical materials during the 15th Five-Year Plan period

注:图中圆形面积大小代表2030年需求量的相对高低

3 "十五五"新材料产业将呈现产业协同、格局重塑、创新加快的趋势

2024年7月，工业和信息化部等九部门发布了《精细化工产业创新发展实施方案（2024—2027年）》，为今后我国精细化工产业（包括精细化学品和化工新材料）高质量发展指明了方向。一是明确定位，细化落实有关规划政策要求。二是聚焦重点，促进产业延链补链强链。三是强化协同，优化创新体系和产业布局。结合产业现状、市场需求和政策引导，对于"十五五"化工新材料行业发展的主要趋势，有以下三点基本判断。

第一，新材料的发展正加速向绿色化、功能化和前沿化方向演进，产业协同与融合发展日益深化。

跨国企业加快新材料的战略布局，在2024年中国国际塑料橡胶工业展览会上完全展示。一是重视循环再生与可持续发展。巴斯夫提出"减量—再生—循环"解决方案——热解油再生聚酰胺、可回收聚氨酯泡沫形成闭环体系；埃克森美孚推出易回收模式——全聚乙烯自立袋（突破传统多层结构）、30%再生PE重型包装袋；赢创工业集团创新蓖麻油基生物聚酰胺，构建植物基材料新范式。二是聚焦功能材料的创新。新能源领域：巴斯夫固态电池包实现能量密度、热管理与可回收性的突破；沙特基础工业公司光伏胶膜FORTIFY™ POE具有优良的电阻率及水汽阻隔性能。医疗健康领域：三菱化学集团株式会社的环状聚烯烃材料使注射器透明度达药用级标准；利安德巴赛尔工业公司的Purell聚烯烃导管通过美国食品药品监督管理局（FDA）生物相容性认证。未来产业领域：科思创股份公司的模克隆®TC导热聚碳酸酯用于芯片保护，并能减轻重量、减少射频干扰。从中可以看出，化工新材料绿色化和功能化趋势明显。

化工高端材料将推动相关领域的技术创新和产业升级，为实现可持续发展提供重要支撑。在科技革命与产业变革浪潮中，信息功能材料正成为突破性驱动力，碳纳米管与硅基材料的融合有望开辟半导体新纪元。绿色制造与新能源材料的突破，将成为实现低碳经济的关键，热电材料与钙钛矿技术为新能源革命提供解决方案。生物技术领域，柔性电极的应用将促进人形机器人和脑机接口的发展，富勒烯诊疗材料正重塑医疗科技边界。航空航天与高端装备领域，碳纤维复合材料和仿生橡胶推动着超轻量化革新。更值得关注的是，材料基因工程通过AI与大数据重构研发范式，持续释放跨学科创新势能。这些战略性突破正构建起支撑可持续发展的新型材料生态体系。从中可以看出，未来化工新材料与电子信息、新能源、生物医药、高端装备制造等产业的交叉融合将更加紧密。

第二，新材料的发展格局将从以往的"外强内弱"逐步转变为"国产突围崛起"的新局面。

国外公司在新材料领域深耕多年，在研发、人才、市场等方面较为领先，目前龙头

企业主要集中在美国、西欧和日本。例如，碳纤维领域，日美德三国掌控全球70%以上的产能，东丽株式会社、东邦化学工业株式会社等公司掌握顶尖原丝制备技术；工程塑料领域，美国杜邦公司、陶氏化学公司、巴斯夫股份公司和赢创工业集团四大巨头形成专利"护城河"，满足航空航天等尖端领域严苛需求；特种橡胶领域，日美企业通过专有技术体系占据65%高端市场份额。在战略材料层面，美国杜邦公司、大金工业株式会社和3M公司等七家公司垄断90%的有机氟材料产能，日本的信越化学工业株式会社和胜高株式会社（SUMCO）、德国的Siltronic AG等公司把控80%的半导体级材料供应，日系三强更实现液晶背光材料全球产能全覆盖。美国、日本、德国占据全球化工新材料领域的绝大部分高端牌号和利润。

中国化工新材料市场广阔，发展速度快，技术不断进步，但是与发达国家相比仍有差距。目前，国内企业开始进行多维度的产业布局，具体如图3所示，化工新材料企业集中度将逐步提高。第一集团（"三桶油"、中化、华润、中车、中材等集团）在高端聚烯烃、高性能纤维、高性能橡胶、工程塑料、尼龙、芳纶、特种聚酯等领域引领行业高端发展。第二集团（万华化学、巨化、兴发等"单项冠军"）在聚氨酯全产业链、新能源材料细分领域、电子化学品等方面不断取得新进展。第三集团（盛虹、新和成、东岳、锦江、金发、高崎和先诺等民企）在氟化工、硅材料、膜材料、光伏级EVA、氨纶、改性塑料、聚酰亚胺、碳纤维等领域不断取得新突破，成为推动我国新材料发展的生力军。从产业发展布局来看，第一集团是综合型公司，第二集团专注于细分市场，第三集团专注于小众市场或覆盖区域市场。

图3　国内企业纷纷布局化工新材料市场

Figure 3　Domestic enterprises actively lay out in the new chemical materials market

从传统石化企业转型角度看,"十五五"规划的乙烯下游产品链不再是三大合成材料等"老三样",产品结构更多的是向下游精细化方向发展,表1显示了三个代表性企业乙烯下游产品方案,可以看出布局化工新材料或者原料成为大家的共同选择。

表1 三个典型企业未来乙烯下游产品方案

Table 1 Future ethylene downstream product schemes of three representative enterprises

企　业	项目涉及化工新材料
国企A,乙烯及下游新材料项目	FDPE、α-烯烃、己二腈、环氧氯丙烷、聚丁烯-1
民企B,高性能树脂及新材料项目	PC、乙醇胺、电子级DMC、PDO、PTMEG
外企C,乙烯一体化项目	新戊二醇、PA66、PC、PPA、POM、TPU、柠檬醛

第三,新材料的技术创新将由近期的国产替代迈向中期的原创突破,构建可持续的新质生产力体系。

"十四五"规划的化工新材料创新发展目标为"夯实基础,补短板":技术研发优化重点在于提升现有材料性能以满足高端市场需求,如提高新能源材料、半导体材料国产化率;打破关键单体与原材料制备技术瓶颈,从产业链初始端提升基础原料的生产供应水平,满足化工新材料生产的原料需求;突破共性技术、关键工艺、成套装备,如高选择性催化剂的制备,精确计量泵、高压反应釜、高纯封装等装备的国产化;培育以企业为主体的创新体系,推进涵盖核心技术、关键装备、集成应用、标准规范、检测检验等自主可控的技术体系。

《精细化工产业创新发展实施方案(2024—2027年)》明确了未来化工新材料技术创新的方向,包括关键产品攻关、绿色化与智能化技术突破、创新体系完善等,旨在推动产业高端化、安全化、可持续发展[9]。"十五五"新材料领域的创新战略将转向"引领前沿,立长板",创新的重点在于原创性技术突破和全球化竞争力提升;在创新体系方面,将深化开放协同创新,通过"揭榜挂帅"等激发创新活力,推动创新联合体成为常态,构建国际化创新网络,应对欧美技术封锁;创新的重点领域将进一步扩展,重点布局人工智能、量子科技、脑科学、可控核聚变材料等颠覆性领域,生物基材料规模化,化学回收技术商业化,数字孪生工厂普及,全生命周期碳足迹管理成为标配。通过政策支持和创新升级,我国将从"材料大国"迈向"材料强国"。

4 模式创新将是国内传统企业转型发展化工新材料的关键选择

如前所述,"十五五"期间国内化工新材料产业有较好的市场空间(包括重点发展的领域和产品），对于相关行业的技术创新和产业升级也非常重要，那么传统的石化企业如何拓展这一"新赛道"呢，不妨先看看先进企业的做法。

巴斯夫作为全球精细化工龙头，其成功源于技术迭代+产业链延伸、资本整合、差异化发展的三重驱动。一是"产业链+技术"是其特色。1873年以染料起家（全球最大），逐步拓展农业至橡塑、蒸汽裂解、生物基材料、电子化学品等，形成覆盖农业、化学品、新能源、生物质等多元矩阵，并朝着净零排放的目标迈进；重视技术创新，全球10%的员工从事研发，83%的研发投入用于现有业务优化，17%布局在未来5—10年增长点（如电池材料、生物科技等）。二是避免过度重复建设。资本整合成为实现转型的重要手段，巴斯夫通过并购实现扩张，20世纪60年代并购汽车涂料企业成全球第一，20世纪80—90年代整合维生素产能，2010年后聚焦电池材料（收购Merck电解质业务、杉杉能源股权）与高附加值领域（OLED薄膜技术、LCD技术）[10]，近十年24.4%的投资向特种塑料、电池材料、生物酶等高增长赛道倾斜。三是注重培育差异化的核心竞争力。基于强大的研发能力和多样化的产品储备，当某些产品生产企业变多且利润空间变窄时，及时变换赛道，开辟并引领新的市场领域，例如近几年中国的聚烯烃产能过剩，但是巴斯夫与翔峰集团合作，启动了高端增塑剂新材料项目。

中国的万华化学对标学习巴斯夫，在化工新材料领域也取得了长足的进步。一是重视核心技术的可控性，自主研发二苯基甲烷二异氰酸酯（MDI）技术打破国际封锁。当前万华化学研发投入占比超10%，接近巴斯夫水平。聚焦高端材料与未来技术，如第五代磷酸铁锂产品技术计划在2025年年中发布，第三代钠电正极材料领先，这与巴斯夫在电池材料和生物基材料的研发逻辑相似。二是进行产业链延伸。万华化学从MDI向石化（乙烯项目）、新材料（POE、聚砜）扩展，并布局电池制造、电池管理系统（BMS）、回收等下游环节，形成"材料—电池—应用—回收"闭环，与巴斯夫类似，通过全产业链提升抗周期能力。三是通过资本运作实现全球化扩张。万华化学收购匈牙利博苏化学公司进入欧洲市场，并收购烟台卓能电池材料股份有限公司、参股力高（山东）新能源技术股份有限公司，快速切入新能源细分领域。四是从"卖产品"到"卖服务"，客户需求深度绑定。万华化学推出"聚氨酯保温材料+施工工艺+回收体系"整体方案，巴斯夫拥有新能源领域解决方案和塑料回收领域采用的质量平衡方法。

综上所述，化工发展模式有别于大宗化工产品，要避免重复建设"内卷式"发展，最重要的是技术创新与研发，注重产学研合作，关注新技术；产品选择要注重差异化、前瞻性，结合自身特点，做好产业链整合与延伸，合资合作也是一种模式；发展化工新材料不能成为"坐商"，必须是重视服务的"行商"，全面提供解决方案，取得客户认可，方可打开新局面。

5 结语

中国是全球最大的化工新材料市场。随着战新产业和未来产业的发展，市场需求仍有较大的发展空间，而且高端化态势明显。未来行业发展有三大趋势：产品向绿色化、功能化升级；本土企业打破外资垄断，突围崛起；科技创新由替代引进转向自主原创。行业要避免"内卷式"重复建设，重视新质生产力的培育与合资合作的模式，实施差异化策略与相关产业协同融合，以实现高质量发展。

参考文献

［1］中国石油和化学工业联合会化工新材料专委会. 中国化工新材料产业发展报告 [M]. 北京：化学工业出版社，2024：2-41.

［2］李超，吕晓东，袁学玲. 把握化工新材料发展逻辑，决胜未来！[N]. 中国石化报，2023-09-13（5）.

［3］国网能源院. 国网能源院发布《新型电力系统发展分析报告2024》[EB/OL].（2024-11-04）[2025-02-10]. http://www.sgeri.sgcc.com.cn/html/sgeri/gb/yjcg/zxcgjj/20241104/466622202411041727000004.shtml.

［4］全球能源互联网发展合作组织. 中国2030年能源电力发展规划研究及2060年展望 [EB/OL].（2021-03-19）[2025-02-10]. https://baijiahao.baidu.com/s?id=1694640514282203202&wfr=spider&for=pc.

［5］车百在线. 驶向2030：全球新能源汽车产业发展格局与展望 [R/OL].（2024-03-01）[2025-02-10]. https://www.ev100online.com/research/detail/1628/report.

［6］张屹鹏. 长安汽车朱华荣：2030年中国新能源渗透率预计突破80% [EB/OL].（2024-12-29）[2025-02-10]. https://www.cls.cn/detail/1903125.

［7］黄娅娜，贺俊. "十五五"时期中国工业比重合理区间探析 [J]. 改革，2024（12）：12-25.

［8］E药经理人. 2024—2030年生物制药行业深度调研及发展战略研究报告 [EB/OL].（2024-09-21）[2025-02-10]. https://bydrug.pharmcube.com/news/detail/0ce938313e8f47dad7c413600621c925.

［9］中华人民共和国工业和信息化部. 精细化工产业创新发展实施方案（2024—2027年）[R/OL].（2024-07-12）[2025-02-10]. https://www.miit.gov.cn/jgsj/ycls/shhg/art/2024/art_2fff692dc7e4403b8c87b237612b26f9.html.

［10］巴斯夫中国. 巴斯夫历史 [EB/OL]. [2025-02-10]. https://www.basf.com/cn/zh/who-we-are/history.

Developmental Trends of New Chemical Materials in China During the 15th Five-Year Plan Period

Xiaoming KE, Xueling YUAN

Sinopec Economics & Development Research Institute Company Limited

Abstract: Amid intensifying global technological competition and mounting pressure on traditional chemical industries, China's new chemical materials sector is entering a strategic transition phase. Although China has formed a complete industrial chain, the production of high-end products is still hindered by reliance on imports and technological hurdles, leading to significant bottleneck challenges. During the 15th Five-Year Plan period, the rise of strategic emerging industries and future-oriented sectors will create vast market opportunities for high-end materials. Three key industry trends are emerging: upgrading products to be more environmentally friendly and functional; domestic enterprises breaking foreign monopolies and obstacles; innovation shifting from import substitution to independent originality. Achieving breakthroughs requires establishing a dual-driven system integrating "technology + value": strengthening fundamental R&D capabilities through new quality productive forces, implementing differentiated competition strategies to create niche advantages, and accelerating technology commercialization through industrial collaboration. Only by shifting from a focus on scale expansion to innovation-driven growth can the industry achieve high-quality development.

Keywords: new chemical materials; strategic emerging industries; development trends; technological innovation; differentiation strategy

"十五五"中国石油消费展望

王殿铭 *，贾曌，费奕儒，于佳玉，刘畅

中国海油集团能源经济研究院

摘要： 2024 年中国石油需求 7.61 亿吨，其中汽油、柴油和化工用油分别占总需求的 21%、25% 和 25%。"十五五"期间我国石油消费量预计将逐步下降，预计 2030 年石油需求将降至 7.2 亿吨。汽油需求在 2023 年已达到峰值，随后因燃油车减少和新能源汽车增长而快速下降，预计 2030 年将降至 1.2 亿吨；受商用车电动化和 LNG 替代影响，柴油需求预计 2030 年将降至 1.7 亿吨。化工用油将成为中国石油需求的主要驱动力，预计 2030 年需求将增至 2.3 亿吨。

关键词： 石油消费；达峰；化工用油

0 引言

2024 年，中国原油表观消费量为 7.61 亿吨，同比下降 0.12 亿吨。其中，汽油、柴油和化工用油的消费量分别为 1.58 亿吨、1.92 亿吨和 1.91 亿吨，占总消费量的 21%、25% 和 25%。中国的石油消费已经基本达到峰值，预计到"十五五"末期，中国石油需求将降至约 7.2 亿吨。主要影响因素如下。

汽油需求可能已经在 2023 年达到峰值[1]。随着燃油车保有量的快速减少和新能源汽车渗透率的持续提升，汽油需求在达到峰值后将迅速下降，不会像柴油那样出现较长的平台期。预计到 2030 年，汽油需求将降至 1.22 亿吨。此外，2030 年后，无人驾驶技术和共享出行模式将为出行领域带来颠覆性变化[2]，将进一步加速汽油需求的替代。

柴油需求多年来一直维持在 1.9 亿～2 亿吨的水平。预计在"十五五"期间，柴油需求将有所下降。商用车电动化的进程稳步推进，液化天然气（LNG）将成为柴油需求的最大替代品。预计到 2030 年，柴油需求将降至 1.7 亿吨。

---

* 王殿铭，男，博士，高级工程师，主要从事炼化与化工新材料行业研究工作。E-mail: wangdm28@cneei.com.cn

化工用油将取代柴油，成为中国石油需求的最大拉动力。中国的化工扩能浪潮将延续至"十五五"中后期，推动原料石脑油、液化石油气（LPG）等的需求增长。预计到2030年，中国化工用油需求将增长至2.3亿吨，且到"十五五"末期，化工用油的峰值仍未达到。

在燃料油等领域，受绿色甲醇、绿氨等清洁能源发展的冲击和替代，需求也将呈现下滑态势。除成品油和化工用油外，其他领域石油需求预计将在2030年降至约1.48亿吨。

1 中国汽油需求

1.1 电动汽车渗透率快速提升利空汽油需求

近年来，在政策支持、技术进步和市场需求变化等多重因素推动下，中国新能源汽车的渗透率迅速提升，成为汽车市场的重要组成部分。2024年，中国乘用车中新能源汽车渗透率达到40.9%，纯电动车渗透率24.6%。预计到2030年，电动汽车技术将进一步取得突破，单位能量密度电池成本将从2022年的889元/（千瓦·时）降至约700元/（千瓦·时）。同时，快充技术的普及以及充电基础设施的进一步完善也将大幅提高充电便利性。预计2030年中国新能源汽车渗透率将达到近70%，电动汽车渗透率约为50%。

1.2 燃油车保有量下降利空汽油需求

2017年以前，中国燃油车销量逐年增长，2009年首次突破一千万辆，达到1 362万辆，2013年首次突破两千万辆大关至2 199万辆，2017年销量达到历史峰值的2 817万辆。2009—2017年是中国燃油车大量涌入市场的时期，直接推升了当时成品油需求量。而在此之后，受新能源汽车冲击等影响，燃油车销量逐年递减。据历史数据回归测算，车辆在进入市场的第12～15个年头就要被淘汰掉。2009年中国燃油车销量加速上涨，到2022年正好为第13年，而2022年中国燃油车淘汰量出现了放量上涨，达到824万辆，同比大幅增长了357万辆。2023年燃油车淘汰量更是首次突破一千万辆大关，达到1 090万辆（图1），此时距2009年中国燃油车销量破千万正好过了14年。2009—2017年涌入市场的燃油车将在"十五五"期间集中大量淘汰，预计2030年我国燃油车保有量将降至2.4亿辆，较2024年下降约0.7亿辆。

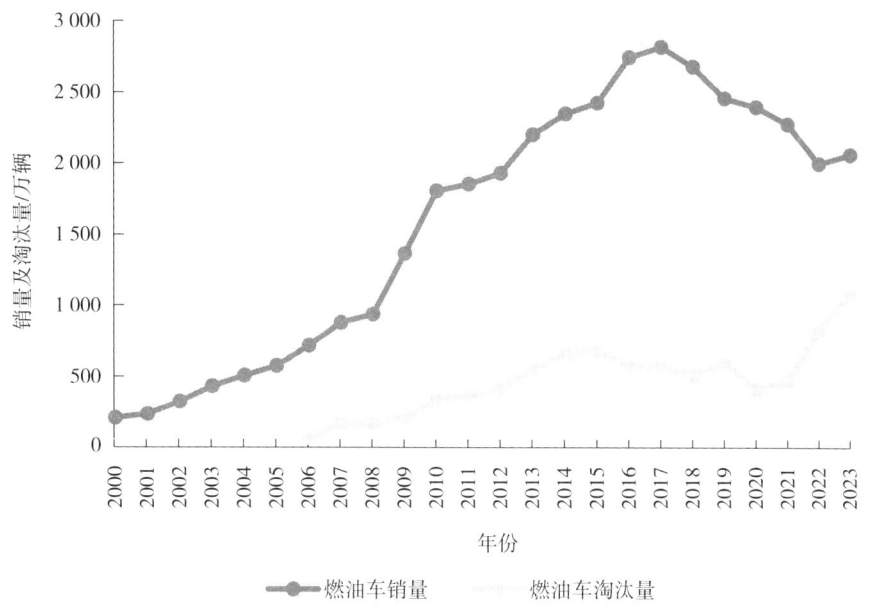

图 1 我国燃油车历年销量及淘汰量
Figure 1 Sales and phase-out volume of China's fuel vehicle
资料来源：Wind，CNEEI

1.3 燃油车经济性提升利空汽油需求

近年来，中国汽车行业整体燃油经济性不断提升，一定程度上利空了汽油需求。一方面是汽车更加轻量化，汽车重量每降低 100 千克，燃油车每百千米就可以节约 0.5 升燃油[3]。此外，发动机小型化和混合动力技术的开发应用、自动变速器等技术的持续开发和应用也在一定程度上降低了油耗。以 2010 年、2012 年和 2016 年三款奥迪汽车（均为 A4 2.0T）为例，据工业和信息化部数据，2016 年款汽车综合工况下百千米油耗为 6.9 升，明显低于 2012 年的 7.6 升以及 2010 年的 7.8 升（图 2）。据中国石化集团经济技术研究院有限公司数据，2020 年中国汽油车百千米油耗为 6.38 升，而 2015 年为 6.9 升。未来随着旧车的逐年淘汰，市场上高油耗汽车占比将逐渐下降，据测算加权汽车百千米油耗将在 2025 年降至 5.8 升左右，考虑到未来车企在传统燃油车领域投入减少，预计到 2030 年燃油车燃油经济性或将维持在每百千米 5.8 升这一水平。到 2030 年因燃油经济性提升将减少汽油消耗约 440 万吨。

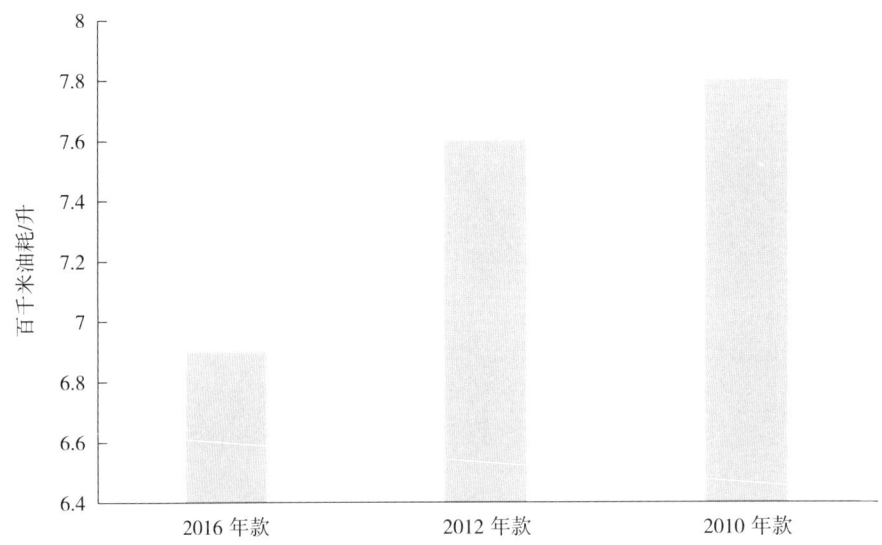

图 2　不同年份奥迪 A4 汽车百千米油耗情况
Figure 2　Fuel consumption per 100 kilometers by Audi A4 in different years
资料来源：工业和信息化部

1.4　网约车快速发展利空汽油需求

近年来，中国新能源网约车发展迅猛。广东、四川、北京、杭州、郑州等省市纷纷出台政策，要求新增网约车全部新能源化。新能源汽车相比传统燃油车，能耗成本降低 75%～80%，养护成本也更低，吸引了众多车主选择。据乘用车市场信息联席会数据，2023 年全国网约车新车接近 85 万台，其中新能源网约车达 74 万台，占比达到 87%。花小猪打车平台数据显示其平台新能源汽车订单占比已达七成。

网约车具有高使用频率和长行驶里程的特点，其行驶里程是普通家用轿车的 10 倍左右[4]。大量燃油车退出网约车、出租车等出行服务领域，导致中国汽油车年行驶里程逐年递减。数据显示，中国燃油车年均行驶里程已从 2005 年的 2.2 万千米逐渐降低至 2024 年的 1 万千米水平（图 3），其中公共出行方式的电气化是主要原因之一。目前中国网约车、出租车电气化率都已经很高，预计未来汽油车行驶里程或将稳定在 1 万千米左右水平。

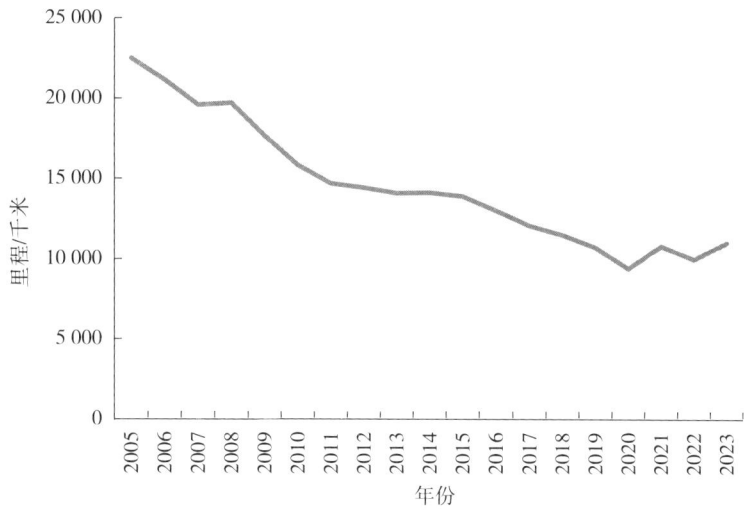

图 3　中国燃油车年均行驶里程变化
Figure 3　Annual average mileage of fuel vehicles in China
资料来源：CNEEI

2　中国柴油需求

2015—2023 年，中国公路货物周转量整体保持增长态势，年均增长 2.6%。同期中国柴油需求基本保持稳定，据中国石化集团经济技术研究院有限公司数据，这期间中国柴油需求稳定在 1.9 亿吨上下。新增运输需求主要被 LNG 和电动客车（货车）填补。预计到 2030 年，中国柴油需求量将降至 1.7 亿吨左右，需求影响因素如下：一是货物周转量仍将保持增长，但受经济增速放缓影响，预计年均增速降低到 1.5%～2%；二是柴油车整体保有量相对稳定，为柴油需求提供支撑；三是 LNG 汽车仍将保持快速增长，替代柴油需求；四是商用车电动化进程仍将继续，但电动汽车在商用车领域渗透率增速不及乘用车。

2.1　柴油货车保有量稳定支撑柴油需求

据中国汽车工业协会数据，2015—2021 年，中国柴油货车销量整体稳定在 150 万～180 万辆。2022 年成为销量的转折点，当年柴油货车销量从 177 万辆骤降至 118 万辆（图 4）。根据国家法律法规要求，重、中、轻型载货汽车使用年限为 15 年，期满后将强制引导报废，而微型载货汽车使用年限为 12 年。据此推测，预计在销量拐点出现后的第 12 至 15 年，中国柴油汽车保有量将大幅下降。在"十五五"期间，中国柴油汽车保有量预计将保持相对稳定，从而对柴油需求带来一定的支撑作用。

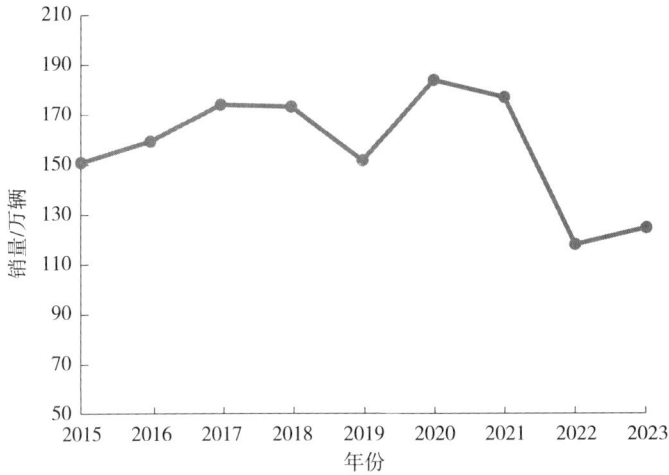

图 4　中国柴油货车历年销量情况
Figure 4　Historical sales data of diesel trucks in China
资料来源：Wind

2.2　LNG 替代利空柴油需求

随着全球对清洁能源需求的增加以及石油价格不断攀升，天然气开始加大向交通燃料领域渗透，对柴油的替代渐成规模[5]。根据车辆实际工况使用情况，约 1.2 立方米 LNG 替代 1 升柴油，故在 LNG 终端销售价与柴油零售价的比值低于 0.75～0.8 时，LNG 作为车用燃料就具有经济性。过去 10 年间的大多数时段中，LNG 相较于柴油都更有经济性，赋予了 LNG 向交通领域渗透的市场动力（图 5）。

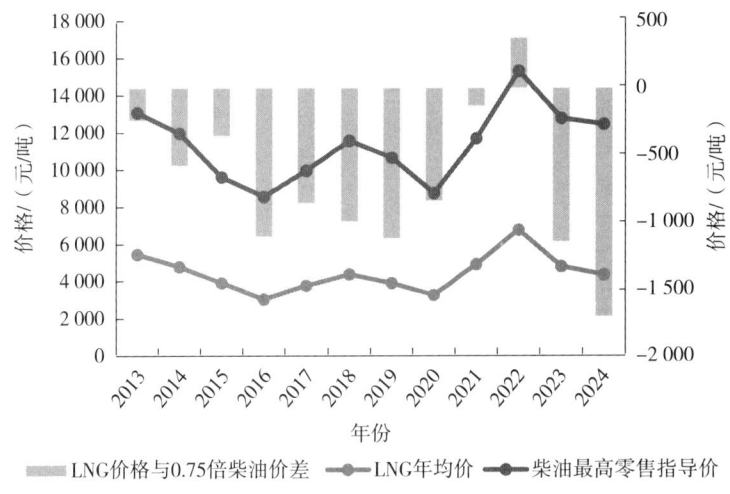

图 5　中国 LNG 及柴油价格比较
Figure 5　Comparison of LNG and diesel prices in China
资料来源：Wind

除了更具经济性,"双碳"目标下,政策亦支持 LNG 替代柴油。LNG 重卡无颗粒物、有害物质排放,相比柴油车可减少 30% 以上的污染物排放。国家出台了《2030 年前碳达峰行动方案》,明确提出支持车船使用 LNG 作为燃料,多地物流园区及集疏港作业区均禁止燃油车运行,要求必须使用清洁能源车辆。2024 年,LNG 汽车销量达到 17.9 万辆,创历史新高。据卓创资讯数据,交通领域 LNG 消费量 1 976 万吨,同比增长 365 万吨,替代柴油 2 200 万吨左右(图 6)。在现有价格及政策情况下,LNG 比柴油的经济性优势将持续保持,车用 LNG 对柴油的替代量仍有上升空间。假设到 2030 年中国交通领域 LNG 消费量维持 10% 年平均增速,则到 2030 年车用 LNG 消费量将达到 3 500 万吨左右,柴油替代量约为 3 800 万吨。

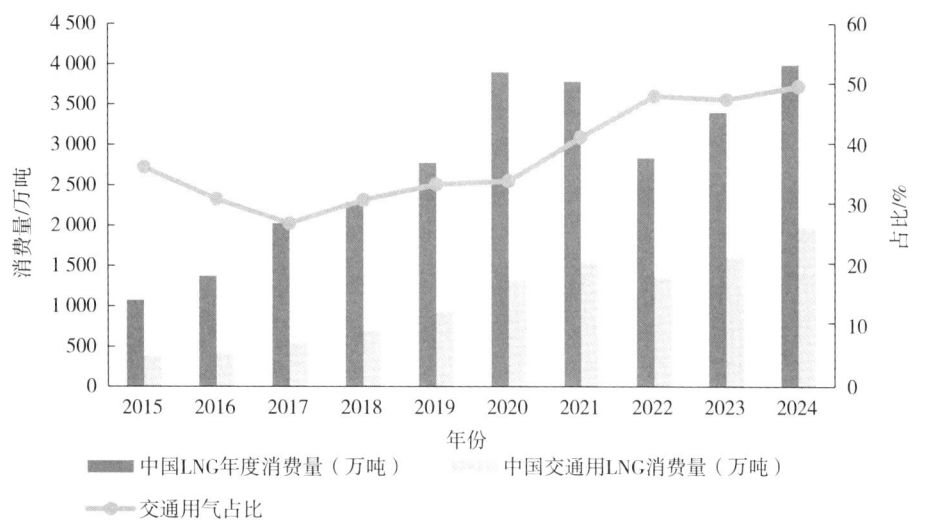

图 6　中国 LNG 年度消费量及中国交通领域 LNG 使用情况
Figure 6　Annual consumption of LNG and usage of LNG in the transportation sector in China
资料来源:Wind

2.3　商用车电动化替代利空柴油需求

2024 年,中国电动商用车产量达到 55.9 万辆,占当年商用车总产量的 15%。国内纯电动商用车保有量约为 200 万辆,替代柴油需求量超千万吨。不同类型商用车的电动化程度存在显著差异,这与新能源汽车在不同场景下的成本、技术、政策和运营使用等因素密切相关。预计到 2030 年,商用车领域电动化比例将超过 20%。

城市客车作为城市公共交通的主要方式,其电气化进程主要受政策驱动,加上补贴政策对这类车辆的倾斜,以及其路线相对固定、充电方便等因素,使得其电动化驱动力最强。目前,中国城市客车新车市场已经基本实现电动化,2021年保有量结构中电动客车的比例已超过70%(图7)。因此,未来在城市客车领域,电能进一步替代柴油的空间相对有限。

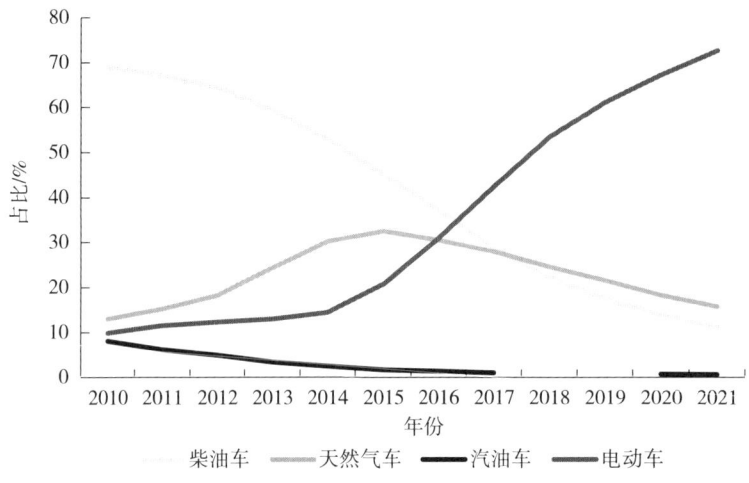

图7 中国城市客车用能结构变化
Figure 7 Changes in the energy consumption structure of urban buses in China
资料来源:Wind

相比之下,货车的电动化程度相对较低。目前,柴油货车的电动化技术尚不成熟,电动货车相比传统货车增加了电池成本,导致其售价显著高于同类柴油货车。同时,电池的重量和体积也降低了电动货车的载货量,进而在相同条件下降低了运输效率,这对运输效率要求较高的长途货运尤为明显。此外,柴油货车的日行驶里程通常较长,而公路沿途的充电基础设施尚不完善,这使得电动货车的补能问题成为制约其发展的瓶颈。清华大学的统计数据显示,目前中国电动货车的日行驶里程不足同类型柴油货车的50%。

3 中国化工用油需求

伴随着炼化产业政策的放开,民营炼化企业大举布局,加上"油转化"浪潮的推动,中国化工产业规模快速扩张,已成为全球最大乙烯及对二甲苯生产国。2024年,中国乙烯产能达到5 374万吨/年,对二甲苯产能达到4 401万吨/年,下游装置的扩张带动了化工原料用油需求的增加。2024年,中国化工用油量为1.91亿吨/年,同比增长6.7%。"十四五"末到"十五五"期间,中国仍有多套化工装置投产,预计到2030年乙烯产能将增长至 7 048 万吨 / 年，对二甲苯产能增长至 5 281 万吨 / 年，将带动化工用油需求增长至 2.3 亿吨，较 2024 年增长 20%（图 8）。

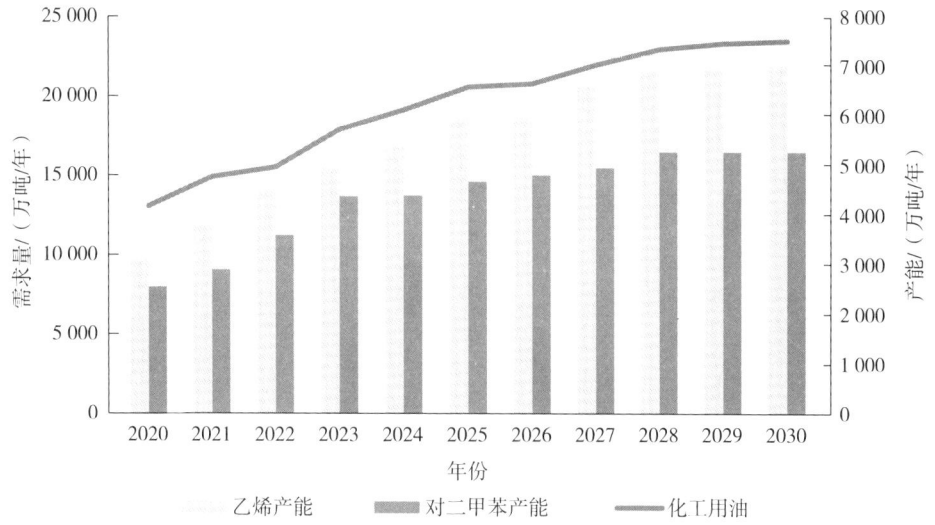

图 8　中国乙烯、对二甲苯装置新增产能情况及化工用油需求变化
Figure 8　New capacity additions of ethylene and PX plants and changes in petrochemical oil demand in China
资料来源：卓创资讯，CNEEI

当前中国经济正处于减速换挡期，据国际货币基金组织（IMF）预测，2025 年中国 GDP 增速为 4.6%，之后会缓慢下降，到 2029 年经济增速降至 3.3%。与此同时，中国还面临着人口负增长与老龄化、城镇化速度放缓、国内房地产业由扩张期转向更新置换期等诸多挑战。但宏观环境的变化和生活方式的改变也为化工品市场带来了一些新的机遇。

3.1　经济增长与生活方式转变持续带动化工品需求

化工品与人们的日常生活息息相关，其需求随经济增长而增长，与经济发展水平呈正相关。2000—2020 年，中国乙烯当量消费量与 GDP 相关性系数高达约 0.97（图 9）。未来，尽管中国经济增速放缓，但经济总量增长、生活水平提高以及便利性需求提升，仍将推动化工材料需求快速增长。以快递业为例，过去十年，中国规模以上快递业务量平均增速高达 30%，2018 年后虽有所放缓，但仍保持 20% 以上的增速，2024 年增速仍达 21.5%。

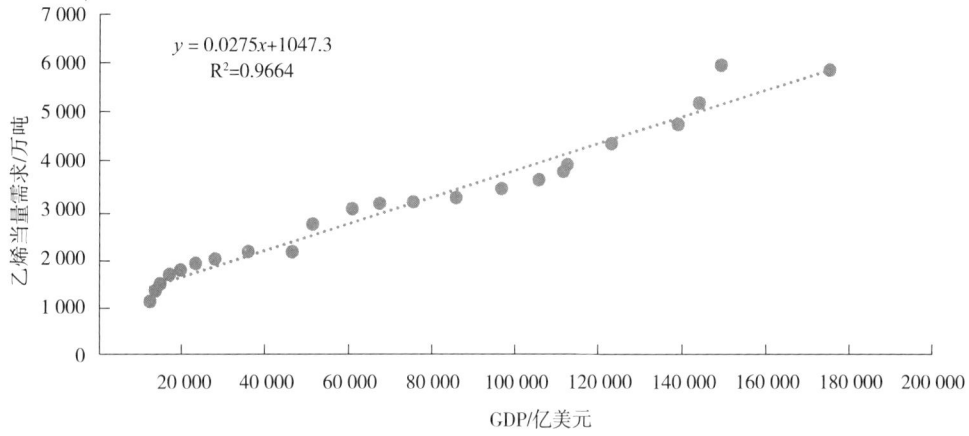

图 9 中国乙烯当量需求与 GDP 关系
Figure 9　The relationship between ethylene equivalent demand and GDP in China
资料来源：CNEEI

3.2　新经济带动化工品需求

银发经济、新能源经济等新经济、新业态对化工品，尤其是高端化工品的需求有显著拉动作用[6]。银发经济发展为化工行业带来新机遇，化工品在医疗保健、康复辅助、抗衰老、智能设备、日用品、家居改造、食品和药品包装等领域应用广泛。受益于银发经济的化工品包括医疗级聚合物、生物相容材料、高吸水性聚合物、营养补充品和保健品中的活性成分及添加剂、适老化家居改造用环保涂料和防滑材料、智能穿戴设备和健康监测仪器中的传感器及显示材料等。随着银发经济的发展，化工行业在这些领域有望获得更多机会。同时，新能源产业快速发展也成为化工品需求的增长点。目前中国新能源产业对化工新材料需求量为 650 万吨，预计到 2030 年仍将维持这一水平，多种化工新材料如质子交换膜、碳纤维、聚烯烃弹性体、交联聚乙烯等需求增速都在 10% 以上。

3.3　产业转移不影响中国化工品需求

近年来，中国劳动密集型产业向东南亚转移，部分低端制造业呈现南移趋势。以越南为代表的东南亚国家承接了欧美日韩企业从中国转移的制造业产能。尽管下游制造业升级，部分需求转移至东南亚，但该地区上游配套能力较弱，仍依赖进口。以聚酯产业链为例，东南亚承接了大量原由中国生产的欧美服装订单，但对聚酯长丝、短纤等直接化工产品需求有限，更多是从中国进口纱线等初级产品，再出口纺织品或服装。2012—

2024 年，越南纺织品出口额增加 21 884 百万美元，而从中国进口纺织原料增加 9 836 百万美元，从中国进口长丝仅增加 3 015 百万美元（图 10）。东南亚在产业链中主要承担后端加工制造，对化工品的直接需求目前仍留在国内。

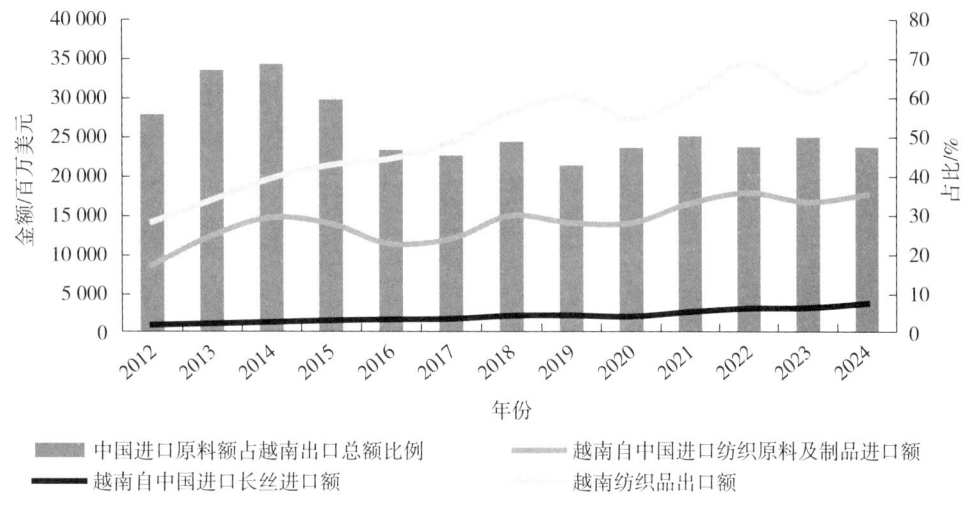

图 10　越南纺织品及原料进出口情况
Figure 10　Vietnam's import and export of textile and raw materials
资料来源：Wind

4　总结与建议

4.1　总结

"十五五"期间，石油需求将逐步下降。汽油需求因燃油车加速淘汰和新能源汽车的快速发展而显著下降，柴油需求受 LNG 替代等因素影响也呈下降趋势。化工用油因下游乙烯等装置产能扩张而增长，并将在"十五五"期间超越柴油，成为石油下游的最大消费品类。

新业态对石油需求带来较大冲击。新能源汽车的快速发展对石油需求产生了显著影响。随着电动汽车技术的进步和成本的降低，预计到 2030 年，我国新能源汽车渗透率将近 43%，进一步加速汽油需求的替代。未来，无人驾驶和共享出行等新业态的发展也将对汽油需求产生深远影响。

尽管交通领域的石油需求预计将减少，但化工用油需求却显示出强劲的增长潜力。中国化工产业的扩能潮预计将持续至"十五五"中后期，拉动原料石脑油、LPG 等的需求。长期来看，化工用油将成为石油需求的主要驱动力。

在交通领域，LNG 作为柴油的经济性替代方案已经显示出其潜力。随着全球对清洁能源需求的增加，绿色甲醇、绿氨等新型清洁能源的发展也对传统石油需求构成了挑战。

4.2 有关建议

一是充分认识到我国石油仍将长期供不应求的趋势，坚定增储上产决心。预计到 2030 年，我国石油需求仍将高达 7.2 亿吨，远超国内产量。国产原油是保障我国石油安全的"压舱石"，因此石油企业必须持续坚定地做好油气勘探开发和增储上产工作。

二是关注石油产品消费结构的变化，努力增加化工原料产量，并动态调整柴汽比。预计到 2030 年，化工用油量将达到 2.3 亿吨，化工用油将超越柴油成为最大的下游应用品种。建议我国炼化企业做好装置改造和技术储备，减少成品油产量，力争多生产石脑油等化工原料。此外，在"十五五"期间，汽油消费的下滑速度将快于柴油，过去"柴汽比越低、效益越好"的规律可能会被打破。建议企业密切关注市场动向，提前应对市场可能出现的变化。

三是积极抓住新机遇，重点布局发展化工新材料。炼化企业结合自身在原料、产业、对外合作等方面的特点和优势，重点发展交联聚乙烯、低灰分聚丙烯、聚烯烃弹性体等未来新产业急需的高端化工材料，在实现高端化转型的同时为我国经济高质量发展和产业升级提供有力支撑。

参考文献

[1] 王佩，张硕. 我国成品油需求达峰后的市场新特点 [J]. 当代石油石化，2024，32（12）：1-6.

[2] 朱鸿伟，田丽君，黄海军. 通勤亦工作——无人驾驶驱动下的出行新模式及其影响 [J]. 管理科学学报，2024，27（8）：90-104.

[3] 李光霁，刘新玲. 汽车轻量化技术的研究现状综述 [J]. 材料科学与工艺，2020，28（5）：47-61.

[4] 黄姗，陈浩然，钟华，等. 网约车合乘与地铁联运出行特征识别与节油估算 [J]. 城市交通，2023，21（3）：21-30.

[5] 孔劲媛，李明江，覃彪. 成品油消费呈下降趋势 [J]. 中国石油石化，2024（14）：38-39.

[6] 柯晓明. 能源化工行业培育新质生产力的重点方向 [J]. 中国石化，2024（4）：31-33.

Oil Consumption Outlook During the 15th Five-Year Plan Period

Dianming WANG, Zhao JIA, Yiru FEI, Jiayu YU, Chang LIU

CNOOC Energy Economics Institute

Abstract: In 2024, China's oil demand reached 761 million tons, with gasoline, diesel and chemical feedstock accounting for 21%, 25% and 25% of the total demand, respectively. During the 15th Five-Year Plan period, China's oil consumption is expected to gradually decline, with the demand projected to fall to 720 million tons by 2030. Gasoline demand peaked in 2023 and is expected to decline rapidly to 120 million tons by 2030 due to the reduction in fuel-powered vehicles and the growth of new energy vehicles. Diesel demand is projected to drop to 170 million tons by 2030, mainly due to the electrification of commercial vehicles and the substitution by LNG. Chemical feedstock will become the main driver of China's oil demand, with its demand expected to increase to 230 million tons by 2030.

Keywords: oil consumption; peak; chemical feedstock

2024年全球上游油气资源并购回顾及展望

刘丹凤[*1]，王恺[2]，何萱[2]，宋涛[1]

1. 中国海洋石油有限公司；

2. 中国海油集团能源经济研究院

摘要： 2024年，全球油气上游并购市场呈现阶段性回落趋势，全球油气上游并购交易数量共189宗，是近五年内达成并购交易数量最低水平；交易金额累计1 333.74亿美元，较2023年同期2 335.46亿美元下降42.89%。2024年，全球上游油气并购市场总体呈现四个特点：一是交易数量与金额显著回落；二是天然气资产交易占比同比增长；三是美国依然是并购最活跃地区；四是普遍推行"归核化"发展战略。展望2025年，因美国实施所谓"对等关税"政策，或将引发连锁反应，油气行业地区分化将日益明显，天然气资产或继续成为交易重点，资产估值预计处于合理区间。基于此，对我国油气企业建议如下：一是持续优化海外资产结构；二是推动技术创新与数字化转型；三是系统研究并购交易与资本营运模式。

关键词： 油气资源；并购交易；股权收购；资本运作

0 引言

在油气上游勘探开发领域，收购兼并是优化资源配置、提升核心竞争力的重要战略手段。尤其是在行业周期性波动背景下，通过并购重组剥离低效资产、聚焦核心产区，能够增强抗风险能力且有效提升长期价值创造潜力，对保障国家能源供应安全和实现可持续发展具有重要战略意义。

回顾2024年，在地缘政治风险上升的背景下，上半年市场稳中走高，下半年并购交易放缓，在页岩油气领域延续了2023年两笔超级大并购（埃克森美孚并购美国先锋自然能源，雪佛龙并购美国赫斯公司[1]）惯性，国际大石油公司天然气资产并购成为新亮点。

---

* 刘丹凤，女，硕士，经济师，主要从事股权管理、并购财税、资产评估及财务管理等研究。E-mail: liudf3@cnooc.com.cn

1 2024年全球油气上游并购市场特征

2024年,影响全球油气上游并购活动的因素较为复杂。一是在世界经济增长显著放缓、地缘政治风险持续上升、"欧佩克+"产量政策、新能源产业发展强劲等多因素共同影响下,油气市场持续调整,整体表现相对低迷,全年国际油价在65～88美元/桶范围内宽幅震荡,2024年布伦特原油均价为79.85美元/桶,同比下跌2.32美元/桶,为油气资产估值带来负面影响。二是2024年地缘政治走势充满变数,全球安全形势错综复杂,叠加美国大选带来的政策导向不明朗,跨国企业风险偏好降低。受此影响,国际石油公司对高成本、长周期的勘探资产收购更为审慎,普遍转向优化现有资产组合、严控资本开支,致使上游领域并购活跃度阶段性回落。三是环境问题及碳排放情况正在成为评估并购交易前景的新焦点。比如,在美国,墨西哥湾深水区域由于废弃油井数量较多,拥有庞大的碳储存潜力,受到并购市场青睐。

1.1 交易数量与金额均显著回落

2024年,全球油气上游并购交易数量共189宗(图1),较2023年同期下降5.97%,是近五年内达成并购交易数量的最低水平;交易金额累计1 333.74亿美元,较2023年同期的2 335.46亿美元下降42.89%。2024年,单笔并购交易金额50亿美元及以上的大型并购共五宗,分别是响尾蛇能源公司(Diamondback Energy)以约260亿美元收购奋

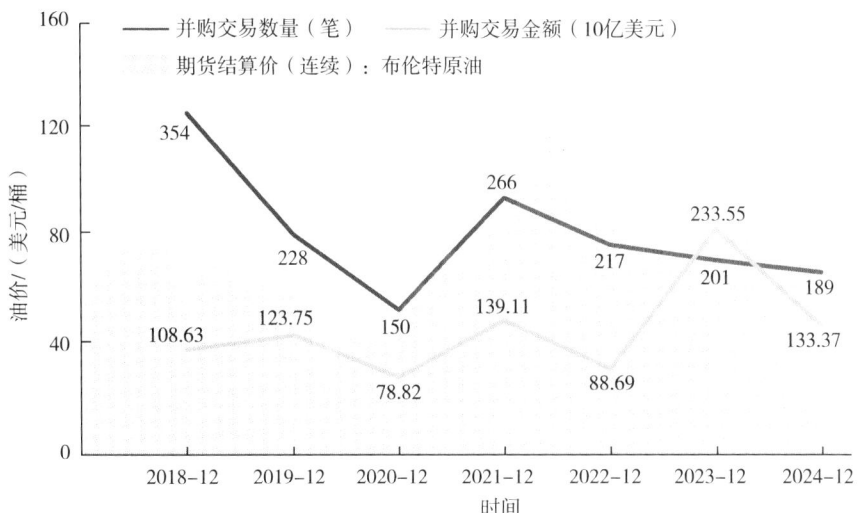

图1 2018—2024年全球油气上游并购交易与国际油价波动走势对比图

Figure 1 Comparison chart: global upstream oil&gas M&A transactions vs. international oil price fluctuations (2018—2024)

资料来源:Wood Mackenzie

进能源（Endeavor Energy Partners）；美国康菲国际石油有限公司（ConocoPhillips）以225亿美元的全股交易收购美国马拉松石油公司（Marathon）；切萨皮克能源公司（Chesapeake Energy）以74亿美元并购天然气生产商西南能源公司（Southwestern Energy），合体成为美国最大的天然气生产商；加拿大自然资源公司（CNRL）以65亿美元购买雪佛龙在阿萨巴斯卡油砂项目20%的权益和在阿尔伯塔省迪韦奈（Duvernay）页岩70%的权益；美国戴文能源公司（Devon Energy）以50亿美元收购格雷森米尔能源公司（GraysonMill Energy）的威利斯顿盆地业务。与2023年出现多宗较大规模的并购活动相比，2024年单笔交易金额整体偏小（表1）。

表1 2019—2024年全球油气上游并购交易的规模结构

Table 1　Scale and composition of global upstream oil&gas M&A transactions (2019—2024)

单位：笔

并购交易规模	2019年	2020年	2021年	2022年	2023年	2024年
1亿美元以下	73	65	69	68	57	47
1亿~5亿美元（不含5亿美元）	48	31	69	50	35	36
5亿~10亿美元（不含10亿美元）	17	11	26	16	18	13
10亿~50亿美元（不含50亿美元）	19	2	20	26	26	20
50亿~100亿美元（不含100亿美元）	1	3	4	2	1	2
100亿美元及以上	1	3	2	0	4	3
未确定	69	35	76	55	60	66
合计	228	150	266	217	201	187

资料来源：Wood Mackenzie。

1.2　天然气资产交易占比同比增长

2024年，非常规油气资产交易活动活跃，交易金额超过1 046亿美元，虽然同比下降20.27%，但接近全球油气上游并购交易总金额的78.41%，同比上升40.02%。其中，页岩气相关的并购交易金额约202亿美元，较2023年同期增长近92.38%，是近五年的最高水平。

从表2可以看出，2024年天然气资产的并购数量及交易金额虽低于2023年同期水平，但是天然气资产交易占全球交易比例达20.16%，高于2023年的15.07%。在油气业务"归核化"与低碳化战略的双重驱动下，天然气作为兼具清洁属性和能源稳定性的过渡资源，其战略价值进一步凸显。以bp、壳牌、道达尔能源为代表的国际石油巨头通过液化天然气（LNG）产能扩张、股权收购等方式持续优化天然气布局，典型案例包括道达尔能源收购马来西亚 SapuraOMV 公司 50% 权益，壳牌并购新加坡液化天然气贸易公司兰亭能源等。与此同时，区域性布局特征显著，日本电力公司 JERA 收购澳大利亚伍德赛德能源公司气田资产，挪威 DNO 石油公司通过收购英国大陆架 Arran 油田获得天然气增量，沙特阿美等中东国家石油公司在全球范围重组天然气中上游资产等。这种跨国界、跨环节的天然气资产整合浪潮，既反映出能源行业对天然气中长期需求增长的共识，也揭示了能源企业在传统业务升级与新能源探索之间的动态平衡。

表 2　全球油气上游并购交易目标资产情况
Table 2　Global upstream oil&gas M&A target asset overview

资产类别	2019年 数量/笔	2019年 金额/亿美元	2020年 数量/笔	2020年 金额/亿美元	2021年 数量/笔	2021年 金额/亿美元	2022年 数量/笔	2022年 金额/亿美元	2023年 数量/笔	2023年 金额/亿美元	2024年 数量/笔	2024年 金额/亿美元
常规气	30	99	21	22	36	196	26	52	30	218	28	66
煤层气	3	1	0	0	3	23	1	4	2	10	2	—
页岩气	28	56	23	43	41	202	35	159	22	105	29	202
致密气	6	0	6	1	4	28	2	1	2	19	3	1
常规油	88	310	61	198	94	287	73	164	75	761	57	117
重质油	8	41	3	1	10	11	12	114	9	43	9	93
致密油	61	703	34	322	75	492	61	318	59	1 179	59	843
混合	4	25	2	211	3	152	7	76	2	1	2	12
合计	228	1 235	150	798	266	1 391	217	888	201	2 336	189	1 334

资料来源：Wood Mackenzie。

1.3　美国为全球油气资源并购最活跃地区

各地区的交易活跃度存在显著差异（表 3）。美国是全球油气上游并购市场的关注热点，2024 年共发生并购交易 110 宗，占全球并购交易的比例达到 58.20%，总交易金额为 1 306 亿美元，占全球并购交易总金额的比例约 89.36%。其中，二叠纪盆地等区域的非常规油气资产，是该地区并购交易的重点。欧洲、亚太、中东地区的油气上游并购市场显著回落，交易金额大幅下滑。非洲地区表现较为活跃，主要是受政治法律风险、简化投资组合的需要等因素影响，国际石油公司纷纷退出非洲地区[2]，如壳牌出售尼日利亚陆上石油业务、雪佛龙出售刚果上游业务、埃克森美孚出售埃及 Cairo、Masry 两个海上勘探区块的非作业者权益、道达尔能源出售尼日利亚合资企业的股权等,带来了非洲地区并购交易数量及交易金额的显著增长。

表3 全球油气上游并购交易区域对比
Table 3　Regional comparative analysis of global upstream oil&gas M&A transactions

地区	2019年 数量/笔	2019年 金额/亿美元	2020年 数量/笔	2020年 金额/亿美元	2021年 数量/笔	2021年 金额/亿美元	2022年 数量/笔	2022年 金额/亿美元	2023年 数量/笔	2023年 金额/亿美元	2024年 数量/笔	2024年 金额/亿美元
非洲	13	58	10	15	9	28	21	42	17	27	20	41
亚太	12	39	1	0.2	10	23	7	13	8	34	6	17
欧洲	28	139	16	38	30	235	23	55	24	158	18	14
拉丁美洲和加勒比地区	17	45	17	19	20	19	10	46	7	602	19	49
中东	5	14	4	9	6	39	1	5	7	58	7	7
北美	143	907	90	596	158	880	141	690	121	1 422	110	1 192
大洋洲	4	18	4	5	12	133	5	30	11	22	7	13
俄罗斯	6	16	8	116	21	35	9	8	5	12	2	1
合计	228	1 236	150	798.2	266	1 392	217	889	201	2 335	189	1 334

资料来源:Wood Mackenzie。

1.4 普遍推行"归核化"发展战略

2024年,国际石油公司普遍推行"归核化"发展战略,即通过剥离非核心资产、收缩多元化布局,重新聚焦油气主业的资源整合与效率提升[3]。这一战略的核心逻辑在于,面对能源转型的复杂挑战和投资者对稳定回报的诉求,企业倾向于强化传统油气业务的竞争力,以夯实资源储备、优化成本结构并保障中长期业绩增长。从交易模式看,"归核化"特征体现为目标企业的高度聚焦,即企业更倾向于收购与自身技术优势或区域布局协同的成熟油气资产,同时剥离低效或政治风险较高的资产。例如,雪佛龙宣告以530亿美元收购美国阿美拉达赫斯公司(Hess)后[4],在2024年陆续出售加拿大西部油砂和页岩资产、缅甸天然气开发项目、刚果上游业务。

对于国际石油公司而言,通过"归核化"并购可快速扩大经济可采储量,对冲现有产量递减的风险;同时,产业链纵向整合和区域资产集群化显著降低了单位生产成本。实质上,这种向核心业务收缩的并购趋势,是能源企业在转型不确定性中的理性选择,既为传统业务注入增长动能,也为未来低碳投资积累资本与技术储备。

2 2025年全球上游油气并购市场展望

美国于2025年4月初宣布所谓"对等关税"举措，即美国对贸易伙伴设立10%的"最低基准关税"，并对某些贸易伙伴征收更高关税。这会严重破坏全球贸易体系，拖累世界经济复苏。"关税乱拳"可能引发连锁反应，将直接影响全球原油需求预期，导致全球贸易成本上升，或重塑全球能源贸易格局，全球货币体系、政治体系和国际体系或将发生深刻变化。结合对全球经济形势、油气市场趋势及近年全球油气并购行为的综合分析，预计2025年全球油气并购交易将充满更多不确定性，总体或将呈现以下特征。

2.1 油气并购地区分化日益明显

2024年，各地区的交易活跃度存在显著差异，仅北美地区的并购交易金额就占全球总金额的89.36%。考虑到美国关税未来会引发的连锁影响，以及石油公司战略调整、政策导向等因素，预计2025年各地区的交易活跃度将继续分化，北美仍是全球油气上游并购的重点区域。一是国际石油公司在完成大型并购后，亟须通过剥离资产降低债务并优化投资组合，即使如雪佛龙宣告并购美国阿美拉达赫斯公司的交易因联合作业协议涉及的优先购买权问题在2024年未完成交割[5]，也仍然在推进其投资组合优化；独立石油公司需要通过并购成熟资产强化主业竞争力，中小型石油公司则需要通过出售油气资产实现资金回笼，使得北美油气并购交易较为活跃。二是在美国总统特朗普重启化石能源支持政策的大背景下，整合本土油气产能，提升油气产业链的稳定性和竞争力，均会推动更广泛的资产流动，但在该大背景下美国预计会成为未来全球油气并购市场的重点地区。南美洲方面，巴西、圭亚那和阿根廷是原油供应增长最快的国家，受此轮关税影响，南方国家油气合作有望愈加紧密，也将促进金砖国家与拉丁美洲国家的油气合作，促成油气资源并购交易。欧洲方面，受能源供应模式不确定性和能源转型战略摇摆影响，预计欧洲企业将维持谨慎观望态度，整体市场动能不足。关税大棒将促进欧亚能源战略合作，俄罗斯在受制裁影响下，加之地缘便利及战略协同，将积极深化与中国的能源战略合作。据海关总署数据，2024年中国原油进口总量达5.53亿吨，其中俄罗斯以1.08亿吨（占比19.6%）稳居最大供应国地位，可能进一步推动中国企业加大对俄罗斯等新兴市场的油气并购力度。非洲方面，利比亚、坦桑尼亚、埃及等国目前均已启动2025年油气勘探招标，预计将有效吸引上游投资并推动油气勘探活动。中东方面，随着沙特阿拉伯、阿联酋、卡塔尔等国家的石油公司开始布局天然气业务，国际石油公司也加大在中东获取天然气资源的力度，鉴于中东丰富的油气资源，预计天然气勘探开发将成为下一个热点。

2.2 天然气资产将继续成为交易重点

随着国际石油公司能源战略转型趋于稳健，在减少碳排放和清洁能源领域，天然气的优势更加凸显，天然气资产也将持续受到国际油气并购市场青睐。阿布扎比国家石油公司（ADNOC）收购非洲天然气资产，道达尔能源收购马来西亚天然气生产商 SapuraOMV 50% 权益，沙特阿美等中东国家石油公司加大并购和重组全球天然气上游和中游资产，卡塔尔能源陆续将道达尔能源、壳牌、埃克森美孚、中国石油等 8 家石油公司引入其北方气田（世界上最大的单一非伴生气田）扩建项目的合作开发中，这些案例都充分显示了天然气投资的活跃趋势。作为兼顾传统能源需求与低碳转型时期的最佳能源种类，预计天然气将成为国际石油公司补强产业链的优先选项，也会继续成为独立石油公司和中小型油气企业感兴趣的并购目标，为行业整合提供新的机遇。另外，根据《世界能源统计年鉴 2024》报告，中东地区天然气探明储量达 75.8 万亿立方米，超过全球天然气总探明储量的 40%。随着中东地区的沙特阿美、卡塔尔能源和阿布扎比国家石油公司三家国家石油公司加快国际化步伐，着眼于全球业务布局、扩大天然气产能、延伸下游产业链等战略举措，天然气资产也成为其未来可持续发展的重点。

2.3 交易估值预计处于合理区间

2025 年，全球贸易体系充满挑战，关税壁垒将遮蔽全球经济复苏曙光，低油价周期或重演，预计油气资产估值下降将为油气资产并购提供适当空间。分析原因，一是全球经济面临多项挑战，主要包括美国关税政策引起的连锁反应、成本通胀、供应链限制和监管不确定性等，预计将对油价产生显著影响。关税政策或将影响全球原油需求前景，且推高钢铁和设备成本，在需求萎缩与供应过剩的双重冲击下，严重情况下或将导致以高成本的油砂、页岩油等为主业的油气公司破产重组。二是面对日益复杂的世界政治经济形势，油气行业投资者风险偏好降低，将采取更为审慎的投资态度。美国关税政策对原油市场造成的短期冲击，如需求预期恶化、供应链扰动和市场情绪极端化，都将深度影响投资者的投资态度。三是基于行业的谨慎投资策略，预计资产竞争将减少。一旦陷入低油价周期，行业投资者逆周期操作将充分考验并购智慧。在上述因素的综合影响下，油气资产的估值或将持续走低，或吸引资本充足的买家，如政府支持的实体、私募股权等。

3 启示与建议

察势者智，驭势者赢。仅从我国3家国家石油公司多年海外发展布局来看，持续加大跨国油气勘探开发力度，深耕"一带一路"沿线油气项目，充分利用国际国内两个市场、两种资源，积极参与国际竞争与国际经济合作是保障国家能源安全的重要途径。截至2025年3月底，中国石油成功中标苏里南浅海14/15区块和阿曼15区块等2个勘探项目，完成厄瓜多尔和哈萨克斯坦2个作业者项目延期，实现伊拉克西古尔纳1项目牵头合同者成功交接，均体现了突出俄罗斯、哈萨克斯坦、土库曼斯坦、伊拉克等重点地区，推动海外资产逐渐向风险可控、对国际业务发展具有重要战略意义的领域和地区集中。中国石油化工集团有限公司（简称"中国石化"）累计在全球23个国家投资45个油气勘探开发项目，成功获得包括安哥拉深海、埃及勘探区块、哈萨克斯坦勘探区块、卡塔尔LNG等项目，已初步形成油气并举、海陆兼顾、常规非常规多样化的总体境外油气战略布局。中国海油在过去一年里，先后获得莫桑比克5个海上区块勘探权、巴西4个海上区块联合勘探权、伊拉克2个海上区块勘探权和哈萨克斯坦1个油气区块勘探权，近期又获得印度尼西亚2个海上区块联合勘探权，共计获得14个优质海外油气勘探权，其中13个为海上油气勘探区块；通过海外并购获取的低成本和低盈亏平衡点项目，使得中国海油未来中长期桶油成本能控制在远低于行业平均水平的低位。

当前世界正处于百年未有之大变局，油气行业挑战与机遇并存，作为国家石油公司应持续加大全球油气资源并购市场参与力度，积极保障国家油气供给安全，苦练内功迎挑战，探索多种资本运营模式，提高发展质效。

3.1 持续优化海外资产结构与产量结构，筑牢风险底线

油气上游并购对油气企业具有重大战略意义，其不仅是企业快速获取资源储备、优化资产结构的关键手段，更是应对能源转型挑战、增强核心竞争力的重要途径。我国油气企业应加强在全球经济金融、油气市场供需、能源转型、优化海外资产布局等方面的研究，通过谈判性议标与公开性竞标等途径，加大富油气国家新区带、新领域和新层系勘探阵地获取及勘探力度，优先布局资源禀赋优、生产成本低、所在国对华关系好的油气开发项目，实现战略性优势资源突破。以底线思维筹谋更具前瞻性和灵活性的应对策略，增强保障国家能源安全的能力。

3.2 积极推动产业技术创新与数字化转型，增强核心竞争力

北美页岩行业通过技术革新（如水平井钻井、智能勘探等）显著降低了勘探开发成

本，我国油气企业可以通过与专业研究机构、高等院校联合攻关，加快科技创新。创新领域方面，油气企业需要加大在非常规油气开发领域的研发投入，尤其是针对复杂地质条件的立体开发技术。同时，推动人工智能、大数据在勘探和生产中的应用，提升效率并减少碳排放，以符合国内"双碳"政策及国际低碳并购趋势。

3.3 系统研究并购交易动态与资本运营模式，提高发展效益

要密切跟踪研究全球油气资源并购市场发展动向，掌握行业发展动态及趋势，系统研究其内在机理，结合企业自身发展情况更科学地实施逆周期跨周期操作，及时优化发展策略。同时，积极探索资本运营模式，研究灵活多样的资本运营方式，大范围研究、小规模操作，适时运用资本交易方式获得产量和收益。对国际油气资产交易市场上使用的股权支付、递延支付、成本转移支付、潜在支付、保留废弃义务等开展研究储备，选择并灵活运用适宜的交易模式，既抵御市场风险又提升发展效益。

参考文献

[1] 刘丹凤，何萱，潘继平，等. 2023年全球油气上游资源并购回顾及展望[J]. 中外能源，2024，29（6）：20-25.

[2] 王建君，张宁宁，窦立荣，等. 国际大石油公司油气上游资产并购的主要特点及启示[J]. 国际石油经济，2022，30（11）：100-106.

[3] 徐东. 油气超级并购集中出现 区域油气行业面临重塑 国际石油公司能源转型恐遭逆流[J]. 国际石油经济，2024，32（1）：35-37.

[4] 周静. 埃克森美孚和雪佛龙并购独立石油公司的交易分析与启示[J]. 天然气与石油，2024，42（2）：117-124.

[5] 张伟华. 联合作业协议下油气并购交易优先购买权探讨——雪佛龙公司收购赫斯公司案例分析[J]. 国际石油经济，2024，32（6）：87-92.

Global Upstream Oil and Gas M&A in 2024: Review and Prospect

Danfeng LIU[1], Kai WANG[2], Xuan HE[2], Tao SONG[1]

1. CNOOC Limited;

2. CNOOC Energy Economics Institute

Abstract: In 2024, the global oil and gas upstream M&A market has declined significantly: the transactions totaled 189 deals, marking the lowest annual count in the past five years. The cumulative transaction amount is 133.374 billion dollars, a decrease of 42.89% compared to the same period in 2023 when it was 233.546 billion dollars. The global oil and gas upstream M&A market is characterized by four features: the number of M&A transactions and the transaction value has increased, the proportion of natural gas asset transactions has increased, the United States is still the most active region in the world, and the development strategy of "refocusing" is generally implemented. Looking ahead, regional differentiation will become increasingly obvious, natural gas assets will become the focus of trading, and the asset valuation will be in a reasonable range. Therefore, the suggestions for China's oil and gas enterprises are as follows: continue to optimize the structure of overseas assets, promote technological innovation and digital transformation, and systematically research M&A transactions and capital operation models.

Keywords: oil and gas resources; M&A deals; equity acquisition; capital operation

"双碳"目标下海上风电建设对油气开发的影响及发展思考

陈昌旭[*],李步,王亮,王宏光,陈欣维

中海油环渤海新能源有限公司

摘要:加大海上油气勘探开发力度是实现油气增储上产和保障国家能源安全的重要途径。在"双碳"背景下,海上风电大规模建设对海上油气勘探开发带来了挑战,二者融合发展是保障油气田和海上风电高质量开发的有效途径。本文论述了海上风电开发对油气田矿权和勘探开发的影响,梳理了融合发展为保障油气田矿权的基本原则以及融合发展的主要形式,分析了融合发展目前面对的政策制度缺乏、协调多利益主体难度大、电网稳定性保障等难题并提出针对性解决思路。最后总结了油气开发企业统筹开发油气田周围海上风电的优势,建议海上油气开发企业面对"双碳"目标的新形势,积极推动融合发展,择优开发海上风电,以保卫油气田矿权和保障油气田绿色开发,为国家能源安全和新型能源体系建设做出更大贡献。

关键词:融合发展;油气勘探开发;海上风电

0 引言

随着我国石油和天然气需求不断增加,叠加我国"富煤、缺油、少气"的资源禀赋,石油和天然气严重依赖进口[1]。2023 年,我国共进口原油 5.6 亿吨,同比增长 11.0%,石油对外依存度为 71.4%;进口天然气总量为 1.2 亿吨,同比增长 9.9%,对外依存度为 40.4%[2]。国家高度重视能源安全,面对油气对外依存度持续提高的压力,要求加大油气勘探开发力度,增加油气供应能力[3-4]。2018 年至今,全国能源系统及油气开发企业坚决实施"大力提升油气勘探开发力度七年行动计划",2023 年我国国内油气产量当量超过 3.9 亿吨,连续 7 年保持千万吨级快速增长势头[5]。中国海洋油气田开发潜力较大,海洋石油贡献全国石油产量增量的一半以上,并且继续保持增长态势。加大海上油气勘探开发力度是我国未来实现油气资源持续增储上产的重要途径。

---

* 陈昌旭,男,硕士,高级工程师,主要从事新能源与油气融合发展研究。E-mail: chenchx2@cnooc.com.cn

在"双碳"背景下，我国正加快规划建设以清洁、低碳、安全、高效为主要特征的新型能源体系，大力发展以风电与光伏为代表的新能源[6-7]。截至2023年底，全国可再生能源发电装机超过火电装机，占全国发电总装机比重超过50%。至2024年6月底，全国可再生能源发电装机达到16.53亿千瓦，约占我国发电总装机的53.8%。其中，风电装机4.67亿千瓦，太阳能发电装机7.14亿千瓦，风电和光伏发电合计装机已超过煤电装机。据国家能源局测算，我国风电的技术可开发量超过100亿千瓦，光伏发电的技术可开发量超过450亿千瓦。2060年前实现碳中和，我国风电和光伏发电装机规模将达到50亿千瓦以上，约是目前装机总量的5倍。因此，加快新能源开发是建设新型能源体系的关键路径，未来具有广阔的发展空间。随着陆上新能源开发趋于饱和，以风电为代表的海上新能源开发技术不断革新，成本显著下降，是我国未来新能源发展的重要方向[8]。截至2024年底，我国海上风电累计装机容量已达4 127万千瓦。

我国海域辽阔，拥有丰富的油气和风能资源，是支撑我国未来海上油气增储上产与风电开发的资源基础。然而，我国海上油气资源和风能资源存在区域重叠，海上风电大规模开发势必会对海上油气田开发产生影响，造成用海矛盾。为了解决用海矛盾和最大程度开发利用海洋资源的问题，国家能源局在《加快油气勘探开发与新能源融合发展行动方案（2023—2025）》中指出"要统筹推进海上油气勘探开发与海上风电建设"。海上油气开发企业已就海上风电与油气融合发展进行了初步探索，但是由于目前尚未完善政策制度，且涉及多利益主体协调难度大，目前尚未形成成熟发展路径[9-12]。

本文将系统分析海上风电开发对油气田开发的影响，总结海上风电与油气融合发展的原则要求、主要形式以及面临的困难和解决思路，最后分析在融合发展中海上油气开发企业统筹开发油气田周围海上风电的优势，对未来发展提供有关建议。

1 海上风电开发对油气勘探开发的影响

1.1 海上风电规划场址压覆油气田矿权

随着我国海上风电大规模开发建设，海上风电规划场址与油气田矿权重叠的用海矛盾日渐严重。截至2022年底，全国各海域海上风电压覆油气田矿权的面积已超10 000平方千米，其中渤海、北部湾海域最为严重，粤东海域也涉及多个风场与油气平台、海底管线、海缆等油气设施重叠和交越。以我国渤海油田为例，渤海海域已规划风电场址与油气田矿权重叠严重，重叠区涉及的采矿权占渤海油田总采矿权数近四成，涉及数十个油气田。海上风电开发若未考虑油气资源，将大幅压缩油气勘探开发面积，进而制约油气产量、影响增储上产。

1.2 海上风电建设影响油气田开发项目质量

海上风电建设对油气田勘探、开发建设和安全生产造成较大影响。在现有技术条件下，风电建设区难以开展地震数据采集、钻井等作业，制约油气资源后续勘探开发；风电建设与临近油气田同时开发，会影响开发设计方案和工程进度，增加建设时间和经济成本；风电建设与海底油气管道、海缆交越可能性大，增加已有海管、海缆设施检维修成本，增长待建海管、海缆铺设长度；部分风电设施与海上油气设施距离较近，影响油气田设施正常检测维修、改扩建、船舶作业、直升机飞行和应急抢险救援等工作，加大安全生产隐患。海上风电开发若未考虑油气资源将严重影响油气勘探开发，并给油田设施及生产作业带来安全环保风险。

1.3 解决思路

在当前背景下，海上新能源与油气融合发展是当前现实，海上风电建设和油气勘探开发势必会同时大规模推进，二者开发区域重叠和开发建设及生产运维交互影响的用海矛盾日益凸显且亟待解决。海上风电开发若未考虑油气资源将严重影响油气勘探开发，降低未来油气产量；有序开发海上风电则有望最大化利用海洋资源，实现低成本高效开发海上风电和油气资源。国家能源局在此背景下发布《加快油气勘探开发与新能源融合发展行动方案（2023—2025）》，指出要统筹推进海上风电与油气勘探开发，通过海上风电开发为油气平台提供绿色电力，提高能源使用效率、降低碳排放，形成海上风电与油气田区域电力系统互补供电模式（简称"互补供电模式"）。海上油气田周边区域新能源建设优先由油气开发企业统筹推进实施，逐步实现海上风电与海洋油气产业融合发展。这是国家层面给出的缓解上述用海矛盾、妥善解决压覆矿问题、保障油气田和海上风电高质量开发的解决思路，应在实践中不断探索，形成现实规范。

2 海上风电与油气融合发展的原则形成与实践探索

2.1 融合发展的原则要求

部分海上风电规划场址与油气田资源存在重叠，国际上一般会以油气优先的原则，对风电设施作出安全距离规定，例如英国要求海上风电与油气设施间距通常在 1 千米，挪威要求风电与油气设施保持在 1.5 千米以上安全距离。为妥善解决压覆矿问题，保障油气勘探开发，我国也正在加紧制定相关规范标准，要求海上风电规划建设时应遵守油气田勘探开发相关规定。根据自然资源部《关于进一步加强海上风电项目用海管理的通知》相关要求，涉及与已设探矿权和采矿权重叠的，要按照《中华人民共和国矿产资源法》等有关法律法规做好利益相关者协调，形成一致性书面意见。根据中华人民共和国石油天然气行业标准《海上风电与油气勘探开发管理及安全距离要求》相关要求[13]，已探明油气储量和控制油气储量外边界范围内不进行风电建设；油气采矿权范围内不宜进行风电设施建设，如规划建设风电设施应征得矿业权人同意，并签署利益相关方协议；油气探矿权范围内规划建设风电设施的应征得矿业权人同意，并签署利益相关方协议。同时，该标准还规定了海上风电建设与已建或在建油气设施需保持安全距离：一是风机距离生产平台（含待建设）应不少于 2 千米或 8.8 倍风机叶片直径（取大值）；二是风机及其升压站距离浮式生产装置（含待建设）应不少于 5 千米；三是风机及其升压站距离水下生产系统应不少于 2 千米、8.8 倍风机叶片直径（取大值）；四是风机及其升压站距离海底电缆管道（含待建设）两侧应不少于 500 米；五是风机海底电缆与油气海底管缆交越的，后铺设管缆应沿路由交越点两侧不少于 50 米范围内采取安全措施。

2.2 融合发展的主要形式

互补供电模式指通过海上风电开发为油气平台提供绿色电力，充分依托岸电优势，构建以新能源为主体的海上油田群新型电力系统，逐步实现绿色电力全额替代。该供电模式既能有效降低油气平台用电成本、降低碳排放，实现油气资源绿色低碳高效勘探开发，同时又能在一定程度上解决海上风电消纳难题和降低输电成本，是海上风电与油气融合发展的重要内容。

海上油气平台目前主要的供电方式为自备发电机组发电或利用岸电电网供电，其中只利用自备发电机组的油气平台未接入陆地电网，称为孤网油气平台。自备发电机组发电效率低、能耗高、碳排放量大，正逐步被岸电替代；岸电输电线路长，建设成本及线路损耗高，且外购电力用电成本仍然较高。根据油气平台、海上风电场与陆地三者之间的距离，海上油气平台供电方式的不同，以及海上风电是否"余电上网"，将该融合路径分为 3 种主要形式（图 1）。

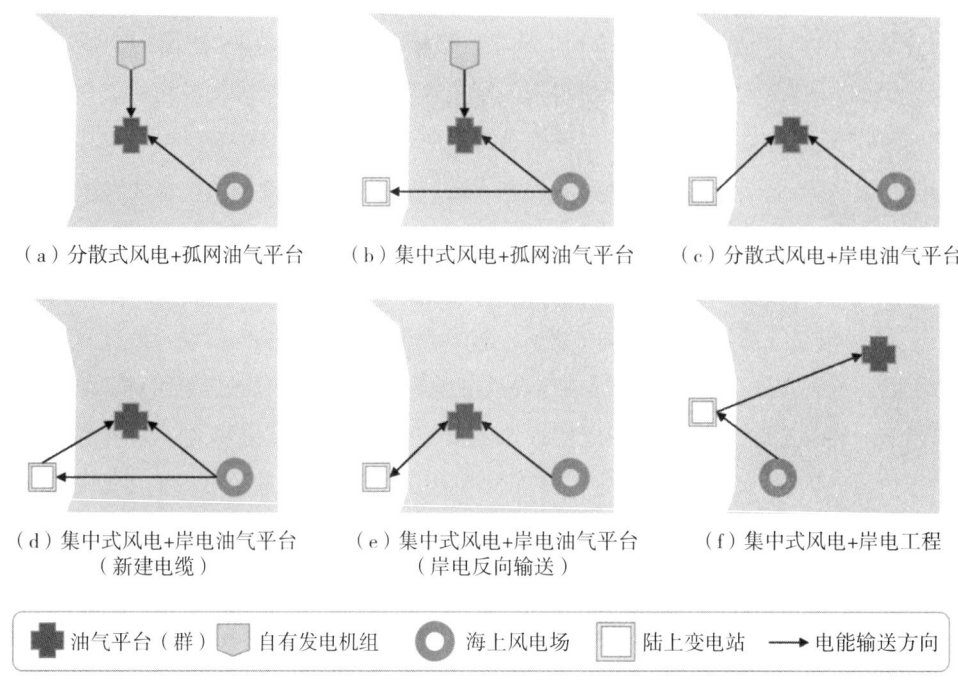

图1 海上新能源与油气融合发展的不同形式
Figure 1 Different forms of integrated development of offshore wind power and oil&gas

方案1：海上风电为孤网油气平台供电。其主要包括两种途径：分散式海上风电场为孤网油气平台供电，余电弃用［图1（a）］；集中式风电场部分风机为孤网油气平台供电，余电弃用，其余风机直接通过新建海缆上网［图1（b）］。

方案2：海上风电为已有岸电电网覆盖的油气平台供电。其主要包括三种途径：分散式风电场为油气平台供电，余电弃用［图1（c）］；集中式海上风电场部分风机为油气平台供电，余电弃用，其余风机电能通过新建电缆输送上网［图1（d）］；集中式海上风电场为油气平台供电，余电通过岸电电网反向输送上网［图1（e）］。

方案3：海上风电通过接入岸电电网为油气平台供电。集中式海上风电先接入岸电陆上并网点，再通过岸电已建输配电系统为油气平台供电［图1（f）］。

2.2.1 海上风电为孤网油气平台供电

利用分散式或者集中式海上风电场的部分风机就近为孤网油气平台供电，电能通过新建海底电缆输送至油气平台，利用平台自备发电机组调峰。由于自备发电机的调峰能力相对较弱，海上风电为孤网油气平台供电比例相对较低。以渤海某油田为例，在保证不弃电或者弃电比例为5%时，海上风电为油气平台供电比例分别仅为26.5%和

36.6%[9]。同时海上风电为孤网油气平台供电无须接入陆地电网，无须就接入方案征求电网公司意见，因此该建设方案技术和协调难度相对较小。

2.2.2 海上风电为已有岸电电网覆盖的油气平台供电

海上风电为已有岸电电网覆盖的油气平台供电，可借助岸电调峰实现更高比例接入海上风电。同样以渤海某油田为例，在保证不余电或者余电比例为5%时，海上风电为油气平台供电比例分别为38.9%和48.9%[9]，相较孤网油气平台具有明显提升。同时，若利用岸电电网将余电直接反向输送上网，无须因余电弃用而限制余电比例，海上风电供电比例可达80%及以上[9]，既实现了油气平台高比例接入清洁能源，又几乎无任何弃电，同时利用已有岸电电网降低了海上风电输电成本，是融合发展中最为理想的方案，也是未来融合发展的重要方向。但是，为已有岸电电网覆盖的油气平台供电设计方案复杂，建设难度大；涉及利益主体多，协调难度大，目前国内规模化应用尚待推进。

2.2.3 海上风电通过接入岸电电网为油气平台供电

相较于上述两种方案，当海上风电场距离油气平台远于岸电陆上变电站时，风电场发电可首先通过海缆输送至岸电工程陆上变电站上网，再利用岸电电网为油气平台供电。该方案油气平台既可高比例利用海上风电，又无须直接与油气平台相连，建设与协调难度小，且海缆投资小，有利于提高项目收益率，适合海上风电场距离岸电陆上变电站较近的情形。但是由于海上风电上网后为油气平台供电，无法准确判断海上风电为油气平台供电量；且售电价格为上网电价，往往低于直接向油气平台销售电价，使得该方案经济性一般低于上述两种方案。

2.2.4 其他融合发展形式

在互补供电模式基础上，海上风电与油气融合发展存在其他形式。第一，海上临近风电场与油气平台建立联合运维机制，以此提升运维效率，降低运维成本。第二，海上风电与油气开发前期手续与工程技术重合度高，手续流程与工程技术共享可极大降低风电与油气开发成本。第三，海上风电为油气平台供电，多余电能可利用海水制氢，再通过已有天然气管道运输氢能，可实现海上风电的完全利用以及对已有油气设施的高效利用。综合以上分析，海上风电与油气融合发展是统筹规划海上资源、实现最大化资源利用，以及油气与风电开发企业合作共赢的方案。

2.3 融合发展面临的困难及解决思路

2.3.1 融合发展面临的困难

政策层面，虽然国家能源局已经制定了《加快油气勘探开发与新能源融合发展行动方案（2023—2025年）》，但是仍缺少新能源与油气融合发展相关程序性政策法规文件及技术规范，难以指导和规范油气与新能源融合开发安全有序进行，在油气和海上风电开发权分属不同企业的情况下，海上风电难以得到有组织开发。

技术层面，一方面，油气平台同时接入岸电电网和海上风电，岸电既需在海上风电发电量不足时为油气平台供电，又需在海上风电高负荷发电时反送电能，对电力系统的调节能力要求高；另一方面，海上风电接入已建成油气平台和岸电电网存在困难，多数油气平台和岸电设施在最初建设时未预留海上风电接入设备，且油气平台和岸电设施空间紧张，改造难度大、成本高。

协调层面，海上风电为油气平台供电涉及地方政府、电网企业、油气开发企业、风电开发企业等多方主体的利益，协调难度大。绿电直供余电上网的互补供电模式，意味着电网承担了海上风电的波动和故障情况下保障油气平台用电稳定性和可靠性的职责，同时油气平台向电网公司购电量将大幅降低，直接影响电网公司收益，接入系统方案通过电网公司审查难度大。

2.3.2 解决思路

国家层面可通过制定全国海上风电与油气融合发展规划方案、出台相关政策法规和组织推动定向科技攻关等宏观方案，切实解决目前海上风电与油气融合发展面临的政策、技术与协调等方面的难点与堵点，助力融合发展高质量推进。

一是制定全国海上风电与油气融合发展规划方案。系统规划全国海上油气与风电资源，有序推进海上风电与油气融合发展。开展全国海上油气与风能资源普查工作，详细调研油气资源分布及勘探规划、风电场址潜在开发位置。在充分考虑交通、海事、渔业、军事、环保等因素的基础上，以保障油气勘探开发尽量不受影响为前提，最大化开发海上风电，制定全国海上风电与油气融合发展规划方案，指导融合发展有序推进。

二是出台相关政策法规明确各方责任。出台相关政策法规，统筹推进海上风电与油气融合发展。海上油气勘探开发与风电建设用海矛盾日益突出，涉及利益相关方数量多、协调难度大，通过出台相关政策法规，明确政府部门及电网、油气与风电等利益相关企业在融合发展中的定位与职责，能有效疏通目前融合发展在制度与协调等方面的堵点，有组织推进海上风电与油气融合发展。

三是组织定向科技攻关解决技术堵点。加快推进融合发展科技攻关，高效推进海上风电与油气融合发展。如今融合发展仍在初步探索阶段，互补供电模式下的电网稳定性问题以及油气平台改造等技术难题也在一定程度上制约融合发展项目实施。海上风电开发企业、油气开发企业以及相关研究机构有序联合开展相关专题研究，突破现有技术难题，逐步开展示范工程项目，持续提升融合发展可行性与经济性，助力融合发展大规模高效推进。

3 未来发展思考

近年来，沿海各省份正抓紧出台海上风电规划并推动海上风电建设，这会对海上油气勘探开发产生一定冲击。作为海上油气勘探开发和油气增储上产的主力军，海上油气开发企业在新形势下，主动保卫油气田矿权，积极推动融合发展，布局开发海上风电，助力新型能源体系建设。

3.1 油气开发企业统筹开发油气田周围海上风电的优势

3.1.1 统筹发展以实现区域能源最大化开发利用

由油气开发企业开发压覆矿严重区域风电场，一方面为油气勘探开发预留足够空间，以解决压覆矿问题，保障油气田的可持续勘探开发；另一方面油气开发企业可根据海上风电建设情况，统筹油气田勘探开发和海上风电建设时序，以实现压覆矿区域的风电最大化开发。因此，海上油气开发企业能更好地协调海上风电与海上油气勘探开发用海需求，在保障油气勘探开发的同时加快推进风电场建设，贯彻落实党中央关于加大国内油气增储上产、保障国家能源安全与碳达峰碳中和决策部署，既能实现集约用海，又能保证区域能源最大化开发利用。

3.1.2 融合发展以实现油气田和海上风电高效低成本开发

海上油气开发企业统筹推进海上风电与油气融合发展更能实现油气田和海上风电高效、低成本开发。一是国家产业政策支持优势。国家能源局发布《加快油气勘探开发与新能源融合发展行动方案（2023—2025年）》，明确表示应统筹推进海上风电与油气勘探开发，逐步实现产业融合发展。二是海上油气开发企业具备突出的自有消纳优势。海上油气平台的用电需求强劲，海上风电为周围油气田勘探开发供电，既能降低油气田开发用电成本，实现绿色低碳开发，又能解决海上风电电力消纳难题，减少海上风电的输电成本，显著提升海上风电经济性[14]。三是海上油气开发企业具备一流的海洋工程优势和成熟的前期研究基础。油气开发企业掌握海上矿区内准确的水文地理、地质情况、油气管网、海底电缆、平台分布、沿海岸电设施等项目开发基础资料，并拥有行业领先的施工船舶等海洋工程优势，可与风电开发建设共享。四是油气开发项目与海上风电项目前期手续工作内容高度重合，可协同开展二者前期手续办理工作，提高项目开发效率和管理水平。五是海上油气开发企业具备良好的管理、安全及应急能力。海上油气开发企业QHSE管理体系完善成熟，能够为海上风电开发提供有力的安全管理保障。以中国海油的中国首座深远海漂浮式风电平台"海油观澜号"为例，该平台并入文昌油田群电网，直接为海上油田群供电，年均发电量可达2 200万千瓦时，可节约燃料近1 000万立方米天然气。世界上首个为油气平台供电的大型风电场则为挪威的 Hywind Tampen 项目，总装机容量 88 兆瓦，能替代油气平台每年约 35% 的电力需求。

3.2 有关建议

3.2.1 保卫油气田矿权以实现油气持续增储上产

主动保护油气田矿权，推进油气增储上产行动计划。一方面，加强与各级政府对接，建议相关部门在制定海上风电规划时充分考虑海洋油气田矿权，在已探明油气田矿区开发海上风电需取得油气开发企业支持性意见；另一方面，推动相关国家标准规范制定发布，明确海上风电规划与建设时应遵守的油气勘探开发相关要求，以尽可能保障油气田矿权不受影响。

3.2.2 推动融合发展以助力油气和风电高质量开发

积极推动融合发展，助力海上油气和风电高质量发展。海上油气开发企业通过积极向政府部门推广海上风电与油气融合发展思路及方案，建议相关部门在各区域海上风电规划时充分考虑融合发展方案，推动融合发展方案大范围实施。此举既能进一步保护油气田矿权，为油田提供低价绿电，推动油气田绿色低碳勘探开发，也能一定程度缓解海上风电消纳难题、降低输电成本以及提升发电收益，实现双赢局面。

3.2.3 利用海上优势布局海上风电建设

充分发挥海上优势，着眼未来布局海上风电建设。我国正在加快规划建设清洁低碳、安全高效的新型能源体系，海上风电等新能源仍具有广阔发展空间。海上油气开发企业应着眼于未来做好新能源领域战略布局，借助国家产业政策支持的东风，充分发挥自身资金投资实力、海洋工程优势、突出的自有消纳能力、资源开发协调能力、良好的安全及应急能力、成熟的前期研究基础、丰富的海上工程管理经验等优势，择优开展海上风电建设，助力绿色低碳转型。

参考文献

[1] 张勇，李超．国内油气对外依存度发展趋势 [J]．中国石油和化工标准与质量，2023，43（17）：124-126.

[2] 石旻，张大永，马奈木俊介．面向能源安全的我国油气行业市场化改革：挑战、策略与展望 [J]．世界社会科学，2024（4）：137-158+245-246.

[3] 马永生，蔡勋育，罗大清，等．"双碳"目标下我国油气产业发展的思考 [J]．地球科学，2022，47（10）：3501-3510.

［4］赵文智，梁坤，王坤，等.油气安全战略与"双碳"战略：关系与路径[J].中国科学院院刊，2023，38（1）：1-10.

［5］李绪滨.我国海洋油气开发现状及展望[J].石化技术，2024，31（11）：312-314.

［6］侯梅芳.碳中和目标下中国能源转型和能源安全的现状、挑战与对策[J].西南石油大学学报（自然科学版），2023，45（2）：1-10.

［7］周宏春，管永林.新型能源体系建设的内在逻辑、基本内涵与支撑体系[J].能源研究与管理，2023，15（1）：1-11+25.

［8］严新荣，张宁宁，马奎超，等.我国海上风电发展现状与趋势综述[J].发电技术，2024，45（1）：1-12.

［9］曹宏宇，耿大洲，查浩，等.海上风电与海洋油气融合实现绿色电能替代研究[J].水力发电，2024，50（7）：86-92.

［10］梁英波，张国生，张安，等.新型能源体系建设路径及油气与新能源融合发展的思考[J].北京石油管理干部学院学报，2024，31（2）：22-27.

［11］魏澈，苏开元，邱银锋，等.海上油田群新型电力系统的构建路径与关键技术[J].电网技术，2024，48（8）：3287-3298.

［12］李志川，陈雨薇，孙兆恒，等.海上风电场与岸电结合的典型开发场景构建研究[J].电气技术与经济，2023（4）：179-181.

［13］国家能源局.海上风电与油气勘探开发管理及安全距离要求：SY/T 7835-2024[S].北京：石油工业出版社，2024.

［14］胡鹏，曹柏寒，何曦，等.海洋油气和新能源融合发展路径及建议[J].油气与新能源，2023，35（5）：53-58.

Prospect of Offshore Wind Power Construction and the Impacts on Oil and Gas Development Under the Dual Carbon Goals

Changxu CHEN, Bu LI, Liang WANG, Hongguang Wang, Xinwei CHEN

CNOOC Bohai New Energy Co., Ltd.

Abstract: Strengthening offshore oil and gas exploration and development is a crucial approach to achieving higher reserves and production and ensuring national energy security. Under the Dual Carbon goals, the large-scale construction of offshore wind power poses challenges to offshore oil and gas exploration and development. The integrated development of both is an effective way to ensure the high-quality development of oil and gas fields and offshore wind power. This paper discusses the impact of offshore wind power development on mineral rights of oil and gas fields and exploration activities, outlines the basic principles and main forms for safeguarding oil and gas mineral rights through integrated development. We analyze current challenges in integrated development, such as the lack of policy frameworks, difficulties in coordinating multiple stakeholders and ensuring grid stability, and propose targeted solutions. Finally, the advantages of oil and gas development companies in coordinating the development of offshore wind power around oil and gas fields are highlighted. We recommend that offshore oil and gas development companies actively promote integrated development, selectively develop offshore wind power and safeguard mineral rights of oil and gas fields while ensuring the green development, thereby making greater contributions to national energy security and the new energy system.

Keywords: integrated development; oil and gas exploration and development; offshore wind power

"双碳"目标下油气行业全面绿色低碳发展路径分析

周彦希*，张晓舟

中国海油集团能源经济研究院

摘要：在国家碳达峰碳中和目标指引和"1+N"政策体系框架下，油气行业面临保障国家能源安全和实施减碳目标管控的双重挑战，但也具有与新能源融合发展和为其他行业提供减碳服务的潜在机遇。在此背景下，中国油气公司积极开展绿色低碳转型实践，统筹推进油气增储上产和产业结构升级，稳步实施清洁能源替代，深入开展能效综合提升，积极推广负碳技术应用，拓展碳资产管理支持，取得良好成效。在"双碳"目标下，油气行业需要持续探索支撑全面绿色低碳转型的高质量发展路径。建议通过构建完善清洁能源供给体系，加快产业绿色低碳转型升级，深入推进清洁用能替代，加强低碳零碳负碳技术攻关，创新开发市场机制融碳路径，全方位助力我国实现"双碳"目标。

关键词：碳达峰碳中和；油气行业；绿色低碳；能源转型；发展路径

0 引言

全球应对气候变化由科学共识逐步转变为目标行动，1992年《联合国气候变化框架公约》确立了气候变化问题的根本原则，1997年《京都议定书》明确了发达国家的两阶段总体减排目标，2015年《巴黎协定》提出了把全球平均气温较工业化前水平升高幅度控制在2℃以内，并努力实现1.5℃目标，还对2020年后应对气候变化的国际机制做出了安排。在此背景下，全国主要国家提出了碳中和目标，英国、德国、法国等国家更是通过立法的形式予以明确并给出实施路径。企业层面也自发加入应对气候变化的相关组织（比如科学碳目标倡议组织，SBTi），并提出基于科学的减碳目标，截至2025年4月，全球已有10 330家企业加入SBTi，其中1 666家企业作出了明确的净零承诺[1]。由此可见，碳中和目标引领全球气候治理进入"共治"的新阶段[2]。

---

* 周彦希，男，博士，工程师，主要从事碳排放预测、降碳路径、CCUS研究。E-mail: zhouyx26@cneei.com.cn

在《联合国气候变化框架公约》第二十八次缔约方大会（COP28）上达成一项新的重要共识："以公正、有序和公平的方式减少能源系统对化石燃料的依赖，在这关键的十年加快行动，以便在2050年实现与科学相符的净零排放。"在新形势下，能源领域和油气行业致力于深入推进绿色低碳转型，全球50家油气公司已加入《石油和天然气脱碳宪章》，国际石油公司纷纷提出"净零"碳排放目标，并提出能源转型的战略方向。

国内油气行业肩负保障国家能源安全的重任，也是助力国家碳中和目标实现的主战场。产业方面，2024年8月，中共中央、国务院发布《关于加快经济社会全面绿色转型的意见》，提出"稳妥推进能源绿色低碳转型"，明确"加大油气资源勘探开发和增储上产力度，加快油气勘探开发与新能源融合发展"的政策要求。技术方面，油气行业面临数字化转型与智能化升级的新要求，还需应对资源开发复杂化等挑战，新型油气勘探开发模式、人工智能、大模型等先进技术的颠覆式创新和革命性突破将给油气行业绿色低碳发展带来新的发展机遇。管理方面，国家逐步从能耗双控转为碳排放双控，对油气行业加快构建完善碳管理制度体系提出更高要求，油气企业将面临服务支撑保障和碳资产管理的相关挑战。

1 全球油气行业绿色低碳转型的回顾与总结

基于气候目标的能源转型成为全球油气行业的共同战略选择，尤其是大型石油公司均提出碳中和或净零排放目标[3]，但受资源禀赋、市场环境、政策导向及公司战略差异的影响，在具体实施路径层面出现明显的差异和分化[4]。

以bp、壳牌（Shell Global）、道达尔（Total Energies）为代表的欧洲石油公司以"大能源"战略为主导，早期采取较为激进的转型路径，全面布局可再生能源业务，在短期内大幅削减油气业务的资本投入，试图以新能源跨越式发展取代传统油气业务。但近年来全球经济增速放缓使得新能源发展不及预期。因经济压力和股东要求，目前欧洲石油公司重新回归聚焦油气业务，暂停或撤出了风光发电等部分盈利低下的可再生能源业务，转而增加与油气业务便于融合或盈利更好的CCUS、氢能和新能源充电业务。

以埃克森美孚（Exxon Mobil）、雪佛龙（Chevron）为代表的北美石油公司坚持"油气+降碳技术"的双轨转型模式。围绕油气主业加大对CCUS、生物质能和氢能等领域的投资布局，尤其是在碳排放集中分布的重点区域主导打造CCS/CCUS产业集群，与工业领域其他行业协同推动大幅降碳。北美石油公司依托页岩气革命大力发展天然气发电业务，以满足人工智能快速发展带来的巨大电力需求。在风光等可再生能源发电及购售电等领域保持审慎态度，只开展尝试性探索。

以沙特阿美（Saudi Aramco）、卡塔尔能源（Qutar Energy）为代表的中东油气公司以"资源主导"兼顾油气与新能源发展。以油气上游业务为引领，发挥一体化产业链优势，通过加大天然气与下游业务投资，推动产业结构绿色低碳转型。利用区域风光资源优势择优发展新能源业务，尝试布局风光发电投资项目；加大对氢能、CCUS、储能等新技术的研发投入，寻求技术突破以获得领先地位。

对于能源转型的乐观预计使得各界曾经普遍接受"过渡线性"的主流理论，但现实中全球能源系统从过去主要依靠石油、天然气和煤炭向主要依靠风能、太阳能、电池、氢能和生物燃料的能源系统过渡，显然要比最初预期的更加困难、昂贵和复杂。陷入困境的能源转型表明当前的全球能源转型绝非"线性"，而是在多维中充满迂回曲折的；而且当前正在发生的能源转型更像是"能源增加"，可再生能源的增长不是取代传统化石能源，而是在其基础上补充增长，以满足持续增大的全球能源消费总量[5]。国内油气行业相较于国际同行，采取了更为务实的转型路径，需要把国内全面绿色低碳发展的政策要求融入全球能源转型的行业大势。

2 中国油气行业全面绿色低碳发展的挑战与机遇

油气行业不仅是中国能源领域的核心构成，也是工业的"血液"、经济的命脉，还是碳排放的主要来源。推动油气行业发展绿色化、低碳化，不仅是实现高质量发展的必由之路，而且是助力国家"双碳"目标实现的关键环节，过程中挑战和机遇并存。

2.1 面临的挑战

"双碳"目标下，国家"1+N"政策体系对油气行业的绿色低碳发展提出更高要求。全力保障国家能源安全是油气行业面临的最大挑战。在能源转型大势和"双碳"目标要求下，我国能源体系将逐步从以化石能源为主向以非化石能源为主转变。从能源体系角度看，风电、光伏等非化石能源发展迅猛，但其波动性、间歇性的特点给电力系统安全稳定运行带来冲击，短期内难以成为能源体系的主体，化石能源在相当长时期内仍是主体能源。从油气消费角度看，多家研究机构预测，在考虑远期碳中和目标并实施温和转型节奏的情景下，未来我国石油需求预计在2025—2030年达峰，峰值为7.6亿～8.3亿吨［图1（a）］。国外机构对于中国天然气需求的预测值偏低，预计在2030—2035年达峰，峰值约4 500亿～5 200亿立方米[6-10]；国内机构预计中国天然气需求在2040年左右达峰，峰值约6 200亿～6 300亿立方米［图1（b）］。油气需求达峰并经历一段平台期后依次进入下降通道，但即使到2060年，我国石油、天然气需求预计仍将分别保持

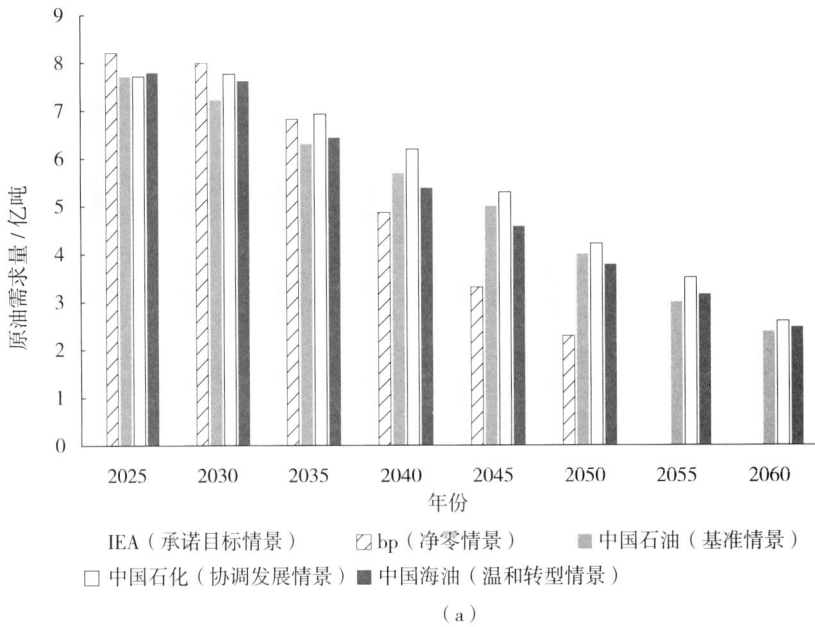

(a)

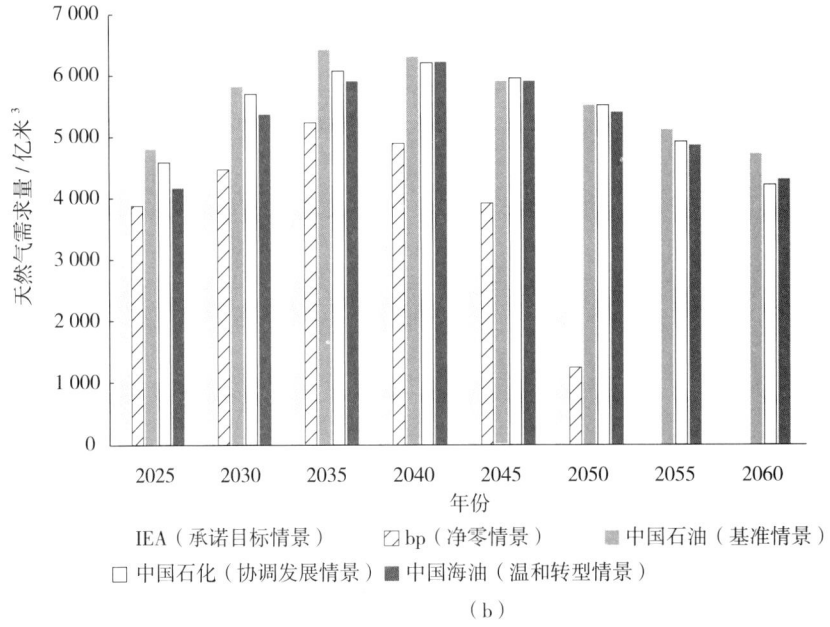

(b)

图 1 研究机构对于中国未来油气需求的预测

Figure 1 Forecasts of China's future oil and gas demand from multiple institutes

在2.5亿吨和4 400亿立方米左右[6-10]。从油气供应角度看，受制于我国资源禀赋，国内油气产量供不应求的局面较为显著，原油对外依存度将长期处于70%以上的高位，天然气对外依存度也将继续攀升[11]。尽管油气行业通过加大"一带一路"国际能源合作等方式高效获取海外油气资源，但在百年未有之大变局之下，国际环境日趋复杂，乌克兰危机及其外溢的地缘政治扰动正在重塑全球能源格局[12]，美国滥施关税也将对国际油气贸易带来冲击，导致获取外部资源的不确定性和风险增大。因此，加大国内油气勘探开发力度，"能源的饭碗必须端在自己手里"的重要性更加凸显，"双碳"目标下，油气供应安全仍是保障国家能源安全最核心、最关键的工作[13]。

全面绿色低碳发展需要油气行业自主掌握核心技术、实现数据整合与跨行业协作，并进行大规模资金投入。一是国内油气企业在核心技术专利、国际标准制定方面相较于国际石油公司处于劣势，面临"绿色壁垒"压力，例如地质导向钻井工具、大型压裂设备等核心技术装备仍依赖国外，制约了非常规油气开发效率；油气与新能源融合发展需要进行大规模跨领域技术整合，比如海上风电接入油气平台、绿电制氢用于炼油化工过程等，但新能源产业链的关键技术瓶颈（如高比例海上风电稳定接入、电解水制氢催化剂等）仍有待突破，尚未达到规模化应用的技术成熟度。二是油气行业数据分散、格式不一，缺乏高质量标注数据用于AI模型训练，使得知识图谱构建仍以人工经验为主，制约了智能化决策效率。三是绿色低碳转型需要长期的大量资金投入，陆上油田实施清洁能源替代、海上油田引入岸电等需要投入大量资金新建或改造现有设施，炼化企业基于成品油需求下降与化工用油增长的产品结构调整可能使得传统业务利润空间压缩，同时新能源业务投资收益率较低、回报周期长，均对油气企业的经营回报造成影响；CCUS、绿氢替代、余热发电等技术的减碳成效良好，但初期投资和运营成本高，推广应用多依赖政策补贴，经济性尚未完全体现。四是绿色转型需融合油气工程、新能源技术、数据科学等多学科人才，但行业当前复合型团队较为缺乏，产学研协作的成效尚不明显。

油气行业还面临碳排放总量和强度控制下的减碳和管碳挑战。中国的二氧化碳排放主要由能源生产和消费相关活动造成，能源特别是油气行业是推动节能降碳的重要领域。2023年7月，中央全面深化改革委员会第二次会议审议通过《关于推动能耗双控逐步转向碳排放双控的意见》，将按照碳排放强度为主、总量为辅到碳排放总量为主、强度为辅分阶段实施，显示出碳排放约束趋严从紧的政策导向。2024年5月，国务院发布《2024—2025年节能降碳行动方案》，提出强化碳排放强度管理，分领域分行业实施节能降碳专项行动，使得油气行业面临显著的碳减排压力。2024年7月，党的二十届三中全会审议通过的《中共中央关于进一步全面深化改革、推进中国式现代化的决定》提出要健全绿色低碳发展机制。这将会进一步发展全国碳市场,在"十五五"时期加速纳入石化化工等油气相关行业。随着全国碳市场纳入行业增多且碳配额逐渐收紧,预计未来碳配额交易价格总体呈上升态势(图2),油气企业面临的履约成本压力将逐步显现,潜在的碳排放成本对油气企业碳排放数据核算、碳交易策略、碳资产管理等提出了更高的要求[14]。

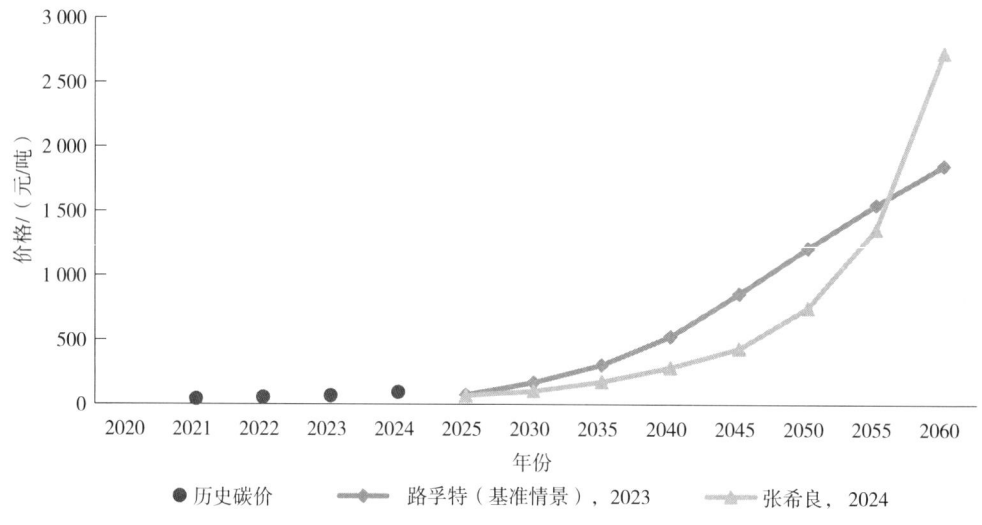

图2 中国碳市场中长期配额价格预测
Figure 2 Medium and long term price forecasts of quotas in China's national carbon trading market
资料来源:上海环境能源交易所、张希良[15]、路孚特[16]

2.2 潜在的机遇

在"双碳"目标下,油气行业同样具有重大机遇。油气与新能源融合发展为油气行业低碳转型提供了新的方向,也指引了产业发展的潜在方向。我国石油公司作为新能源领域的"后来者",可因地制宜发挥自身的独特优势,通过构建新业态新模式实现油气和新能源业务的协同融合及互促共进。油气矿区与新能源场址的地理空间叠置为融合发展提供便利条件,可依托油气矿区开发新能源资源,例如陆上油气田与陆上风电和光伏、海上油气田与海上风电协同开发,为油气田开发生产实施用能清洁替代,或搭配调峰电源提供稳定清洁电力供应,或通过电解水为炼油和化工生产提供绿氢原料。油气行业的工程装备和技术能力可以复用到新能源领域,海上油气的系泊、浮体、安装、施工等装备技术与浮式风电重合度高达70%[17],仓储、码头等基础设施及吊装机械和运维支持船舶等工程装备均可用于油气和新能源开发中,通过提高设施装备的利用率来降低成本。油气勘探开发的技术经验还可复用于新能源相关矿产资源勘探开发，比如天然氢、氦气等气体勘探开发[18-19]、油气田伴生卤水提锂[20]、砂岩型铀矿协同勘查[21]等。

碳排放约束和产品碳足迹标识倒逼油气下游领域推动"减油增化"，油气的原料属性将逐步代替能源属性占据主导地位，新能源、高端制造、航空航天、深地深海等战略性新兴产业和未来产业对于品质高端、功能强大的化工新材料的需求旺盛，为油气行业提供了巨大的发展机遇，可更好发挥自身资源优势进行生产装置改造升级和产品结构调整优化，以绿色低碳转型助力实现高质量发展。

油气公司依托矿区地理空间和工程技术经验发展 CCS/CCUS 技术和产业，为其他具有大规模减碳需求的重点领域行业提供潜在服务。随着国内碳排放双控政策逐步拓展深入，可能将工业过程和产品使用等非能源活动产生的碳排放也纳入管理范围。全国碳市场首次扩容已纳入钢铁、水泥、铝冶炼行业，将进一步推动高排放行业从相对固定的节能和绿电替代转向多路径减排，催生对负碳技术的极大需求（图 3），为油气公司发展与传统业务高度契合的负碳产业提供广阔的市场空间[22]，不仅是油气行业低碳转型的重要措施，也或将构成未来产业接续发展的新增长极。

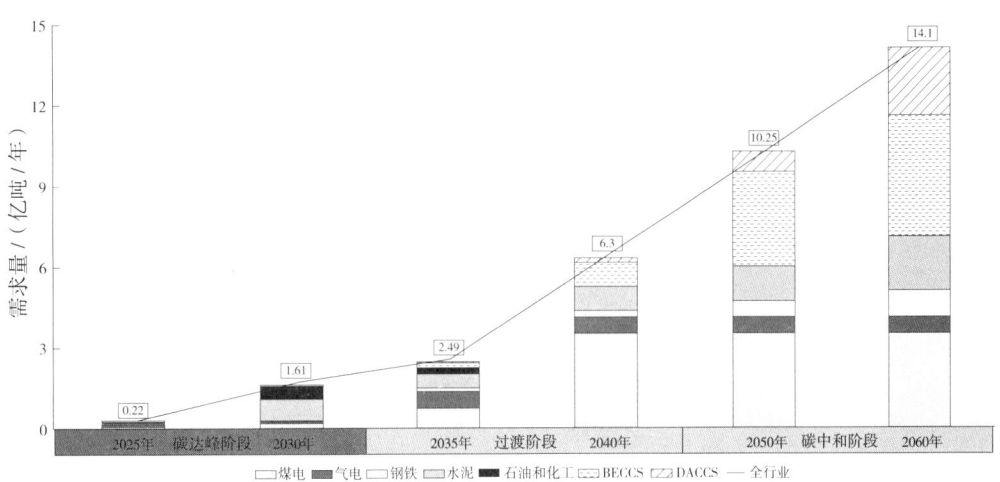

图 3　各行业 CCUS 减排需求预测
Figure 3　Forecasts of CCUS emission reduction demand in various industries (10^9 tons/year)
资料来源：蔡博峰等[23]

在更加严格的碳排放管控要求下，油气企业可以更加灵活地实现碳资产保值增值。碳市场的扩容有利于具有较高碳排放管控水平和配额交易能力的企业。相较于电力、水泥、钢铁、电解铝行业，油气行业具有更为复杂多样的生产过程，可通过精准高效的节能低碳管理控制碳排放强度，实现高质量低成本履约或通过配额交易获得收益。油气行业的减碳措施将为碳信用方法学带来增量，比如通过将 CCS/CCUS、余热利用等措施产生的核证自愿减排量进行碳信用交易，可有效提高油气企业减碳措施及项目的经济性。

3 中国油气行业绿色低碳转型的优秀实践

中国石油公司大力推动"双碳"工作与产业发展深度融合，始终聚焦油气主业做好增储上产，同时积极探寻多措并举、协同减碳的转型路径，形成产业控碳、用能低碳、过程减碳、末端除碳、管理融碳的良好实践。加大天然气产量占比，推动上下游、内外部融合共建绿色产业生态链，加强源头碳排放管控；实施能效综合提升、用能结构优化、绿色原料替代和资源循环利用等措施，有效实现过程减排和末端治理；系统布局碳中和相关技术研究应用，支撑零碳负碳产业加速发展，推动绿色低碳发展取得显著成效。

3.1 产业结构优化筑牢基础控碳

自 2019 年国家能源局实施"大力提升油气勘探开发力度七年行动计划"以来，中国油气公司以更大力度实施增储上产攻坚，以此下好能源转型变革的"先手棋"，使得油气储量和产量持续增长，国内原油产量自 2022 年以来连续 3 年保持在 2 亿吨以上，并且在 2024 年国内油气当量产量首次超过 4 亿吨[24]；天然气作为构建清洁低碳、安全高效的现代能源体系的重要桥梁，成为国内三大油气公司重点投入和加快发展的主攻方向，通过常非并举、海陆并进、少井高产等举措，天然气在国内油气产量中占比持续提升（图 4）。中国石油通过老气田"压舱石工程"推动稳产增产[25]；中国石化大力推进海上页岩气勘探增储和立体开发[26]；中国海油布局南海、渤海、陆上三个万亿大气区建设，并在 2024 年提前一年建成南海万亿大气区[27]。在国内油气资源保障支撑能力得到巩固和夯实的同时，油气公司充分拓展液化天然气（LNG）资源池，加大海外 LNG 进口力度，"十四五"期间，全国新增 12 个 LNG 接卸泊位，年接卸能力提升 51%，全国接收站增至 31 座，总罐容达 2 400 万立方米，并实现管网互联互通，形成"液态储备 + 气态输送"双保险机制[28]。

面临全国炼油产能结构性过剩、成品油需求增量有限的不利局面，中国油气行业所属炼化企业积极推进产品结构调整，聚焦"减油增化"目标，打好炼油化工业务"升级战"。通过打造炼化一体化和产销协同，淘汰和置换小规模落后炼油产能，加快世界级

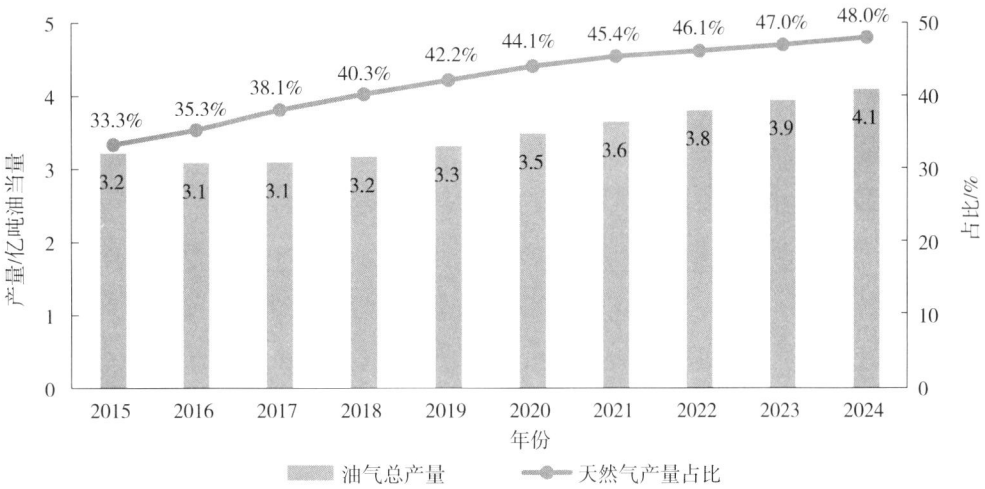

图 4 近十年国内油气总产量及天然气产量占比
Figure 4 Total domestic oil and gas production and the proportion of gas production in the past decade
资料来源：国家统计局

炼化基地建设，千万吨级大型炼厂逐渐成为行业主流，产业规模化、集中化的发展趋势更加明显（图 5）。同时聚焦高端聚烯烃、光伏膜料、生物可降解材料、航空润滑油等高值低碳产品方向[29-30]，通过实施"油转化、油转特"推动产品结构升级，持续优化成品油产量占原油加工量比例。

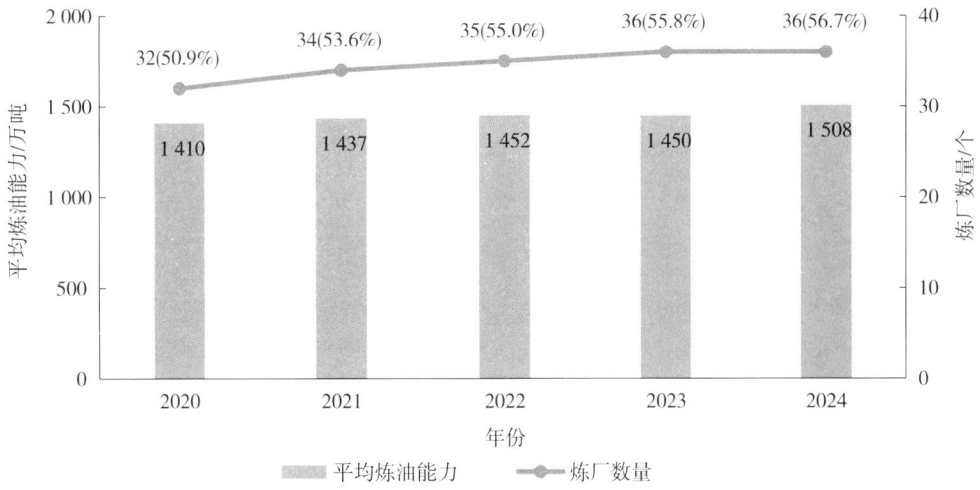

图 5 2020 年以来国内千万吨级炼厂数量、平均炼油能力及在全国总炼油能力中的占比
Figure 5 The number of domestic refineries with capacity above ten million tons, their average refining capacity and proportion in total refining capacity of the country since 2020
资料来源：智研咨询[31]、金凯讯[32]

在"十四五"以来相关政策指引下,油气行业把发展新能源作为实现产业转型和绿色低碳的重要方向,国内主要石油公司明确了油气与新能源融合发展的目标和方向,正持续探索、不断创新场景与模式[17],因地制宜推动实质性发展,加快构建油气与新能源深度融合发展"新模式"。油气公司依托油气矿权区域及周边丰富的风光热等资源,重点聚焦资源获取、项目建设、多方协作、终端服务等方面持续发力,打造"油气热电氢"多能互补供能模式,推动油气公司向综合性能源公司转型,以清洁低碳能源组合支撑持续增长的能源消费和促进经济社会发展全面绿色转型加快推进。中国石油依托东北、西北区域丰富的太阳能和风力资源,自2021年公司首个集中式光伏发电项目并网投用以来,持续加大资源开发和项目建设力度,年新增装机容量保持增长态势,截至2024年底,风光发电装机规模超过1 000万千瓦[34-37]。中国石化聚焦氢能领域,以氢能交通和绿氢炼化为核心,利用炼厂副产氢资源打造燃料电池用氢供氢中心,供氢总能力由2021年的1.6万米^3/时提升至2024年的4万米^3/时[38-42],实现万吨级绿氢炼化示范。中国海油探索推动海上风电开发与油气主业融合发展,我国首个深远海浮式风电平台"海油观澜号"形成"风电 + 气电 + 智慧电网"的一体化供电新模式[43]。

3.2 清洁能源替代推动源头低碳

油气行业的用能结构仍以化石能源为主作为燃料和原料[44],这也是二氧化碳排放的主要来源,实施清洁能源替代,对于减少用能源头的碳排放起到显著成效。实施生物质颗粒替代煤炭、船舶LNG替代柴油等清洁燃料替代,推进钻井、压裂、修井等用能设备电动化改造和应用,积极推动光伏、风电等零碳能源自发自用和外购绿电使用。以中国海油为例,不断探索"岸电入海""绿电入海""零碳油田"和"碳中和大楼"等新场景新模式,持续提高电气化率和绿电消费比例。自2021年成功投产国内首个海上油田群岸电应用项目——秦皇岛-曹妃甸油田群岸电应用示范项目一期以来,现已完成渤海油田三期岸电项目建设,共覆盖7个油田群,150余座海上平台,建成渤海湾从南到北的区域供电网络,规模化输电能力可达980兆瓦,用电高峰年可节约100万吨标准煤、减排二氧化碳近175万吨,相当于植树1.75亿棵。截至2024年底,渤海油田依托岸电累计供电超40亿千瓦时,其中消纳绿电13亿千瓦时,随着可再生能源上网电量比例不断提升,海上岸电减碳效果将更加明显[45]。中国海油更进一步推动全产业链绿电替代,"十四五"时期外购绿电消纳量逐年增加,截至2023年底,通过绿电消费,已实现减碳98.2万吨。

3.3 综合能效提升强化过程降碳

在节约优先的基本国策下,节能提效是我国能源战略之首,也是绿色低碳的第一能源[46]。油气公司通过加强能源综合利用、推进生产过程节能增效、优化改造生产工艺流程和提高能源管理数智化水平等措施,切实推进生产过程能效综合提升。实施火炬气治理、低温热利用、余热余压回收、LNG冷能发电等措施,提高资源综合利用效率。开展上游业务机泵提效改造、永磁电潜泵推广应用和下游业务转化炉节能改造、换热网络优化等措施,降低产品生产能耗。推动上游业务实施稳油控水,中下游业务实施新型催化剂配方、全厂蒸汽优化、生产过程融合能碳优化、发电机组一键启停等生产工艺优化举措,减少工艺过程排放。推动人工智能、物联网、大数据等数智化技术应用在油气田开发生产、炼油化工过程优化、发电机组高效生产等场景,建设打造智能油田、智能工厂、智能工程,助力实现节能降碳。2020年以来,各油气公司持续加大技术研发和资金投入,取得了良好的节能降碳效果(表1)。中国海油推动永磁电潜泵在海上油田的广泛应用,相对常规电潜泵可节能30%以上,在渤海区域配合岸电应用起到良好的节能降碳效果[51]。中国石化青岛炼油化工有限责任公司采取单装置动态优化及多装置联合优化、装置间直供料和热供料优化等措施,应用高效换热器、烟气余热回收利用等技术,加大保温节能改造力度,开展全局能量系统优化,自2008年投产后,炼油能效始终低于标杆水平,并且连续12年保持全国原油加工行业第一名[52]。中国石油长庆油田公司应用华为数字化油气田解决方案,以边缘计算为核心,通过智能群控协调和单井智能控制,在稳产的基础上,利用智能间开,做到高产多抽、低产少抽,最大限度地提升单井生产效率,可节能50%以上;还利用智能摄像机对井场进行智能分析,调控井场照明亮度,节能达40%[53]。

表1 国内主要油气公司实现节能量(万吨标准煤)
Table 1 Energy savings of major domestic oil and gas companies (10^4 tce)

	2020年	2021年	2022年	2023年
中国石油	79	74	74	86
中国石化	101	96.7	95	86
中国海油	22.6	27.4	38.8	38

资料来源:各公司社会责任报告、可持续发展报告[33-36, 38-41, 47-50]。

3.4 负碳产业示范助力末端除碳

油气公司发展以CCS/CCUS为核心的负碳技术与传统油气业务可实现融合互促,对提高化石能源清洁利用率、推动工业产业链降碳升级具有协同效果。目前主要利用内部生产过程的碳排放，配合油气田产能建设和提高采收率，在驱油利用领域开展重点示范工程和先导试验项目，依托原油增产的经济效益缓解 CCUS 项目的高成本压力。随着示范项目逐步从单一环节、吨级规模扩大至全流程、百万吨级，标志着强化采油技术（EOR）从技术迈入工业化应用阶段，并且二氧化碳注入量逐步增大（图6），减碳效果初步显现。发展模式逐步由内部单一项目或减碳措施向集约化、多元化演进，油气公司以 CCUS 区域产业中心为核心规划布局负碳产业，进一步拓展与外部共同打造 CCS/CCUS 集群。比如中国石油规划在吉林、长庆建成两个国家级示范工程[37]；中国海油提出积极打造渤海和海南两个海上 CCUS 基地[43]，分阶段渐进式推动进行二氧化碳封存的 CCS 成为项目主流类型，助力公司自身和社会实现规模化减碳。

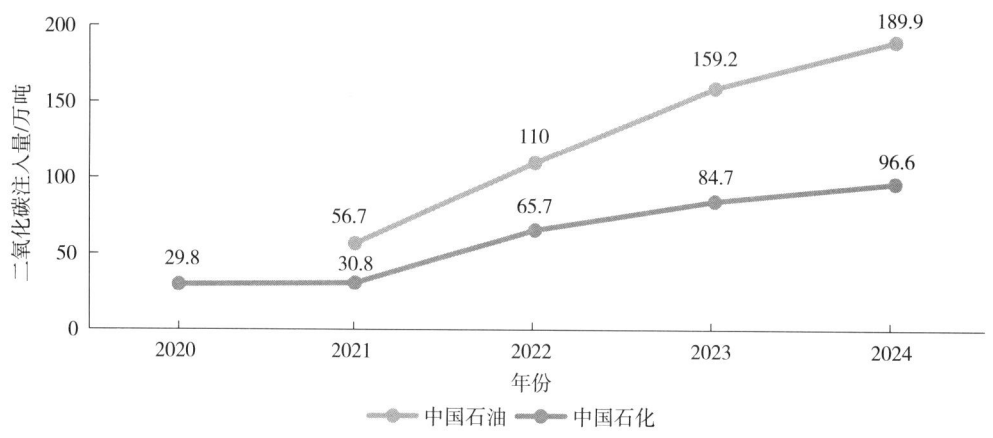

图 6　油气公司二氧化碳注入量
Figure 6　Carbon dioxide injection volumes of oil and gas companies
资料来源：中国石油天然气股份有限公司和中国石油化工股份有限公司 ESG 报告[34-42]

3.5　服务保障支撑赋能碳资产管理

油气公司需构建并完善"双碳"管理制度体系，强化碳排放数据核算、做好绿色金融保障、优化碳资产管理水平，持续提升碳排放管理能力。建立能碳数据平台并进行统筹管理，提升全系统"双碳"管理动能，实现业务流和数据流的串联互通；逐步建立形成产品碳足迹核算方法学及企业标准，促进全产业链全生命周期协同减排，支撑制定行业或国家标准；实施内部碳定价机制，在项目决策中评估温室气体排放的成本影响；规范碳市场控排企业履约管控，推动碳资产规范化管理。例如中国石油建立碳资产集中管控平台，对碳资产交易实施规范化管理；建立碳资产储备机制，督促重点排放单位落实碳储备目标；丰富公司碳资产品种，形成全国碳排放配额（CEA）、国家核证自愿减排量（CCER）和海外碳配额［比如欧盟碳排放配额（EUA）］等多品种碳资产开发、交易和储备能力[54]。

4 油气行业全面绿色低碳发展的路径探析

油气行业作为国家能源体系的核心构成、保障国家能源安全的关键战场，在"双碳"目标下需要保持战略定力，持续探索高质量发展路径支撑绿色低碳转型，在优化供能体系、推动产业转型、实施用能替代、加强技术攻关、开发市场机制等方面纵深发力。

4.1 构建完善清洁能源供给体系

油气在构建新型能源体系的过程中仍将长期发挥重要作用。油气企业首先需要立足于做优做强油气主业，加大油气勘探开发理论技术和工程装备研发攻关力度，重点关注大中型油气田的发现和开采，力争突破深地、深水、深层、潜山等油气田勘探理论体系，掌握稠油、低渗、页岩油气等开发核心技术，推进新建油气田产能释放，延缓老油气田产量自然递减，以稳产增产夯实国内油气供给基础。油气企业还需要持续深化国际合作，尤其是加强与"一带一路"共建国家的油气开发和技术合作，稳定和扩大资源进口渠道。

绿色低碳智慧多元的供能体系是油气企业绿色发展的潜在方向。油气企业可围绕重点区域和关联产业，发挥"油、气、电、氢、热"综合资源优势，探索发展多能互补供能模式。一是发挥天然气作为清洁能源的过渡作用，近期着力提升产品组合中天然气产量占比。二是因地制宜发展新能源业务，从厂区分布式光伏自发自用为主，逐步转向产业化规模化发展，力争在远期对油气形成接替，成为能源供应体系的新支柱。陆上油气矿区面积广阔，部分区域周边的光伏和风电资源丰富，具有良好开发潜力，矿区对应的油气企业可顺应政策择优发展陆上集中式光伏和风电产业；海上油气和海上风电在资源的地理空间分布上存在叠置，二者在工程建设和操作安装方面具有较多相通性，为海上油气开发企业统筹进行油气和风电资源开发提供了基础条件，适宜加快浅海上风电规模化发展，并同步推进深远海风电产业化进程。三是发挥氢在炼油化工行业绿色低碳转型中的牵引作用，先依托现有装置设施探索低碳氢能替代，逐步扩展培育氢能产业。四是依托油气开发技术推动集中分布的地热资源的开发利用，为区域供热取暖等提供绿色热能。

4.2 加快产业绿色低碳转型升级

产业结构调整是油气企业绿色低碳转型的关键因素。尤其对于一体化油气公司，中下游高碳业务转型退出和产品结构优化升级，以及绿色能源服务开拓发展，能够发挥增值降碳的显著功效。一是下游业务拓展延伸炼油和天然气化工产业链，淘汰退出小型炼化和落后化工等高耗能、高排放、低水平业务，大力实施减油增化，以大型化、一体化、基地化、集约化推进产能建设和优化，加大高端化学品领域战略合作并购。同时研究布局原油直接裂解制低碳烯烃产业化发展，推动天然气化工由甲醇、合成氨和尿素等基础大宗化学品向功能新材料和复合功能肥料等高价值产业链延伸。二是服务业务加快发展综合能源技术服务，提升绿色低碳发展保障能力，依托油气服务经验拓展综合能源服务，推动油气勘探开发及配套工程技术体系复用于光伏、风电开发及地热能勘探开发相关的工程设计和建设运维；以固废和污染物处理为基础做大节能环保产业；加大油田卤水中共生及伴生的钾、钙、镁、锂等矿物资源综合开发利用。

4.3 纵深推进清洁低碳用能替代

实施清洁低碳的能源和原料替代是油气行业降碳路径的核心构成。上游业务可结合所在区域新能源资源状况，推动风电、光伏等可再生能源发电接入油气田，推动生产过程燃气压缩机、加热炉等重点用能设备电气化改造，推广网电钻机、修井机和电动压裂设备应用，通过岸电入海、绿电入海，替代海上平台原油及天然气发电，减少化石能源消耗；加强老油气田废弃钻井利旧，有效实施地热能开发利用。深入推进燃动系统LNG替代，在海上专业服务船舶及远洋运输船舶中推广LNG燃料替代燃料油和柴油，在陆上重卡/槽车运输过程中以LNG替代柴油。下游业务可逐步实现规模化绿色能源替代，关注技术产业化发展及成本变化趋势，近期在炼油化工过程中探索实施小规模绿电替代网电、集中供热蒸汽替代自备锅炉蒸汽等低碳能源替代，开展天然气替代煤炭、蓝氢替代灰氢等低碳原料替代；远期实现大规模使用绿电、核能蒸汽等零碳能源替代，绿氢替代灰氢等零碳原料替代。

4.4 加强低碳零碳负碳技术攻关

低碳零碳负碳的核心技术将为油气行业全面绿色低碳发展提供支撑。油气公司可根据不同生产环节的工艺特征和用能需要加强技术研发和成果应用。一是优先加大节能技术研发应用和设备更新改造，推动能源资源高效利用，加强能量集成优化和梯级循环利用、工艺余热余压回收、可再生资源和废旧材料循环利用等技术创新；推动机泵、锅炉、透平等重点用能设备改造更新和工艺流程技术优化提升。二是持续开展深远海漂浮式风电技术研究和工程示范，逐步构建形成以岸电、海上风电、光伏发电、天然气发电与规模化储能相结合的新型发电模式，提升可再生能源的消纳水平和利用效率，助力零碳油田试点建设。三是加大 CCS/CCUS 关键核心技术专项攻关，开展上下游一体化全链条技术研究和工程示范，以枢纽和集群模式探索研究 CCUS 商业化发展，大幅降低试点油气田或化工厂的二氧化碳排放量；积极推动二氧化碳化学利用技术研发和应用，通过干重整等技术实现高碳天然气资源化利用，打造上下游协同减碳新模式；加大二氧化碳制化工品及置换开发天然气水合物等技术研究储备，努力拓展二氧化碳减排新途径。四是探索发展微型生物增汇、渔业碳汇以及矿化固化等新型增汇技术，建立海洋碳汇监测、报告和核算方法学，丰富完善负碳技术体系。

4.5 创新开发市场机制融碳路径

碳数据核算和碳资产管理是油气公司碳管理的核心内容。一是需要油气公司加强内部碳数据摸排，建立高质量、相关联、可追溯的数据体系，对内可实施生产企业碳效、预算和履约管理等功能，对外可加强碳市场标准建设，建立健全 CCUS 等措施碳减排量认证、碳信用开发等关键技术标准和方法学。二是积极开展碳市场相关机制研究，建立适宜公司发展的碳资产管理模式，探索实践碳市场商业模式，开展跨行业碳排放权交易、碳配额与 CCER 置换、CCER 项目开发等商业合作，共同实现低成本减排和治理。三是加强绿色金融赋能，依托市场化机制，综合运用产业孵化、股权投资、融资租赁、产业联盟等多种商业模式发展清洁能源及碳减排业务。

5 结论与建议

全球主要国家和能源领域的头部企业已就应对气候变化达成共识，确定了能源绿色低碳转型的基本方向。随着我国提出"双碳"目标，逐步建立完善"1+N"政策体系，油气行业面临保障国家能源安全、自主掌握核心技术，以及应对碳排放双控的新挑战，也具有与新能源融合发展、推动产业链向高端延伸，以及做大做强降碳服务的潜在机遇。

综合国际石油公司转型模式及国内油气行业发展基础，油气企业、行业组织和国家部委需要同向发力，共同推动"双碳"目标下我国油气行业全面绿色低碳发展，对此提出三方面建议。一是建议我国油气企业以构建完善清洁能源供给体系为核心，大力实施增储上产、巩固提升油气主业，重点发挥天然气作为清洁能源的桥梁作用，择优布局新能源业务；加快产业绿色低碳转型升级，推动炼油化工产业扩链延伸，强化综合能源服务产业；纵深推进清洁低碳用能替代，实施LNG在能动系统中替代应用，以电气化率提升促进绿电消纳；加大节能低碳、零碳电力、负碳技术的研发和应用；强化企业碳数据核算及碳资产管理，以市场力量助力低成本减碳。二是建议行业组织和产业联盟加大绿色低碳核心技术攻关、战略性新兴产业培育、行业相关能碳标准制定的实施力度，推动油气产业链协同共进，以技术和产业创新加快培育油气新质生产力，通过标准规范引领行业绿色低碳发展水平提升。三是建议国家充分发挥政策对于油气行业绿色低碳发展的促进和引领作用，针对性研究发布解决油气和新能源融合发展、新能源电力直供园区消纳、CCS/CCUS项目减碳量核证、天然气分布式能源助力上下游协同降碳等产业难点的支持政策。

参考文献

［1］ ScienceBased Targets initiative. Target Dashboard[EB/OL]. [2025-04-08].https://sciencebasedtargets.org/target-dashboard.

［2］ 王陆新，杨丽丽，王永臻. 新时代我国油气行业绿色低碳发展战略与路径探析[J]. 石油科技论坛，2022，42（2）：67.

［3］ 窦立荣，张兴阳，郜峰，等. 应对气候变化一甲子：国际石油公司从共知到共建[J]. 石油科技论坛，2022，41（4）：1-10.

［4］ 能见. 国际石油巨头绿色低碳转型策略开始分化[EB/OL].（2025-03-11）[2025-04-08]. https://www.163.com/dy/article/JQCUSL1OO511E624.html.

［5］ YERGIN D, ORSZAG P, ARYA A. The Troubled Energy Transition: How to Find a Pragmatic Path Forward[J]. Foreign Affairs, 2025, 104–106.

［6］ 中国石油集团经济技术研究院. 2060世界和中国能源展望（2024）[R]. 北京：中国石油集团经济技术研究院，2024.

［7］ 中国石化集团经济技术研究院. 中国能源展望2060（2025年版）[R]. 北京：中国石化集团经济技术研究院，2024.

［8］ 中国海油集团能源经济研究院. 2060能源展望（2024版）[R]. 北京：中国海油集团能源经济研究院，2024.

［9］ International Energy Agency. World Energy Outlook 2024[R]. Paris: IEA, 2024.

［10］ bp. bp Energy Outlook 2024 edition[R]. London: bp. 2024.

［11］ 马永生，蔡勋育，罗大清，等."双碳"目标下我国油气产业发展的思考[J]. 地球科学，

2022，47（10）：3501-3510.

[12] 刘贵洲，黄浩凯，胡红民. "两个半球化"和"两个能源圈"：乌克兰危机背景下全球能源格局的重塑[J]. 俄罗斯东欧中亚研究，2023（1）：72-89+155-156.

[13] 李登强，褚王涛. 碳减排政策对油气行业的影响及对策[J]. 安全、健康和环境，2023，23（6）：56-58+65.

[14] 孙文娟，张胜军，门秀杰. 能耗双控转向碳排放双控对油气行业的影响与对策[J]. 油气与新能源，2024，36（1）：34-40.

[15] 张希良. 碳排放控制制度发展与碳市场建设[R]. 北京，2024.

[16] 路孚特. 2023中国碳市场长期碳价预测报告[R]. 北京，2023.

[17] 王震，李楠，潘继平. 油气与新能源融合发展的模式与路径[J]. 天然气与石油，2024，42（1）：1-7.

[18] 宇波，李敬法，田坤，等. 天然氢勘探开发与集输研究现状及展望[J]. 油气储运，2025，44（3）：241-260.

[19] 李朋朋，刘全有，朱东亚，等. 含油气盆地氢气分布特征与成藏机制[J]. 中国科学：地球科学，2024，54（10）：3195-3218.

[20] 赵紫伊，周雪，王铁夫，等. 油气田采出水锂资源回收可行性、技术现状及展望[J]. 环境工程技术学报，2023，13（4）：1434-1443.

[21] 吴柏林，刘池洋，杨松林，等. 沉积盆地有机矿产（油-气-煤）对铀成矿的作用机理及进展[J]. 西北大学学报（自然科学版），2022，52（6）：1044-1065.

[22] 胡鹏，曹柏寒，何曦，等. 海洋油气和新能源融合发展路径及建议[J]. 油气与新能源，2023，35（5）：53-58.

[23] 蔡博峰，李琦，张贤，等. 中国二氧化碳捕集利用与封存（CCUS）年度报告（2021）——中国CCUS路径研究[R]. 生态环境部环境规划院，中国科学院武汉岩土力学研究所，中国21世纪议程管理中心，2021.

[24] 国家能源局. 2024年全国油气勘探开发十大标志性成果[EB/OL].（2025-01-20）[2025-04-08]. https://www.nea.gov.cn/20250120/f16a9ad91ce8459d9fc03d1d2869a588/c.html.

[25] 中国石油报. 中国石油攻坚解锁稳产增效"气密码"[EB/OL].（2025-03-18）[2025-04-08]. http://news.cnpc.com.cn/system/2025/03/18/030157656.shtml.

[26] 中国石化报. 端牢能源饭碗 为祖国加油争气[EB/OL].（2022-09-28）[2025-04-08]. http://www.sinopecnews.com.cn/xnews/content/2022/09/28/content_7049595.html.

[27] 中国海油. "南海万亿方大气区"来了！[EB/OL].（2024-08-07）[2025-04-08]. https://mp.weixin.qq.com/s/M6UOTqHPjKuyI2y1D0F66A.

[28] 中国水运报. 持续筑牢我国能源运输供给韧性 [EB/OL].（2025-03-11）[2025-04-08]. https://mp.weixin.qq.com/s/NJgcalDNCtnXap6tDTcWkA.

[29] 中国石化报. 推动我国化工行业加速迈向价值链高端 中国石化炼化工程企业积极拓展新材料领域业务 [EB/OL].（2024-07-22）[2025-04-08]. http://www.sinopecnews.com.cn/xnews/content/2024-07/22/content_7101249.html.

[30] 中国石化报. 中国石化为大国重器筑就"润滑长城" [EB/OL].（2025-02-26）[2025-04-08]. http://www.sinopecnews.com.cn/xnews/content/2025/02/26/content_7119830.html.

[31] 智研咨询. 2025—2031年中国炼化一体化行业市场发展调研及未来前景规划报告 [R]. 北京：智研咨询，2024.

[32] 金凯讯. 中国2024年炼油产能扩张与市场需求降级并存 [EB/OL].（2025-01-08）[2025-04-08]. https://mp.weixin.qq.com/s/htnpUqNm_-OmWct47Q9gQw.

[33] 中国石油天然气股份有限公司. 2020年度环境、社会和治理报告 [R]. 北京：中国石油天然气股份有限公司，2021.

[34] 中国石油天然气股份有限公司. 2021年度环境、社会和治理报告 [R]. 北京：中国石油天然气股份有限公司，2022.

[35] 中国石油天然气股份有限公司. 2022年度环境、社会和治理报告 [R]. 北京：中国石油天然气股份有限公司，2023.

[36] 中国石油天然气股份有限公司. 2023年度环境、社会和治理报告 [R]. 北京：中国石油天然气股份有限公司，2024.

[37] 中国石油天然气股份有限公司. 2024年度环境、社会和治理报告 [R]. 北京：中国石油天然气股份有限公司，2025.

[38] 中国石油化工股份有限公司. 2020年可持续发展报告 [R]. 北京：中国石油化工股份有限公司，2021.

[39] 中国石油化工股份有限公司. 2021年可持续发展报告 [R]. 北京：中国石油化工股份有限公司，2022.

[40] 中国石油化工股份有限公司. 2022年可持续发展报告 [R]. 北京：中国石油化工股份有限公司，2023.

[41] 中国石油化工股份有限公司. 2023年可持续发展报告 [R]. 北京：中国石油化工股份有限公司，2024.

[42] 中国石油化工股份有限公司. 2024年可持续发展报告 [R]. 北京：中国石油化工股份有限公司，2025.

[43] 中国海洋石油有限公司. 2024环境、社会及管制（ESG）报告 [R]. 北京：中国海洋石油有限公司，2025.

[44] 万军，朱兴珊，王利宁，等. 油气行业转型再电气化发展趋势研究[J]. 国际石油经济，2024，32（7）：1-6.

[45] 中国海油. 覆盖渤海 150 余座海上平台！国内最大规模海上油田群岸电工程全面收官[EB/OL].（2024-11-27）[2025-04-08]. https://mp.weixin.qq.com/s/RiPvRnscMC7GeyFykG-B5g.

[46] 中国电力报. 节能提效是能源战略之要[EB/OL].（2023-09-06）[2025-04-08]. https://mp.weixin.qq.com/s/kOUjRbLKJYUqKJlDLnbROA.

[47] 中国海洋石油集团有限公司. 2020 年可持续发展报告[R]. 北京：中国海洋石油集团有限公司，2021.

[48] 中国海洋石油集团有限公司. 2021 年可持续发展报告[R]. 北京：中国海洋石油集团有限公司，2022.

[49] 中国海洋石油集团有限公司. 2022 年可持续发展报告[R]. 北京：中国海洋石油集团有限公司，2023.

[50] 中国海洋石油集团有限公司. 2023 年可持续发展报告[R]. 北京：中国海洋石油集团有限公司，2024.

[51] 海油发展微讯. 海油发展新一代"海龙"永磁电潜泵投用[EB/OL].（2025-01-07）[2025-04-08]. https://mp.weixin.qq.com/s/tnuD7Bnvn0UQOrA9OSb8wA.

[52] 国家能源局，中国石油和化学工业联合会. 炼油行业节能降碳典型案例汇编[R]. 北京：国家能源局，中国石油和化学工业联合会，2025.

[53] 石油 Link. 中国第一大油气田联手华为，全新定义"智能井场"[EB/OL].（2024-11-27）[2025-04-08]. https://mp.weixin.qq.com/s/xKkt4fKjyzFaoF9JUokwrQ.

[54] 魏方，邢冲，林鸿源，等. 中国石油践行 ESG 服务能源低碳转型[J]. 企业管理，2025（1）：44-48.

Pathways to Comprehensive Green and Low-Carbon Transition in Oil & Gas Industry Under the Dual Carbon Goals

Yanxi ZHOU, Xiaozhou ZHANG

CNOOC Energy Economics Institute

Abstract: Guided by China's carbon dioxide peaking and carbon neutrality goals and 1+N policy system requirements, the oil and gas industry has been facing the challenges of ensuring national energy security and implementing carbon reduction targets, but there would also be potential opportunities to integrate with renewable energies and provide carbon reduction services for other industries. In this context, China's oil and gas companies have been positively taking action for green and low-carbon transition, aiming to increase oil and gas reserves and production and upgrade the industrial structure in a coordinated manner, steadily implement clean energy substitution, deeply carry out comprehensive energy efficiency improvement, actively promote the application of carbon-negative technologies, expand the support of carbon asset management, and have achieved positive results. China's oil and gas industry needs to continue to explore high-quality development paths to support a fully green and low-carbon transformation under the carbon neutrality goals. It is suggested to build and improve a clean energy supply system, accelerate the industrial green and low-carbon transformation and upgrading, promote clean energy substitution, strengthen relevant technology research and innovatively adopt market mechanisms, which will fully help to realize "dual carbon" goals for our country.

Keywords: carbon peaking and carbon neutrality; oil and gas industry; green and low-carbon; energy transition; development paths

企业管理

Enterprise Management

中国海油价值创造的实践与思考

田佳*，耿站立，张飞，张雷，丁增文，杨维玮

中国海洋石油集团有限公司

摘要：价值创造是国有企业实现高质量发展的重要内容，是企业生存和发展的基础。本文对价值创造相关理论进行了系统梳理，并对国资委"五个价值"提出背景及概念内涵进行解读，初步构建了石油行业"五个价值"衡量指标体系，为价值创造提供方向指引，引导国有企业不断增强核心功能、提高核心竞争力，在服务国家战略中做强做优做大，更好地实现经济属性、政治属性和社会属性的有机统一。在此基础上，回顾了2024年中国海油在价值创造行动工作方面的实践，在提升公司"五个价值"方面提出了相关建议，可为进一步研究企业价值创造工作提供参考。

关键词：价值创造；五个价值；战略性新兴产业

0 引言

2019年对中国企业来说是历史性的，《财富》世界500强上榜企业中，中国企业（含港澳台）达129家，首次超过美国的121家。但从发展质量上，中国企业仍有很大的追赶空间。从近期看，效率效益仍是制约国有企业高质量发展的主要矛盾。2024年，共有80家国有企业进入《财富》世界500强，平均利润39亿美元，占世界500强企业平均利润的66%左右，占美国上榜企业的44%左右。从长远看，战略性新兴产业布局不够、科技创新能力支撑不强是制约国有企业建设世界一流企业的突出短板，特别是掌握关键核心技术、在产业链供应链上具有全球竞争优势和控制力、影响力的优秀企业还较为缺乏。不少国有企业在市场规模和影响力方面已取得显著成就，但在品牌形象塑造方面仍显不足，品牌形象的国际化和高端化程度与其市场地位不匹配。价值创造是国有企业实现高质量发展的重要内容，是企业提升全球竞争力的本质要求，要想在不断变化的环境中创新和发展，获得持续性的竞争优势，需要深入分析制约价值创造的因素，建立价值创造体系，有效解决价值创造目标不清晰、要素不具体、体系不健全、机制不完善等问题。

---

* 田佳，女，硕士，经济师，主要从事企业战略管理、世界一流企业建设、现代产业链建设等研究。E-mail: tianjia3@cnooc.com.cn

2022年12月23日，国务院国资委部署对标世界一流企业价值创造行动，目标到2025年国有企业价值创造体系基本完善，部分国有重点企业价值创造能力达到世界一流水平。2023年中央企业负责人会议上，国务院国资委党委书记、主任张玉卓24次提到"价值"和"价值创造"，首提"五个价值"，强调中央企业要更加注重提升增加值、功能价值、经济增加值、战略性新兴产业收入和增加值占比及品牌价值，进一步增强核心功能、提高核心竞争力，更好推动中央企业高质量发展。在2024年中央企业高管研修班上，张玉卓表示，中央企业要牢固树立价值创造理念，不断提高经营业绩"含金量"，要更加注重提升"五个价值"，在服务国家战略中不断做强做优做大。2024年中央企业负责人会议上，张玉卓再次强调要对照"五个价值"改进提升各项工作。2024年12月27日，国务院国资委组织召开改革深化提升行动2024年第四次专题推进会，提出用"五个价值"的鲜明导向统筹引领各项改革任务。2025年1月1日，《求是》杂志刊发国务院国资委党委署名文章《进一步深化国资国企改革　为中国式现代化提供坚实战略支撑》，指出要胸怀"国之大者"，聚焦提升"五个价值"，内强质地、外塑功能，不断增强国有企业战略支撑能力和价值创造能力，更好发挥科技创新、产业控制、安全支撑作用[1]。2025年1月16日，中国海油召开2025年工作会议，会议指出，以加快创建世界一流示范企业为奋斗目标，以高质量可持续发展为根本要求，以改革创新为重要动力，以稳健经营为支撑保障，突出做好能源保供、产业转型、深化改革、科技创新、价值创造"五篇文章"。

1 相关文献评述

价值创造是管理学与经济学研究的核心议题之一，其内涵从传统的财务收益最大化拓展到涵盖经济、社会、环境等多维价值的综合体系。随着全球经济格局的变革、技术革命的深化以及可持续发展理念的普及，企业价值创造的路径与实践模式不断演进。本小节从古典政治经济学视角下的价值理论、传统财务视角下的价值创造理论、利益相关者视角的价值创造拓展和数智化推动价值创造能力延伸等维度，对现有研究进行系统梳理，以期为指标体系研究与实践创新提供参考。

1.1 古典政治经济学视角下的价值理论

英国古典政治经济学家威廉·配第（William Petty，1623—1687）最先阐述劳动决定价值的基本原理，把地租视为剩余价值的基本形态。英国经济自由主义倡导者亚当·斯密（Adam Smith，1723—1790）指出经济研究的基本要素是劳动、土地、资本，商业行为的推动力是"市场的力量",指出"劳动是衡量一切商品交换价值的真实尺度"。英国古典政治经济学家大卫·李嘉图(David Ricardo,1772—1823)发展了斯密的劳动价值理论,并以此为基础建立比较优势理论,区分价值和使用价值,商品价值由"劳动总量"决定。1867年,马克思在《资本论》中系统阐释劳动价值和剩余价值学说,分析资本生产过程中剩余价值的生产问题、资本流通过程中剩余价值的实现问题、资本主义生产总过程中剩余价值的分配问题,提出劳动和价值的二重性。

1.2 传统财务视角下的价值创造理论

价值创造逐步从古典经济学理论延伸运用于指导企业经营管理,指企业生产、供应满足目标客户需要的产品或服务的一系列业务活动及其成本结构。早期的企业价值创造理论以股东价值最大化为核心,强调通过优化资源配置、提升盈利能力实现价值增长,即公司存在目的是运用自身资源实现股东利益的最大化,如以经济增加值为股东创造财富[2]。财务柔性理论认为,企业通过保持充足的现金流和资本弹性,能够有效应对市场波动并抓住投资机会,从而提升长期价值。曾爱民等[3]指出,财务柔性是以必要的代价配置和利用财务资源应对不确定性的能力,这种能力能够帮助企业渡过危机,实现长远发展,提升企业价值。

1.3 利益相关者视角的价值创造拓展

20世纪60年代左右,"利益相关者理论"逐步发展[4],即任何一个企业都有很多利益相关者,包括企业外部投资人、供应商、分销商、客户、政府部门、社区等,也包括内部管理人员、员工等。利益相关者对企业发展进行了投资投入,并承担与此相关的风险。企业的生存与发展,取决于能否更好地处理自身与各个利益相关者的关系。与股东价值论相比,利益相关者理论更强调系统思维。不同利益相关者诉求不同,企业有针对性地进行管理优化,就能有效提高企业整体价值。1985年,迈克尔·波特(Michael Porter)在其所著的《竞争优势》中首次提出价值链概念,将价值链作为分析竞争优势的工具,把企业内外价值增加的活动分为基本活动和支持性活动。基本活动涉及企业生产、销售、进料后勤、发货后勤、售后服务,支持性活动涉及人事、财务、计划、研究与开发、采购等,基本活动和支持性活动构成了企业的价值链。不同企业参与的价值活动中,并不是每个环节都创造价值,实际上只有某些特定的价值活动才真正创造价值。这些真正创造价值的经营活动,就是价值链上的"战略环节"。运用价值链分析方法来确定核心竞争力,就是要求企业密切关注组织的资源状态,关注和培养在价值链的关键环节获得重要的核心竞争力,以形成和巩固企业在行业内的竞争优势[5]。

1997年，英国学者约翰·埃尔金顿（John Elkington）最早提出"三重底线"的概念。"三重底线"理论认为企业创造价值的能力包括三个方面：一是经济底线，即企业获取利润的能力；二是社会底线，强调企业应该关心公平公正问题，尤其应关注人力资本的开发问题；三是环境底线，提出企业发展应该采取环境友好型的发展方式，降低企业经营活动对地球环境的负面影响。"三重底线"理论的提出，拓展了企业价值创造的范畴，不只是突出经济利润，还应该关注经济价值、社会价值和环境价值的协调发展问题；不仅关注短期价值利益、显性价值利益，还应该关注长期价值、隐性价值的实现。这个理论也是对利益相关者理论、创造共享价值的有力响应。在利益相关者理论的基础上，迈克尔·波特和马克·克莱默（Mark Kramer）率先提出"创造共享价值"的观念[6]。核心是倡导企业应该促进股东和其他利益相关者互惠互赢，共同做大"蛋糕"，推动企业整体价值的最大化。基于这一思想提出的共享价值创造模式，核心是从点、线和网三个层次来推进价值创造。"点"指聚焦企业的产品服务价值，根据市场变化、客户需求来发现新的发展机会，形成企业新的价值增长点。"线"指着眼于价值链，来实现系统价值的持续提升，如优化与上下游企业的合作，实现资源利用率的提升，流程效率的优化。"网"指关注产业集群、生态体系的发展与整体价值，通过分工合作，发挥各自优势，来实现整体价值的最大化，同时也推动企业实现可持续发展。2002年，大卫·波维特（David Bovet）在《价值网：打破供应链，挖掘隐利润》中提出价值网理论，核心部分是顾客、供应者、竞争者和补充者，补充者指那些能够提高本企业产品或服务的吸引力的产品和服务。价值网是企业为应对日益激烈的竞争环境，不断满足顾客需求，在专业分工的生产背景下，通过一定的价值传递机制，将处于价值链不同阶段但彼此间联系密切的企业和利益相关者，组合在一起共同为顾客创造价值的网络。价值网利益相关者之间通过有效的联系而相互影响，形成价值分配、转移和使用的关系[7]。

1.4 数智化推动价值创造能力延伸

随着物联网、大数据、云计算、人工智能等新一代信息技术交叉融合、创新发展，人类社会已全面进入数字化转型时代。数字化成为推动社会变革的主要力量，从根本上改变了传统经济的生产方式和商业模式，促使经济社会发展发生深刻变革，也推动企业价值创造能力不断延伸。高尚等[8]以华为实践为例，研究了企业项目管理组织模式的能力重构机制和价值创造机制，并指出，在复杂性挑战和数字技术的推动下，企业项目管理面向"项目－企业－生态"组织系统进行能力重构，其组织模式演变为基于数字化平台的生态化组织模式。在项目效益增量化、组织服务集约化和伙伴关系生态化的价值诉求下，通过流程重构、平台化治理和跨界协同三方面的深刻变革，基于数字化平台的生态化组织模式实现价值共享。王欣兰等[9]研究了装备制造企业如何通过数据资源编排赋能价值创造跃迁。企业在数字化转型过程中，在经营效率、协作沟通、使命嵌入等因素驱动下，由外部获取和内部积累并举打造数据资源池，通过对数据资源的感知、连接和归因分析，形成企业信息技术撬动、平台撬动和数字化绿色能力撬动，进而实现从产品价值创造到平台价值创造和绿色价值创造的跃迁，揭示了数字化赋能装备制造企业实现资源整合和动态能力生成的机制，拓展并丰富了数字化转型赋能企业价值创造的理论模型。惠宁等[10]以A股制造业上市企业为研究样本，与供应链网络数据进行匹配，考察数智赋能企业新质生产力的价值创造和价值溢出，指出数智化可通过协同转型机制、资源配置机制和知识溢出机制赋能企业新质生产力的价值溢出。

2 "五个价值"提出背景及概念内涵

2.1 "五个价值"提出背景

当前，国有企业发展的内外部环境正经历深度变革与多维挑战的交织与共振。从国际形势看，世界百年未有之大变局加速演进，以美国为首的部分西方国家单边主义、贸易保护主义和逆全球化思潮明显抬头，国际秩序进入激烈的动荡变革期。美西方对我国遏制打压日益收紧，封锁高端技术和产品出口，加快布局排华供应链，我们必须做好经受风高浪急甚至惊涛骇浪重大考验的准备。从国内形势看，我国经济运行总体平稳、稳中有进，超大规模市场韧性充足、转型升级潜力巨大的基本面依然稳固，但内需提振动能不足、消费预期偏弱等问题对经济持续回升形成现实压力。国资国企作为中国特色社会主义经济的重要物质基础和政治基础，在应对风险挑战、构建新发展格局、推进中国式现代化建设中承担着重要使命。要立足于做强做优做大国有资本和国有企业这一根本目标，用好提升核心竞争力和增强核心功能两个途径，以价值创造为关键抓手，推动企业高质量发展，加快建设世界一流企业。

国务院国资委对中央企业的考核指标体系不断演变，经历了从"两利一率"到"两利三率""两利四率"，再到"一利五率"的调整和优化，以更好反映中央企业经营状况和发展质量，推动中央企业高质量发展。国务院国资委提出"五个价值"，反映出对国资央企的考核要求已从关注短期财务指标发展到从多个维度全面衡量发展水平和贡献。"五个价值"为国企考核个性化指标设计提供了方向性的指引，即统筹共性量化指标与个体企业差异性，根据企业功能定位、行业特点、承担重大任务等情况，增加反映价值创造能力的针对性考核指标，进一步丰富了前人在价值创造体系方面的研究成果，引导国资国企不断增强核心功能、提高核心竞争力，在服务国家战略中做强做优做大，更好地实现经济属性、政治属性和社会属性的有机统一。

2.2 "五个价值"概念内涵

"五个价值"旨在引导国资央企立足新发展阶段，以提升发展质量效益效率为主线，完善价值创造体系，提升价值创造能力，加快实现从数量型规模型向质量型效益效率型转变，从注重短期绩效向注重长期价值转变，从单一价值视角向整体价值理念转变。其内涵如下：

增加值[11-12]：包括劳动者报酬、生产税净额、营业盈余和固定资产折旧，衡量企业在生产过程中创造的新增价值，体现企业对国民经济的增量贡献。通过提升增加值来提高国资国企对 GDP 的总体贡献，实现投资有回报、企业有利润、员工有收入、国家有税收的高质量发展，确保国有企业在国民经济中的支柱地位。

功能价值[13]：衡量企业在科技创新、产业控制、安全支撑方面落实国家战略以及在履行社会责任方面的贡献，体现企业除经济价值外所承担的社会功能和政治效用。科技创新主要用研发投入、国内/国际标准数量、研发人员占比等指标衡量；产业控制主要用现代产业链建设工作发挥基础支撑和融通带动作用等指标衡量；安全支撑主要用油气产量、国内石油产量增量占比、国内天然气产量增速、油气供应量、油气储备能力等指标衡量；履行社会责任主要用 ESG 评级、帮扶工作成效、保障就业、改善民生、推动地方经济社会发展等方面的情况衡量。

经济增加值[14]：指企业税后净营业利润与该企业加权平均资本成本（WACC）间的差额，是为出资人创造的"真正的利润"，与利润总额、净利润等指标相比，经济增加值不仅剔除了债务成本，还考虑了股权投资的机会成本，能够更加真实客观反映企业的价值创造能力，旨在引导中央企业更加注重"先算再投"，关注包括债务资本和股权资本在内的"完全成本"，优化资本投向和布局，减少低效无效资本占用，产生真正的经济利润，提升长期价值创造能力。真实经济利润主要用经济增加值和净资产收益率来衡量。

战略性新兴产业[15]收入和增加值占比：通常用战略性新兴产业营业收入、投资增速等指标衡量，引导中央企业加快转向创新驱动的内涵式增长，以科技创新推动产业创新，打造新的产业支柱，布局一批强牵引、利长远的重大项目，加快形成新质生产力，为经济发展注入新的活力。

品牌价值：通常用世界 500 强、Brand Finance 等品牌价值排名衡量，是企业重要的无形资产和体现核心竞争力的名片。"品牌卓著"是加快建设世界一流企业十六字方针的重要内容，旨在引导中央企业把品牌建设摆在突出位置，培育一批具有引领力、附加值、含金量、美誉度的企业品牌，加快建设世界一流企业。

3 石油行业"五个价值"指标体系

石油行业是我国能源供应的重要支柱。2023 年，我国原油产量达到 2.09 亿吨，同比增长 2.0%；原油加工量达到 7.35 亿吨，同比增长 9.3%[16]。石油及其制品在交通运输、工业生产、农业等领域广泛应用，为经济社会的稳定运行提供了基础能源保障。同时，2023 年规模以上石油和化工行业增加值比上年增长 8.4%，高于全国规模以上工业增加值增速 3.8 个百分点，在经济复苏和增长中发挥了重要作用。当前，我国石油行业面临市场化改革和低碳化转型的双重挑战。随着能源领域市场化改革全方位推进，上中下游全产业链面临的市场竞争愈发激烈。2025 年全国能源工作会议首次提出化石能源将逐步从"主体能源"转变为"兜底能源"，非化石能源装机容量与消费占比进入快速增长通道。虽然未来较长一段时期我国石油、天然气等能源消费需求仍将保持增长，但全球油气市场供应将趋于宽松，国际油价承压下行的系统性风险不容忽视。为聚焦提升石油行业"五个价值"，为企业价值创造提供方向性指引，推动企业高质量发展，中国海油初步构建了石油行业"五个价值"衡量指标体系，详见表 1。

表 1 石油行业"五个价值"衡量指标体系
Table 1 "Five Value" measurement indicator system of petroleum industry

序号	五个价值	评价导向		指标	计算方法
1	增加值	对国民经济的贡献	为员工创造的价值	劳动者报酬	年度内以各种形式支付给劳动者的全部报酬
2			为政府创造的价值	生产税净额	生产税费（如增值税、所得税等）- 生产补贴
3			为股东创造的价值	营业盈余	营业利润 + 生产补贴
4			为企业发展积累的价值	固定资产折旧	年度内分摊的固定资产折旧额
5	功能价值	落实国家战略层面的贡献	科技创新	研发投入	研发费用
6				国内、国际标准数量	国内、国际标准数量
7				研发人员占比	研发人员总数 / 从业人员总数
8				国家级科技人才占比	国家级科技人才 / 研发人员总数
9			产业控制	现代产业链建设工作履职情况	（定性描述）

续表

序号	五个价值	评价导向		指标	计算方法
10	功能价值	落实国家战略层面的贡献	安全支撑	油气产量	国内外油气产量
11				国内石油产量增量占比	国内石油产量增量 / 全国石油产量增量
12				国内天然气产量增速	（当年国内天然气产量 / 上一年国内天然气产量 −1）× 100%
13				油气供应量	油气产量 + 原油进口量 + 液化天然气进口量
14				油气储备能力	原油商业储备能力，天然气储备能力
15		履行社会责任的贡献	绿色治理	ESG 评级	先锋 100 指数及其他权威评价机构出具的结果
16			公益慈善	帮扶工作成效	（定性描述）
17			其他社会事业贡献类指标	在保障就业、改善民生、推动地方经济社会发展等方面的情况	（定性描述）
18	经济增加值	评估资本获利能力	真实经济利润	EVA	税后净营业利润 − 调整后资本 × 加权平均资本成本率
19				净资产收益率	净利润 /（年初净资产 + 年末净资产）/2 × 100%
20	战略性新兴产业收入和增加值占比	战略性新兴产业的投入与产出	落实国家战略性新兴产业要求	战略性新兴产业营业收入	战略性新兴产业相关收入
21				战略性新兴产业投资增速	（当年战略性新兴产业投资额 − 上一年战略性新兴产业投资额）/ 上一年战略性新兴产业投资额 × 100%
22	品牌价值	体现企业核心竞争力的名片	品牌建设能力	品牌建设能力评价	（定性描述）
23			品牌带来的价值	品牌价值排名	世界 500 强、BrandZ、Brand Finance 等榜单排名
24				海外营业收入	企业在海外市场的营业收入

4 中国海油价值创造实践

中国海油深刻理解价值创造理论及"五个价值"内涵，不断提升价值创造能力，在助力国民经济稳增长、落实国家战略、推动价值增长与结构优化、培育战略性新兴产业、品牌建设等方面取得了阶段性成效。

一是积极助力国民经济稳增长。在布伦特油价振荡下行背景下，2024年中国海油年化营业收入接近上一年水平，年化利润总额再创历史新高。资产负债率继续保持稳健，年化净资产收益率、全员劳动生产率、营业现金比率等主要经营指标位居央企前列。根据公开披露数据，2024年前三季度，中国海油实现归母净利润1 166.6亿元，同比上涨19.5%。2022年到2024年9月，中国海油中国公司累计缴纳当期所得税超过1 000亿元，石油特别收益金超400亿元，累计贡献各项税费近2 000亿元。中国海油深入推动能源安全与区域经济协同发展，持续加大在京津冀、长三角、粤港澳大湾区、海南自贸港等国家重点战略区域投资力度。

二是坚定不移落实国家战略。中国海油持续加大勘探力度，2024年发现全球首个超深水超浅层千亿立方米大型气田——陵水36-1气田，南海万亿立方米大气区提前一年建成，油气总产量再创历史同期新高。中国海油高位推进产能建设，根据公开披露数据，2024年前三季度，中国海油净产量达542.1百万桶油当量，同比上涨8.5%。其中，国内净产量达369.2百万桶油当量，同比上升6.8%。中国海油推动天然气拓市扩销，国内销售天然气超414亿立方米，同比增长3.9%，市场份额保持全国第二。每桶油五项成本、每吨油加工成本、每立方米天然气运营成本等关键指标均实现同比下降。中国海油着力推动绿色低碳生产，深化油气开发与新能源融合发展，获取海上风电资源200万千瓦。中国海油积极推进绿电替代计划，完成绿电生产超16亿千瓦时、绿电采购超13亿千瓦时，实现绿电消纳超12亿千瓦时，减碳量超74万吨。

三是推动价值增长与结构优化。2024年，中国海油经济增加值与净资产收益率整体呈现"韧性增长、结构优化"特征。中国海油EVA实现正向扩张，深水油气产量攀升与海外资产收益释放，驱动税后经营利润增长。资本开支聚焦高回报项目，桶油成本维持30美元以下，推动存量资产改造，资本回报率（ROIC）与加权平均资本成本差值扩大，凸显资本配置效率优化。ROE实现稳健领跑，2024年，受益于油价中枢上移及天然气溢价，中国海油销售净利率保持稳健提升，资产周转率因圭亚那等高产井投产而持续提速，深水技术优势不断夯实公司盈利壁垒。

四是大力培育战略性新兴产业。中国海油于2024年发布《战略性新兴产业行动方案》，明确八大产业发展目标、梯次发展策略和部署。中国海油积极推进原创技术策源地和深水油气装备现代产业链建设工作，牵头组建技术创新联合体和装备产业联盟。中国海油大力发展高端装备制造业，"深海一号"二期项目建成投产，使我国成为全球极少数能够自主开发深水高压气田的国家。我国首个深水油田二次开发项目流花11-1/4-1建成投产，在国内首次采用"深水导管架平台+圆筒型FPSO"开发模式，高效推动亿吨级深水油气储量的再动用。差异化发展精细化工和新材料产业，积极推进"油转特""油转化",中海壳牌惠州三期乙烯、聚碳酸酯和惠州石化高碳醇等重点项目稳步推进,宁波"绿能港"5兆瓦级冷能发电项目进入试生产阶段。

五是厚植品牌建设和成长土壤。中国海油争当建设海洋强国的"国家队"、保障国家能源安全的"主力军"、海洋技术攻关的"先锋队",聚焦"国之所需",构筑品牌之基,树立"赋能美好、探源未来"的品牌形象,将品牌理念充分融入生产经营全过程,促进品牌建设与业务发展协同推进,有效探索重大工程品牌培育机制。中国海油形成了系统性、可移植的重大工程品牌建设管理模式,以及"深海一号""海葵一号""海基二号""璇玑"等一系列大国重器自主品牌,通过品牌建设推动企业高质量发展。

5 结论和建议

价值创造是企业的天职和存在的意义,为推进世界一流示范企业建设,中国海油将持续把价值创造理念和"五个价值"工作要求融入组织架构、运营模式、业务流程之中。然而,当前中国海油在"五个价值"实践中仍存在短板:一是资源配置效率有待提升,存在上游业务利润依赖度过高、产贸融协同动能不足、产品和服务质量管理体系尚需完善、全球化资源统筹能力偏弱等问题;二是国际能源合作深度与海外勘探开发力度仍需强化,区域战略协同效应未充分释放,产业链部分关键环节仍存在技术堵点及生态瓶颈问题;三是全流程成本精细化管控不足,战略闭环管理能力有待加强,对世界一流企业指标分析和路径设计仍需深化;四是科技成果转化能力有待加强,部分创新成果与市场需求适配性不足,战略性新兴产业孵化及未来赛道布局仍显滞后;五是品牌矩阵有待进一步丰富,品牌影响力仍需加强,全球化品牌溢价未充分释放。对此,建议从以下方面不断改进提升,处理好总量与质量、当前与长远、发展与安全的关系,持续提升价值创造能力,探寻公司高质量发展的领先密码[17]。

5.1 提升增加值,推动效益效率平稳增长

一是优化资源配置,持续做好原油、天然气资源配置,发挥上下游协同效能。完善全球油气贸易网络布局,构建大协同、市场化的运营机制。构建高效协同的产业集群,延伸产业价值、挖掘低碳价值、培育绿色价值,强化技术服务和金融服务保障。推动各类要素向技术含量高、增值幅度大、带动性强的重点产业和优势产业集中。加快剥离战略匹配度低、盈利能力差、不具备竞争优势的非主业非优势业务。二是全力提升产品和服务质量管理,助力油气增储上产提质加速、减油增化转型升级、绿色低碳产业跨越发展。建立覆盖公司全业务流程的质量管理体系,强化全过程质量管控。突破更多关键核

心技术、锻造更多"大国重器"、打造更多精品工程。三是积极拓展国际化经营，贯彻落实"一带一路"倡议，深化推进"走出去"战略，加快拓展国际化经营，优化海外资产布局，拓展海外专业技术服务市场，有效提升公司全球资源配置、资源整合和价值创造能力，助力构建国内国际双循环相互促进的新发展格局。

5.2 提升功能价值，强化服务国家战略导向

一是贯彻落实建设海洋强国重大战略需求，坚持聚焦主责主业，大力推进油气资源供给保障中心建设。保持国内原油生产基本盘，推动国内天然气产业加快发展，做强海外油气勘探开发，做好矿权管理和能源安全保供。二是主动对接国家重大战略，深入落实京津冀一体化协同发展，粤港澳大湾区发展及海南自贸港建设等国家区域重大战略、区域协调发展战略、主体功能区战略，发挥产业链一体化优势，深入挖掘战略合作机遇，积极引导产业优化布局，助力培育一流的产业链集群，积极服务地方经济社会发展，更好发挥国有企业在落实国家战略中的主力军作用。三是聚焦优势产业领域和方向，提升基础固链、技术补链、融合强链、优化塑链能力，构建高效和谐、安全可靠的产业生态体系，推进产业基础高级化、产业链现代化，实现核心产业链自主可控，有效增强产业链供应链整体价值创造能力，为建设制造强国贡献海油价值。

5.3 提升经济增加值，提高公司运营管理能力

一是强化精益管理。树牢"一切成本均可控"理念，以市场为导向、以效益为中心组织生产运营，从深入审视研发设计、装备制造、生产管理、供应链管理、营销服务等运营管理全流程入手，抓好成本关键环节和重点要素管控，实现全生命周期成本最优化。二是强化战略闭环管理。围绕公司长期价值强化战略引导作用，健全中国海油和所属单位"一个整体、两个层次"的战略管理体系，强化"战略研究、战略制定、战略实施和战略评价与控制"闭环管理，实现发展战略、发展规划、计划预算、重大投资、监控预警、战略评估及绩效考核等有效衔接。三是加强油气勘探开发行业世界一流企业评价指标体系运用，结合公司发展实际和"产品卓越、品牌卓著、创新领先、治理现代"的世界一流企业标准，开展系统对标工作，挖掘差异指标的专业根源，深入分析影响指标水平的驱动因素，深入研究公司高质量发展内涵，采取有力有效措施，确保核心指标持续优化。

5.4 提升战略性新兴产业收入和增加值占比，优化产业结构布局

一是加快提升科技创新能力。聚焦关键核心技术攻关，加快新质生产力发展。瞄准

公司油气全产业链及新能源、新产业领域，加强技术体系化布局，重点开展基础性、紧迫性、前沿性、颠覆性技术研发，着力完善创新体系、增强创新能力、激发创新活力，推动原创技术策源地建设走深见效。完善科技成果评价，积极开展首套（台）装备、首批次材料、首版次软件等成果应用，为原创技术提供应用场景和试用环境。二是布局新产业新赛道。积极投资战略性新兴产业，推动化石能源清洁化发展、油气产业链高端化发展、清洁能源规模化发展、终端能源融合化发展，不断培育海洋能源新质生产力，培育新增长点。三是积极探索商业模式创新。充分发挥公司上中下游一体化、全业务数据和应用场景优势，加快公司产业数字化、智能化转型，推动大数据、人工智能等先进技术与业务发展深度融合，逐步探索形成新型商业模式，培育价值增长有效动力。

5.5 提升品牌价值，彰显中国海油品牌深厚底蕴

一是丰富品牌理念。根据能源行业的发展趋势和竞争态势，结合企业使命、愿景、价值观，建立完善以"赋能美好、探源未来"为核心理念的品牌定位体系。二是优化品牌架构。结合业务属性、市场发展、产品定位等因素，科学构建集团品牌架构体系，形成以中国海油母品牌为主、各单位重点产品品牌为辅、合理品牌区隔的混合品牌模式。三是创新品牌传播。推进传播对象、传播语境、传播渠道精准化，加快构建媒体融合、广泛互联的品牌传播体系。注重优质内容建设，面向多元受众提供精准、丰富、高品质的传播内容和传播体验。四是加强品牌保护。加强品牌保护体系建设，加强商标、字号、域名、专利等保护工作，积极推进自有品牌商标注册，加强企业商标侵权常态化监测。

参考文献

[1] 国务院国资委党委.进一步深化国资国企改革 为中国式现代化提供坚实战略支撑[J].求是，2025（1）.

[2] 埃巴.经济增加值——如何为股东创造财富[M].凌晓东，译.北京：中信出版社，2001：17.

[3] 曾爱民，傅元略，魏志华.金融危机冲击、财务柔性储备和企业融资行为——来自中国上市公司的经验证据[J].金融研究，2011（10）：155-169.

[4] 沃克，马尔.利益相关者权力[M].赵宝华，刘彦平，译.北京：经济管理出版社，2003：35.

[5] 波特.竞争优势[M].陈丽芳，译.北京：中信出版社，2014：6.

[6] 波特，克莱默.创造共享价值[J].哈佛商业评论，2011（1）.

[7] 波维特，玛撒.价值网：打破供应链，挖掘隐利润[M].仲伟俊，译.北京：人民邮电出版社，2001.

[8] 高尚，赖苑苑，周晶，等.数字化转型下企业项目管理的组织模式与价值创造——以华为实

践为例[J].管理工程学报,2025,39(3):268-286.

[9] 王欣兰,李中石,吴利利.数字化能力撬动价值创造跃迁的过程机理——基于资源编排视角的纵向案例研究[J].财会通讯,2024(24):84-91.

[10] 惠宁,史明聪.数智赋能企业新质生产力的价值创造与溢出效应研究——基于中国制造业上市企业的实证检验[J].山西师大学报(社会科学版),2025,52(1):20-33.

[11] 潘晓.中国石油企业增加值研究[J].现代商业,2014(1):264-265.

[12] 王敏艳.石化企业增加值两种计算方法的对比及应用探讨[J].山东化工,2014,43(5):183-185.

[13] 孟维烜,王丹,刘进.面向中央企业功能价值的考核评价优化要点初探[J].现代国企研究,2024(1):90-96.

[14] 林乐,谢德仁.A股非金融行业公司经济增加值创造力分析(1990～2022)[J].财会月刊,2025(3):16-21.

[15] 中国科学院科技战略咨询研究院.构建现代产业体系:从战略性新兴产业到未来产业[M].北京:机械工业出版社,2022.

[16] 国家能源局.经济日报:从2374万吨标准煤到48.3亿吨标准煤——现代能源经济发展实现跃升[EB/OL].(2024-09-18)[2025-02-05].https://mp.weixin.qq.com/s/H3pmzImO5OXD-2KDZNZ5PQ.

[17] 柏翔,佛洁.领先的密码:BLM方法论全面解读与应用指南[M].北京:机械工业出版社,2023.

Value Creation in Energy Industry: Practices and Insights from the CNOOC

Jia TIAN, Zhanli GENG, Fei ZHANG, Lei ZHANG, Zengwen DING, Weiwei YANG

China National Offshore Oil Corporation

Abstract: Value creation is the main duty of a company. This paper reviews theories related to value creation, interprets the background and concepts of the "Five Values". Preliminarily constructs a measurement index system for the "Five Values" in petroleum industry, providing direction for relevant companies' value creation, continuously enhancing their core functions and competitiveness, becoming more stronger, better and larger, and achieving a better organic unity of economic, political and social attributes. On the basis, this paper summarizes CNOOC's value creation practices in 2024, and puts forward relevant suggestions on improving "Five Values", which can also provide reference for further research on the value creation work of companies.

Keywords: value creation; five values; strategic emerging industries

典型能源央企数字产业发展模式路径分析

郝宏娜[*]，鲍春莉，夏玉涵，张阳禹，周媛媛

中国海油集团能源经济研究院

摘要：发展数字经济意义重大，是把握新一轮科技革命和产业变革新机遇的战略选择。当前，新兴数字业态初显，部分国际公司和国内头部企业已经取得良好成效，国内多家能源中央企业（简称"央企"）也正加快探索数字产业化道路。分析认为，传统能源央企要发展数字产业须具备良好的产业数字化基础，在推进产业数字化的过程中形成相关技术、产品等外延服务，逐步形成新的数字产业。与此同时，科技创新、人才队伍和良好的组织机制是发展数字产业的重要保障。本文探索并提出了"坚持创新引领，统筹产业协同，重视队伍建设，加强品牌建设和构建价值体系"等能源央企发展数字产业的建议。

关键词：能源央企；数字经济；数字产业化；模式路径；分析

0 引言

习近平总书记多次强调了发展数字经济的重要性，并指出"发展数字经济意义重大，是把握新一轮科技革命和产业变革新机遇的战略选择"[1]。2022年，我国数字经济规模达50.2万亿元，稳居世界第二，同比增长10.3%，其中，数字产业化规模达9.2万亿元，占数字经济比重为18.3%[2]。预计到2025年我国数字经济规模将超60万亿元[3]，数字产业作为数字经济的核心产业，对发展数字经济具有举足轻重的作用。当前，传统能源企业面临高成本、低效率、缺乏创新等一系列问题。数字化转型一方面可以帮助能源企业实现智能化生产、精细化管理和个性化服务，提升企业竞争力和核心能力，具有重要的现实意义；另一方面，数字化创新可推动能源行业创新生产运营模式和商业模式，带来新的发展机遇，推动企业迈入新的增长曲线，具有深远的战略意义。然而，传统能源企业对如何发展数字产业，整体还处于摸索阶段。本研究尝试聚焦能源央企，探索性分析其在发展数字产业过程中的共性做法、差异点和认知，分析总结数字产业化的发展路径，

---

[*] 郝宏娜，女，博士，高级工程师，主要从事科技与数字化创新研究工作。E-mail: haohn@cneei.com.cn

并提出相关建议。

1 我国数字经济企业概况

产业化是指某种产业在市场经济条件下，以行业需求为导向，以实现效益为目标，依靠专业服务和质量管理，形成的系列化、品牌化的经营方式和组织形式[4]。国家统计局发布的《数字经济及其核心产业统计分类（2021）》，从"数字产业化"和"产业数字化"两个方面，界定了数字经济的基本范围，将其分为数字产品制造业、数字产品服务业、数字技术应用业、数字要素驱动业、数字化效率提升业五大类。其中，前四大类为数字产业化部分，即数字经济核心产业，是指为产业数字化发展提供数字技术、产品、服务、基础设施和解决方案，以及完全依赖于数字技术、数据要素的各类经济活动[5]。第五大类产业数字化部分，是指应用数字技术和数据资源为传统产业带来的产出增加和效率提升，是数字技术与实体经济的融合[5]。该部分涵盖智慧农业、智能制造、智能交通、智慧物流、数字金融、数字商贸、数字社会、数字政府等数字化应用场景，体现了数字技术已经并将进一步与国民经济各行业产生深度融合。

从逻辑上看，数字经济通过"产业数字化"和"数字产业化"的双轮驱动，提高各个企业的业务发展水平，从而助推"两业"协同融合发展，如图1所示[6-7]。数字产业化是指将数字化的知识和信息转化为生产要素，激发数据要素的价值创造活力，以技术创新作为推动力，为产业数字化发展提供新产品、新服务、数字基础设施与数字化解决方案。数字产业化所带来的数字技术创新升级，及其衍生出来的数字创新产品及服务，可以加

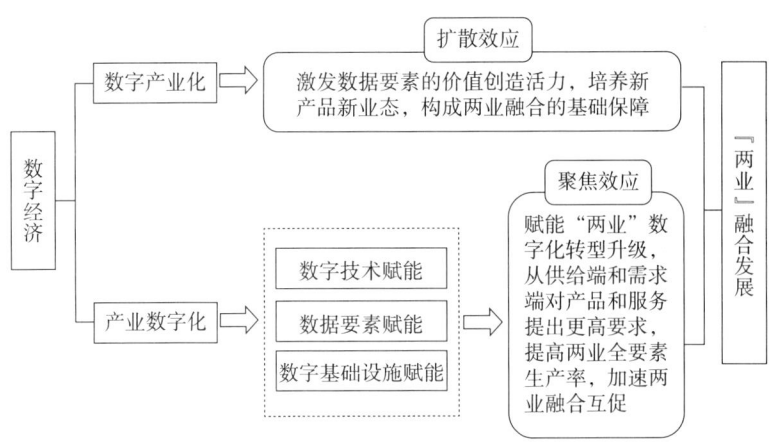

图1 数字经济推动"两业"融合机制图

Figure 1 Mechanism diagram of digital economy promoting the integration of advanced manufacturing and modern service industries

速迭代,从而降低经济成本,促进生产性服务业与制造业向网络化、数字化以及协同融合的方向发展。数字产业化的核心要义是核心数字技术的突破以及海量数据信息的获取及利用[6]。

企业作为经济活动的基本单位,其发展水平决定着数字经济发展的内生动力和活力。调查研究显示[8],我国数字经济500强企业中,国有企业、民营企业分别占比46.6%、52.8%。在营收方面,233家国有企业共实现营收44.4万亿元,是民营企业的3倍,占全部500家企业总营收的75.2%。其中营收超过万亿元的7家企业中,有6家国有企业;128家千亿元企业中,国有企业占比超7成。市值方面,国有企业市值总和为52.7万亿元,占全部500家企业市值总和的59.1%。利润方面,国有企业实现利润总额增速达16.9%,高于民营企业14个百分点,成为拉动利润增长的核心力量。

2 能源央企数字产业化发展路径分析

2.1 典型能源央企数字产业化的发展逻辑和模式

当前,全球能源格局正发生深刻变化,能源产业绿色发展、智慧发展步伐不断加快。能源央企作为能源革命、新型能源体系和新型电力系统建设的主力军,在新机遇新模式的演变趋势下,对如何进一步打通数据壁垒、如何借助数字化转型持续提升业务和服务水平、如何通过发展数字产业实现自身发展与能源转型携手共进等方面均做了积极有益探索。一方面,数字化是赋能传统能源行业转型升级的重要路径。传统能源企业通过信息化、数字化、智能化建设,将信息系统和信息技术引入生产经营流程,显著提升企业运营效率和综合效益,降低资源消耗、成本开支和碳排放。另一方面,数字化转型是培育壮大能源领域新兴业态的必由之路。当前能源行业中,除传统的煤炭、油气等化石能源外,新能源领域技术快速迭代,多能互济、智慧互联已成为能源行业创新的必然趋势。随着数字技术在能源行业的研发设计、生产制造、运维管理、能耗监测、风险预警、消费服务等各环节中日益深度应用和融合发展,能源行业正经历着巨大变革和深刻重构,数字化已经成为这些新兴业态发展必不可少的物理和技术基础,也正在逐步成为能源央企新的业务增长极。

为进一步探索能源央企数字产业化的成长逻辑和发展范式,笔者团队通过实际走访和资料调研相结合的方式,对中国石油、中国石化、国家电网有限公司(简称"国家电网")、中国南方电网有限责任公司(简称"南方电网")等多家主要能源央企数字产业化发展路径进行分析,能源央企的数字产业化多酝酿产生于产业数字化的过程中,转型初期阶段更多聚焦产业数字化，旨在以数字手段赋能主营业务，实现跨越式增长。在产业数字化转型过程中，不断地形成数字化产品、技术和服务，积淀数字化人才队伍和能力，进一步形成相对独立的行业共性数字化服务技术和能力，数字产业化业态初现萌芽。随着企业进一步在战略调整、平台体系建设、数字产品研发等方面开展部署，给予政策支持，将数字化作为独立业务重点发展，逐步成熟为企业独立的业务板块，部分已成为央企发展数字经济的创新增长极。具体发展实施路径主要有两种模式。

模式一是成立主业为信息技术服务的数字科技公司作为母公司数字化转型关键承载单位，围绕集团完成数字化转型和推进产业数字化进程，通过承担集团的产业数字化工作，建设运营集团主要数字化基础设施及信息安全，在发展过程中通过沉淀转型经验和技术，逐渐形成规模，进而对外输出，或者在转型过程中创造数字化相关的业务增量，实现由成本中心向利润中心的转变，形成集团或者行业共性的数字化能力，成为央企向数字化产业进军的重要力量。目前，我国央企已成立近500家数字科技类公司，其中65家央企设立了一级数科子公司，能源央企设立占比最高，达到80%，中国石油旗下昆仑数智科技有限责任公司（简称"昆仑数智"）、中国石化旗下石化盈科信息技术有限责任公司（简称"石化盈科"），南方电网数字集团有限公司等均采用此类模式。例如，昆仑数智承担了中国石油信息技术总规划60%以上的工作份额，范围涵盖石油天然气全产业链，集团内部业务的营业收入占比达7成。

模式二是在主营业务数字化转型过程中识别数字产业化增长点，进行转化培育。部分央企所属数字科技公司主业为企业的分支业务板块，并非信息技术服务，通过承担各自单位主营业务数字化转型工作，在其主营业务发展与数字融合过程中逐步形成具有专业属性的数字产品和技术能力，能够对外输出产生营收，进而形成相对独立的数字产业，国家电网的国电南瑞科技股份有限公司（简称"国电南瑞"）和国网数字科技控股有限公司、中国电力建设集团有限公司（简称"中国电建"）的华东勘测设计研究院有限公司等均采用此类模式。例如，国电南瑞虽然不是作为国家电网的专业信息化公司，但其在智能电网领域处于领先地位，在满足国家电网主营业务的同时，在信息通信、综合能源、智能运检和工业控制等领域实现了数字产业的市场化输出。

2.2 典型能源央企数字产业化的共性做法

2.2.1 注重数字技术和产品创新

两种模式的公司均高度重视数字技术和数字产品的自主创新和研发，通过在集团主营业务中进行实践应用和迭代升级，形成在行业内推广的技术产品，从而逐步形成对外服务的数字化能力。以宝钢控股的宝信软件为例，其推出的"宝联登"工业互联网平台是专为大型钢铁集团打造的工业互联网架构,目的是推进全行业的产业升级和商业模式创新。自推出后连续三年入选工信部双跨平台,稳居中国工业互联网平台第一梯队。

2.2.2 依据主营业务和自身优势向外部拓展

两种发展模式都是立足主营业务和自身优势向外部拓展。在产业数字化的过程中,一方面,依据主营业务进行外延服务;另一方面,结合自身优势逐步形成对外服务。例如,昆仑数智立足中国石油主营主业,不断向外拓展,服务于国务院国资委等政府机构和中国海油、国家管网等能源企业,积极构建覆盖政府机构、中国石油内部公司和其他能源企业多个细分市场的营销网络。宝信软件除了在钢铁行业外,还发挥自身优势,积极拓展至交通、医药、有色金属、化工、装备制造、金融、公共服务、水利水务等多个行业;在制药领域快速扩张,搭建以制药 MES 软件为核心的智能运营和智能工厂一体化平台。

2.2.3 建立相对充足的人才储备

本文所调研能源央企都拥有相对充足的人才储备作为其数字产业化的重要保障,且具备数字化从业人员基数大、高级人才数量多和人员结构相对年轻等显著特征。例如,昆仑数智现有员工 7 000 人,技术人员占比 93%,其中 PMP 项目经理、高级软件架构师、网络及安全专家、高级咨询顾问、算法专家合计超过 1 000 人;国电南瑞拥有员工 5 803 人,科研技术人员占比 59.3%,包括各类国家级人才 50 名,省部级、行业级人才 199 名,40 岁以下集团级专家占比超过 65%,2020 年科技奖励获得者中,40 岁以下占比超过 60%;中国电建华东勘测设计研究院员工总人数 4 000 人左右,专职从事数字化的人员就超过 1 000 人。

2.3 典型案例数字产业化的差异点

2.3.1 行业特点不同,面向客户的能源央企及业务更易发展数字产业

由于行业特点不同,面向个人消费者(To C)业务占比较高的能源央企更易开展数字产业化建设。通过对所调研企业进行对比分析得出,To C 业务板块能够获取更多市场数据,支撑终端消费者偏好分析。例如,电网企业部分业务面向终端消费者的(售电为主)市场产品,客户贴近消费端与国民经济,数据类型多样,与国民经济各项经营息息相关,交易频繁,所以利用电力大数据做深度挖掘,数字业务产业化容易实现,如"电力+政务""电力+金融"等创新模式。油气行业的勘探开发、工程建设、油气生产板块,具备较高的市场潜力,但业务活动的客户相对数量少,单个交易量规模大,产生的数据与国民经济联系度相对较弱,且需要企业具备更高的数据挖掘和分析能力,因此需要较长的周期进行产业化培育。

2.3.2 开展数字产业化的组织机制形式不同

数字产业化作为一项新兴产业，需要配置与之相适应的组织机制和文化，各行业均在探索有利于数字产业化的机制文化。传统行业央企的现行机制与数字产业化的契合度相对较低，在数字产业化的组织机制方面数字科技公司也有不同之处。例如，昆仑数智推行了职业经理人制度，除董事长、监事长属于中国石油派发管理人员外，重组时所有合同代用工全部重新签订市场化合同，并加快引进市场化高端人才。中国石化的石化盈科从成立之初即采用市场化机制，除了少部分人员属于中国石化，大部分员工属于石化盈科。

2.3.3 数字产业化发展路径不同

模式一的公司在成立之初的企业定位便是信息技术公司，例如昆仑数智、石化盈科等，具备较强的数字基因，并在服务于集团公司的过程中不断成长壮大，具备较好的数字产业化的条件。模式二的公司则是在利用数字化技术赋能主营业务的过程中，发展形成数字化产业，通常在某一领域具有优势。

3 启示与建议

近年来，能源央企深入贯彻落实党中央、国务院关于促进数字经济和实体经济融合的重要部署，将数字化转型作为公司实现高质量发展的重要途径，坚持从战略全局谋划数字化转型和数据治理，取得了一系列工作成果，具备一定的数字产业化基础，但相较于互联网企业和科技企业，能源央企发展数字产业具有三方面的特点：

（1）能源央企数字化转型和产业数字化的工作进展是形成数字产业化的基础和能力保障，在数字化转型过程中，能源央企拥有丰富多元的应用场景和海量数据，数字化转型工作稳步推进是能源央企数字产业化能否成功布局的决定性因素。

（2）大部分能源央企的数字产业都处于起步阶段，仍以内部业务为主，规模有限，市场化能力不足。部分起步较早的能源央企数字产业的外部业务虽然比例相对较高，但是面向公众消费的业务占比很低，市场数据较少，是发展数字产业的掣肘因素。

（3）能源央企的数字产业化发展一方面离不开母公司的业务输入和在组织模式、人才引进等方面的政策支持，另一方面也受制于体制机制约束，需要更多的创新来适应市场化发展的企业改革，才能契合数字产业发展的要求。

能源央企的数字化转型已经进入全面融合、创新突破阶段，数字产业的发展既可以对内发挥赋能作用、对外营收创效、扩大影响力，产业数字化与数字产业化的有效结合是能源央企推进数字化的必由之路，在此提出以下发展建议：

（1）坚持创新引领。以科技创新为核心，提升数字化产业核心竞争力，推进以智能化为特征的数字化转型，引领业务高质量发展。

（2）统筹产业协同。积极推进产业数字化，提升数字化能力，打造数字化产品和服务，择机探索培育数字产业化，反哺产业数字化，两化协同发展。

（3）重视队伍建设。加强与院校等机构进行数字化人才联合培养，创新外部成品人才引进机制，畅通数字化人才晋升通道，打造复合型人才队伍。

（4）着力打造品牌。深入实施品牌强企战略，以打造精品工程、拳头产品为核心，提升品牌价值和品牌知名度、影响力，提升数字化市场竞争力，保障业务可持续发展。

（5）创建价值体系。持续研发数字化解决方案和产品，构建开放、共享、智能、安全的数字化服务生态，助力能源央企实现降本增效、安全运营、绿色发展。

参考文献

［1］ 习近平. 不断做强做优做大我国数字经济[J]. 求是，2022（2）.
［2］ 中国信息通信研究院. 中国数字经济发展研究报告（2023年）[R]. 北京：第六届数字中国建设峰会，2023.
［3］ 国家互联网信息办公室. 数字中国发展报告（2022年）[R]. 北京：国家互联网信息办公室，2023.
［4］ 百度百科. 产业化[EB/OL].（2024-10-08）[2025-02-26]. https://baike.baidu.com/item/%E4%BA%A7%E4%B8%9A%E5%8C%96/11034601.
［5］ 国家统计局. 数字经济及其核心产业统计分类（2021）[R]. 北京：国家统计局，2021.
［6］ 赵泽文，董驰. 数字经济助推我国两业融合发展研究[J]. 产业创新研究，2024（6）：11.
［7］ 李腾，孙国强，崔格格. 数字产业化与产业数字化：双向联动关系、产业网络特征与数字经济发展[J]. 产业经济研究，2021（5）：54-68.
［8］ 中国企业评价协会，中国信息通信研究院. 中国数字经济企业发展报告（2022）[R]. 北京：中国信息通信研究院，2022.

Analysis of the Path on Digital Industry Development in Typical Energy SOEs

Hongna HAO, Chunli BAO, Yuhan XIA, Yangyu ZHANG, Yuanyuan ZHOU

Abstract: Developing the digital economy is a strategic choice to seize the new opportunities presented by the latest technological revolution and industrial transformation. Presently, emerging digital business models are beginning to emerge, with several top international and domestic companies already delivering positive outcomes. Several stated-owned energy enterprises surveyed are exploring the path towards digital industrialization. Through analysis, it is believed that conventional energy enterprises must establish a robust base in industrial digitalization to advance the digital sector. In the progression of fostering industrial digitalization, it is imperative for them to cultivate pertinent technologies, products, and expansion services to progressively establish a novel digital industry. Meanwhile, technological advancement, skilled workforce, and effective organizational framework are crucial assurances for cultivating the digital industry. The exploration offers recommendations for digital transformation of state-owned energy enterprises, such as "emphasizing innovation-led growth, fostering industrial collaboration, prioritizing team establishment, enhancing brand development, and establishing a value framework".

Keywords: state-owned energy enterprises; digital economy; digital industrialization; model pathways; analysis

LNG 接收站项目成本的控制及管理对策研究

仝滢泽 *

海洋石油工程股份有限公司

摘要：成本控制是企业在项目实施过程中实现目标成本和目标利润的重要途径。LNG 接收站项目包含设计、采购、施工、安装、调试、验收等服务，即 EPC 总承包工程，因其合同投资规模大、工作界面涉及范围广且技术复杂、风险高，故需要更为精细化的成本控制与管理。本文以现有在建工程项目实际预算执行情况为背景，从纵向和横向两个维度分析研究 LNG 工程项目的成本管控的重点和难点，并提出让项目成本效益处于动态可控状态的应对措施，以期为后续同类项目的开展提供良好管理实践。

关键词：LNG 接收站项目；成本管控；纵向；横向；对策

0 引言

在全球能源版图革新和低碳转型的浪潮中，液化天然气（LNG）以其清洁、高效、便于运输等优点扮演着越来越重要的角色。作为 LNG 远洋贸易的终端设施，LNG 接收站是天然气供应链中的重要环节，其建立和运转在保障国家能源安全、促进经济发展、应对气候变化等方面具有重要意义。2006 年我国第一个实验性项目——广东大鹏 LNG 接收站建成投产，开启了中国使用进口 LNG 的新纪元。经过多年的发展，截至 2024 年 9 月底，我国共投产 LNG 接收站 31 座，总接卸规模达 1.57 亿吨/年[1]。随着全球能源结构的调整和天然气需求的增长，LNG 接收站的建设将保持持续增长趋势。此外，随着全球 LNG 贸易灵活性的增加和中国企业国际贸易能力的增强，中国在全球 LNG 市场中的角色正发生转变[2]，成为平衡全球 LNG 市场的重要因素。LNG 接收站项目在全球能源转型、温室气体减排和保障我国天然气供应安全中具有不可或缺的地位。

LNG 接收站项目通常投资巨大，目前由中国公司总承包建设和独立承揽的 LNG 接收站项目合同额小至十几亿元大至几十亿元。虽然国内已突破了 26 万立方米及以上大容积和超大容积 LNG 储罐工程设计瓶颈，形成了设计、建造、调试开车一体化的 LNG

---

* 仝滢泽，女，硕士，工程师，主要从事项目管理研究。E-mail: tongyz@cooec.com.cn

储罐 EPC 总包能力和工程化应用，并实现 9% 镍钢板、低温阀门等部分关键材料和设备的国产化，但因为产品成熟度还不够高，国产设备及材料存在资质缺失、质量不稳定、价格波动大等原因[3]，成本超支而导致的项目失败或经济损失问题也时有出现。随着国内天然气政策的变化，自 2019 年以来 LNG 工程建设已进入高速发展期，成本控制能力成为衡量企业竞争力的重要指标。通过有效、精细化的成本控制及管理，企业可以提高市场竞争力，优化资源配置，减少不必要的浪费，提高项目的整体经济效益；同时还有助于企业制定更加合理的项目实施策略，如优化采购、生产、销售等环节的成本结构，结合项目的实际开展情况不断完善从而进行有效的改进，提高整体运营效率。

因此，有效的成本控制能够确保项目在预算范围内进行，有效的成本管理便于项目分析、发现问题、研究可行性对策和规避市场风险，从而确保企业目标利润的顺利实现。这不仅关系到项目的经济性和可行性，还影响到项目的质量、安全、竞争力和可持续发展。

1 国内外 LNG 接收站项目成本研究现状

成本控制及管理的理论框架在 LNG 接收站项目中的应用是一个复杂而系统的过程，它涉及项目的全生命周期，包括设计、采办、施工建造、管理等各个阶段，这些板块相互关联、相互作用，共同构成了成本控制及管理的完整体系。国内外研究人员们一直致力于研究如何有效地控制 LNG 项目的成本，从而提高项目的成功率和收益率。传统的工程项目费用控制方法主要是控制建设项目造价的结算和变更，是一种事后算账的方法。现代科学的方法是事前和事中的费用控制方法，是通过在项目建设前和建设中消除或减少建设项目实施中的无效劳动或低效劳动以及不必要的资源消耗和占用的方法。

国外研究者通常通过案例研究、统计分析和数学建模等方法，探讨 LNG 项目成本控制的最佳实践和经验。一些研究者提出了一些成本控制的新理念和方法，如基于价值工程和敏捷管理的成本控制技术。此外，国外研究者也重点关注了工程项目中的成本风险管理和成本控制策略的优化，以应对市场波动和外部环境变化，确保项目的成功实施。

许多国内学者通过对不同行业和领域的工程项目进行案例分析和实证研究，提出了一些有效的 LNG 项目成本控制方法和策略。例如，一些研究者通过成本效益分析和成本预测模型[4]，帮助企业在 LNG 项目初期就能够准确评估项目成本，为后续的项目管理工作提供参考依据。同时，国内一些研究者也关注 LNG 项目中的成本管理体系建设和成本控制技术的创新，他们提倡在项目执行过程中建立有效的成本监控机制，及时发现和解决成本偏差，确保项目能够按时保质完成。目前国内 LNG 项目实施的是基于全面预算管理体系的目标成本管理，将成本管理的基本理论与运动原理高效结合，从更为宏观的角度对经济运行过程中所需要的成本投入进行优化与调整。

然而，无论从技术壁垒、专业人才，还是从管理方式、运营经验方面来看，我国LNG总承包项目与国外项目相比起步晚，经验积累少，在寻找行业标准的过程中也受到诸多影响，所以成本评估指标体系与相关制度、规范尚未建立[5]。同时，由于缺乏对项目成本的动态、客观反馈跟踪，加上没有一套有效的可预见性的全面管理手段，对目标成本管理、全面预算成本管理模式的应用也仅处于探索阶段，使得各项成本管理职能不能很好地落实。因此如何发挥好产业协同作用，根据业务实质及时发现和规避相关成本风险，提高全面费用控制管理能力，尽早转化不确定事项，保障全生命周期的预算执行率和数据质量等还有待进一步研究提高。

本文将在国内外专家学者对LNG接收站项目成本管理的理论研究基础上，针对EPC项目管理过程中出现的成本控制重难点和关键环节路径，提出对LNG工程项目成本控制的有效管理经验和方法，为LNG接收站项目建设及后续潜在项目不断积累和提供经验，以期发掘更好的成本管理理念和有效做法。

2 LNG接收站项目成本费用构成分析

LNG接收站项目成本本质上是多专业、多学科的费用集合，涉及范围广。按照规定的成本项目和费用归集分配标准，对项目的各项费用进行核算，可以清晰地了解项目的成本构成和分布情况。一个LNG项目的费用包括业主方和工程承包方两方面，在此仅从工程方面介绍其成本组成，即包括直接费、间接费、不可预见费和税金。具体从以下几个科目分析其特点。

2.1 直接费

项目的直接费由以下五部分构成，其中工程材料费和直接工程费是直接影响项目成本的两个重要部分。

2.1.1 工程材料费

工程材料费不仅包括材料、设备的采购成本，还包括储存维护和运营统筹管理成本，向下又细分为材料费、采管费和仓储费。具体释义如下：

材料费是施工过程中耗费的构成实体的原材料、构配件、零件、半成品费用；采管费是采办行为所发生的所有费用，包括招评标、合同签订、厂家监检、催货、清关、银行手续、报销、运杂、验货等相关费用；仓储费是材料到货后至出库前，为保存工程材料产生的仓库仓储、保管、保养、配送、服务等相关费用。采管费和仓储费一般按照一定比例计提取费。对于一个完整的LNG接收站项目而言，工程材料费在项目全周期成本中占比一般在37%～45%之间，且受疫情、现场供求关系、厂家产能和到货周期等多方面因素影响，特别是钢材、铜、铝、砼等相关建筑原材料，市场价格波动对材料费预算控制的要求较高。

2.1.2 直接工程费

直接工程费指施工中耗费的构成工程实体的各项目费用，主要包括人工费、消耗材料费、外包费和其他专项费等。其中，人工费占比仅1%～2%；外包费在项目全周期成本中占比最大，可达到52%～58%。

外包费按照LNG项目执行策略确定整体外包采购工作，分为三部分：一是储罐工程分包费，包括桩基工程、外罐土建、安装工程、保冷工程等费用；二是接收站工程分包费，包括接收站桩基、土建安装、保冷、通信等费用；三是服务分包费，如桩基检测、无损检测、第三方检测、安全分析、咨询服务等费用。

作为项目的实体分包工程，储罐工程分包费和接收站工程分包费占比最大，可达到总成本的50%左右。因此，做好储罐和接收站这两部分工程分包外取资源的成本管控，对整个项目成本的控制至关重要。LNG施工建造属于陆地建筑施工，建造、安装板块单项费用可达几个亿，其工效直接影响建造成本的大小；设计板块总体费用低，但其对后续施工的影响较大（初步设计调整直接会影响项目全周期成本）；材料采办板块总体费用占比也比较大，所以也是主要成本控制点；服务管理板块总体费用占比最小，过程中需要及时跟踪费用执行情况。针对不同板块的特点，项目组施工经理、控制经理、采购经理等关键人员需要做好沟通，从项目维度统筹控制，制定具体的成本控制要点和措施。

2.1.3 措施费

措施费指为完成工程项目施工，发生于该工程施工准备和施工过程中的技术、检验、安全、环境保护等方面的费用。一般在LNG项目中根据合同投入要求，部分可计入工程分包费中，整体投入不低于1.5%。

2.1.4 项目管理费

项目管理费指项目组所发生的差旅、办公、车辆、招待、出国、会议、地方缴费及附加税金，以及依收入合同具体规定向业主提供的办公设施、车辆、人员服务等费用，根据项目情况由项目综合经理完成成本计划。对于正常规模LNG接收站项目而言，此部分费用不应超过全周期项目成本的0.5%，比较容易控制。

2.1.5 分（子）公司管理费

分（子）公司管理费包括分（子）公司分摊费用和总部分摊费用，这两部分分摊费用比例基于公司内部分摊规则，正常情况下仅占项目总成本的1%左右。

2.2 间接费

间接费通常按照合同不含税收入的一定取费基数计入整个成本费用当中，一般不动用。

2.3 不可预见费

不可预见费分为两种，包括公司不可预见费和项目组不可预见费，用于组织和管理生产所发生的其他费用。公司不可预见费取费不低于合同收入金额的1.5%，项目组不可预见费取费不低于合同收入金额的0.5%。

2.4 税金

增值税税率按《中华人民共和国增值税法》最新税率政策执行，项目设计及服务费增值税按6%计算，设备材料采购增值税按13%计算，施工建筑安装增值税按9%计算。需要注意的是，税金属于企业层面的费用，项目组不可控。

综上，LNG项目成本总额就是直接费、间接费、不可预见费和税金的总和。项目成本核算的范围是具体工程项目，核算的内容包括在项目施工中发生的人工成本、材料成本、施工机械成本以及为组织项目施工而发生的管理成本和相关费用。在项目执行过程中，工作范围调增、设计实际工程量和施工工作量增加等因素都会导致成本增加。做好项目成本核算工作，是为成本控制提供数据支撑和调整依据，为项目成本预测、计划和决策提供关键信息。

3 LNG接收站项目成本纵向控制与管理方法

对于LNG接收站项目建设而言，从可行性研究、前端工程设计（FEED）到EPC招标、初设、详设和施工阶段都要重视项目成本全链条、全过程的管控[6]。因此，本文提出以时间维度区分不同管理策略的纵向控制方法，即从项目投标立项到最后完工结算，按照项目执行时间轴上的关键节点，构建一个可控成本节点监管模式，对项目的各个关键节点进行细化管理，以此分别开展相应的管控措施。通过关键节点管理，可以及时发现和解决成本超支问题，确保项目成本控制在目标成本附近，达到对项目费用动态监测和控制的效果。

3.1 投标阶段成本控制

在项目投标阶段，一般是根据项目的规模、技术难度、市场环境等因素，对项目的总成本进行预测。LNG 接收站项目与上游传统油气项目不同，项目预计总成本包括建设成本、设备购置成本、运营成本等各个方面。根据价值指标确定的目标成本则是项目管理、计划实施、费用控制和进度控制的基础，是项目总成本的指挥棒。

从现有管理实践经验来看，若后续有在项目投标阶段未考虑到的实体采购清单量（包括无图清单量及潜在风险因素等），以及在合同执行过程中施工与原设计产生冲突等工作范围以外的变化，都容易导致项目增加的工作或变更没有费用来源，从而造成项目超预算。另外，项目重要里程碑计划、商务合同条款在招投标阶段也要进行充分考虑，识别可能因增加工作范围、改变设计、价格上涨、地质条件、地方政策变化等带来的风险。除了做好关键分包、核心设备供应资源的整合外，必须结合市场导向做好预判，发掘项目潜在能力[7]。

具体来说，对于投标阶段的成本控制要着重做好两个方面：一是做到合理报价，投标人要充分考虑项目现场实际情况，确保报价涵盖所有完成项目所需要的费用[8]，单项增加的措施费（如大型设备进出场、码头吊装等）在分步分项工程费组价时要进入综合单价；二是在报价清单编制过程中，必须依据工作范围与技术要求内的工作数量，避免清单漏项或清单工程量不准确，同时要按照地方政策和定额标准取费，对措施项目据实结算[9]。

3.2 规划阶段成本控制

在项目规划阶段，准确的成本估算对未来成本的控制是十分重要的[10]。在 LNG 项目开展前，就已经确立好了责任制利润目标，做好了项目预期成本的初步估计。若在项目规划阶段，未能充分对潜在超支风险作足够应对，或将面临中途成本发生超支及工程逾期罚款的窘迫境地。

项目规划期间要将目标成本具体分解到桩基、土建、安装、保冷、珍珠岩填充等 LNG 接收站项目实体工程（包括重要、常规设备材料）以及其他管理项、人工成本的内容中，需要在编制合同工作范围过程中，全面考虑已知及未知生产任务、订单采购外取资源需求等，同时编制预算的基础要建立在充分的市场调研和全面的生产计划、实施策略的基础上，参考同阶段相同规模项目的品类协议、大宗材料（如 9% 镍钢板、型钢、衬里碳钢板、不锈钢管等）及重要资源价格及主要分包合同的执行情况，以此得到 LNG 项目实施阶段的全周期预算。另外在预算成本方案上深化编制，提升预算成本编制深度和颗粒度，为预算长期执行和有效执行提供牢固基础。在预算内容上，无论是外部承揽项目还是内部议标项目，在差异化供应链制度下，均要提升清单计划编制的积极性，做到不编制、无预算。在计划衔接上，要保证需求内容与预算内容的一致性，提升预算方案的引领作用。在项目规划阶段就考虑以上因素，以期能实现项目成本效益的最大化。

3.3 实施阶段成本控制

由于业主原因、详细设计原因、重大资源调整、施工计划方案调整等会对已发生的工程采购费、材料费、设备费等科目产生重要影响[11]，所以在项目执行过程中，要坚持预算先行、过程监控、重点管控、数据反馈动态评估、合理预判完工成本的管理原则。在这一阶段，即使优化设计图纸，也可降低后续工程实施过程中的造价控制。而在优化设计技术要求方面，要做好成本增加和工效提高两方面的平衡，同时考虑品牌协调性、功能兼容性，避免施工阶段返工等问题，才能积极持续地推动降本增效。

精细化的管理原则应贯穿项目全过程成本控制和优化当中，覆盖每项支出以及项目执行的各个环节。现有研究分析表明，随着项目进度的推进，预算与实际成本的差异可能会越来越小，所以对未签订工程或服务项成本的控制将直接影响总成本的走向。因此随着公司项目实施的深入，实际上可充分利用同期、同地项目开展的工作实际进行管理创新。比如在商务谈判时做合并处理，提高市场化思维和经济效益敏感性，加强过程中对重大问题决策的时效性，抓住最佳成本控制期，提高成本控制的效率和精准性，将降低成本和工程建设同步开展，及时沟通并发现问题，遵循 PDCA 闭环，采取措施持续改进。

3.4 收尾阶段成本控制

与一般 EPC 工程项目不同，LNG 接收站项目进入收尾阶段（从机械完工至验收投产阶段）时，要综合考虑项目调试、运维至投产发生的成本，并做好项目现场已发生的签证和支出变更结算，从而估算出项目整体与供应商的结算金额。在收尾阶段，对项目盈亏水平提前做到心中有数，做好竣完工结算和预计变更的成本梳理也是关键一环。

因此，从项目实施开始就要从各板块入手，对完工成本实时进行评价和分析。项目组负责按照调整的控制预算，对项目分包、材料和管理费进行全面的成本控制（图 1）；制定供应链采购合同执行管理办法，做好合同范围外的变更控制，这样才有助于及时评估完工成本，对标并回归合同签订初期的目标成本。另外，还可以借助大数据分析等信息化手段，完善同类项目实施成本数据池，为企业生产经营者提供后续项目的成本决策依据。

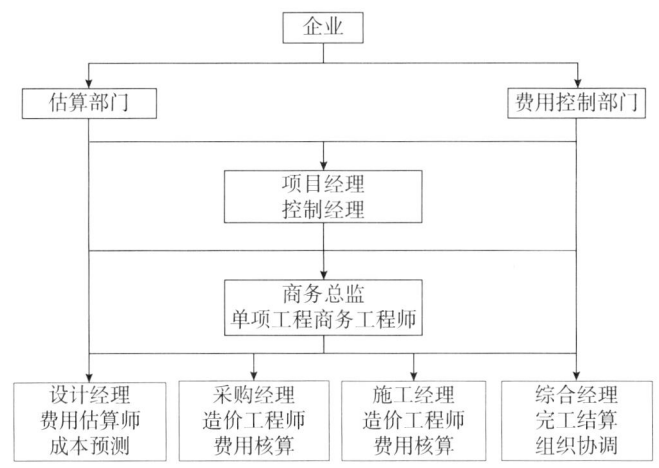

图 1　LNG 项目成本控制阶段组织管理图
Figure 1　Organizational management chart for cost control phase of LNG project

4　LNG 接收站项目成本横向控制与管理方法

LNG 项目包含专业内容多且管理工作涉及面广,为确保各项成本信息的真实性、准确性,并实现高效传输共享,除了做好纵向管控措施外,还需要从组织维度、现场需求、合同执行等横向方面压实管控手段,促进成本控制有序实施。

4.1　组织维度管控

任何一个工程建设项目的顺利实施,都离不开先进管理理念和有效分工配合。同样,在制定 LNG 接收站项目的成本管控策略前,首先要分层级、分职能地设立好项目预算管理部门,即在组织维度上将成本管控责任压实,搭建起全周期成本管理架构。只有将合同预计成本落实到各个生产执行和项目管理环节、细分到各责任部门,并对相关风险进行评价,才能强化对项目成本发生和预算使用情况的跟踪并建立项目全生命周期成本管控意识,从而建立科学、系统、全面的项目成本管控体系[12]。

4.1.1　完善管理机构,针对工程项目预算编制和执行进行全面管控

经营管理部门要严格按照审核流程,批准在建项目内控预算,作为公司层面预算管控基础;再通过建立收支平衡表,对控制预算的单项预算进行审核。项目组则以批准的控制预算为基础,同时强化内控预算刚性,发挥组织维度作用,构建跨部门专项管理小组,打破目前单纯以职能部门作为成本归口管理的情况,加强成本执行管理深度,在制度"放开"的同时进一步落实组织维度管理责任。

4.1.2 明确管理途径，按照承诺占用和权责发生双维度实施管控

管理途径当中，承诺占用维度强调需求计划与成本执行的协同管理，做到过程跟踪；权责发生维度强调成本计划管理，预算多级编审，滚动纠偏。其中，预算编审环节应实现矩阵式管理、三级审核，执行过程中坚持月度滚动与预实对比双向跟踪、持续跟进，以编制跟踪清单、销项表等形式，将项目成本跟踪情况可视化。通过控制月度成本偏差，制定标准模板，提高经营分析效率，形成增效管理手段。

4.1.3 量化考核指标，设置合理考评目标，推动成本管控质量提升

要将成本目标分解、考核细化，设置项目组年度和月度考核指标，加大预算成本执行率、偏差率的管理考核。对于微利项目和潜亏项目，要建立红黄灯项目专项预警跟踪机制，按月跟踪项目运营情况，做好费用执行绩效曲线以改善推进措施落实。其中，预警指标可按照进度绩效指数（SPI）、成本绩效指数（CPI）、预估完工利润率（不低于责任制利润率3%）三个方面综合设置，指标比例可根据项目实际情况实时修订升版。通过明确和量化管理目标，提升组织维度成本管理的主动性与质量[13]。

4.1.4 建立激励制度，激发项目成员成本控制意识和积极性

建立公司内部年度和月度考核制度，根据成本考核的结果，建立相应的激励机制。一方面既保障了年度目标的落地执行，对公司整体盈亏平衡情况进行优化，也可以进一步完善公司经营管理内控体系，为公司合法合规运营奠定制度基础。另一方面通过激励机制的建立和实施，激发项目团队的成本控制意识和积极性，从根本上强化成本管理成效，让项目成本效益处于动态可控的状态。

4.2 现场需求管控

优化采购策略和材料管理可以有效控制材料成本，避免不必要的支出；准确估算人工和项目管理成本有助于有效分配人力资源，避免人力资源浪费或不足。这些现场需求都直接影响项目总成本，正确匹配需求和供应链有助于合理规划资金流，确保各项资源的有效利用。

4.2.1 采办策略管控

深挖市场资源，调整采办策略，合理去掉代理商，直面生产厂家，通过降低采购成本达到降本增利目标；推行标准化采办指南，优先公开招标、综合评标，逐步实现对内单一来源，严控对外单一来源；针对不同在建项目采用同一采办包，发挥LNG工程项目采办规模效益，推动品类协议或多项目集中采办，以达到以量换价的目的；提高议价筹码，加强采办管控，规范已签品类协议使用；与业主协商，将部分进口物资设备转化为国产化采购等，都可以降低采办成本。

4.2.2 实际需求管控

设计部、材料部、计划部和商务部等要相互配合,提高项目组费用数据的整合和分析能力,不断完善和强化各类报表的统计作用,做好预算差异分析,对各个在建运营 LNG 项目的实时情况进行跟踪、总结、汇总、分析;在控制项目 EPC 成本的同时,对于可节约的项目管理费,要科学制定降本增利目标,细化到具体科目和发生月份,做好完工成本实时预测,以实际需求调整预算,降低冗余成本。

4.3 合同执行管控

工程项目的根基是工程项目合同,在合同执行之初,就要充分解读合同条款,特别是涉及合同支付、合同变更的关键条款,包括附件中的工作范围描述等。必要时按照报价科目做好项目成本统计表,对人工成本、采购成本、分包成本(工程类和服务类)、项目管理成本和其他专项费用进行项目间对标。具体措施可分为以下几点:

一是加强安全质量标准化管理,保障项目平稳运行的同时,借助智慧工地等智能化手段,优化施工管理,降低工程管理成本。

二是加强计划执行力度,充分合理匹配合同工程计划和各分包工程计划,加强设备材料到货计划控制,尽量避免后期设计、需求、采办相互掣肘,保障项目如期投产,减少工期延期导致扣款罚款的风险。

三是以设计为降本抓手,同时在后续施工过程中,严格管控施工方案。主动识别设计方案对采办、施工、工期的影响,强化设计源头成本意识和引领作用;通过以收定支多轮谈判,优化合同条款和技术方案等措施,严控变更支出。

四是对技术方案、工作范围、风险管控等进行全面考虑,结合项目实施过程中,对工程量、成本进行动态核算的精益管理,进一步压实成本,全面落实"全过程成本管控"。

五是充分理解市场化思维与合同履约的关系,从权责发生维度的成本口径和承诺占用维度的全周期口径两方面,形成资源管理统筹部署,深化组织维度的支撑作用,将成本管控方法纳入组织过程资产,以便更好地进行项目目标成本的精细化管理。

5 案例分析

通过提高 LNG 项目建造技术、管理水平、工程设计、施工组织、施工工艺技术、施工成本等方面的能力,能够增加工程项目的经济效益,从根本上提升 LNG 工程项目建设的市场竞争力。作为 LNG 接收站项目 EPC 总包方,对上要为业主提供专业的设计、技术、采购、施工管理等工作，对下还要有效管理和协调监理、设计、供货商和施工单位。抓好设计、施工和采办三个主要板块的成本管理，对合同条款的执行和工程项目的推进以及对项目全周期现金流的维持都有重要意义。下面将分别从纵向控制和横向控制两个维度分析几个在建 LNG 工程项目在实际工程中如何有效控制成本。

5.1 LNG 接收站项目成本纵向控制

从纵向划分不同阶段的成本控制理念来看，疫情、人工和材料价格暴涨等非正常的商业风险，将会对项目整体运行和其经营成本带来极大冲击。一个正常规模的 LNG 接收站项目，工期通常在三年以上。在初期编制招标文件、签订施工合同的阶段就应该重视大宗物资材料价格风险控制条款内容，将原材料价格波动因素充分纳入其中，合理分摊材料价格风险，将价格大幅波动对总包方和分包商产生的不利影响降到最低，以便于合同后续良好有序执行。

由于受疫情、国际、国内宏观经济和市场供求关系等因素影响，全国各地的钢材、铜、铝、砼等相关建筑材料价格涨幅巨大，对某个在 2021 年开工的 LNG 项目的 9% 镍钢板、衬里碳钢板和不锈钢管等重要物资采购造成了较大的影响。由此导致承包商原材料采购和到货节奏放缓，项目进度滞后和部分作业面停工风险加大。经综合考量后，项目组充分评估了材料价格上涨对全周期成本的影响，提前判断分包合同执行趋势、物资供应商履约情况和其余未采购主材及工程资源锁定情况，同时结合了当地政府、住建部出台的材料调价指导意见及相关计价规范、法律法规文件等，与业主方、分包单位方积极协商沟通，设定了可操作性强的调价机制，即价格在 ±3%（含 3%）以内波动约定风险共担，而波动幅度超过 ±3% 时，超出部分则按照实际采购价格根据涨价前的材料基准价格进行调整，有效保证了项目现场桩基、土建及安装等主要施工工程的连续推进，避免或减少了材料涨价导致的资金时间效应。如果此时采取不合理的采购方式或调价机制，必将对项目全周期成本造成重大打击。据保守估计，按照该项目全周期约 7 亿元待采或已采未供货材料，以及当时材料价格市场行情预测，该项目将比材料价格稳定时增加工程成本约为 1.3 亿元。

5.2 LNG 接收站项目成本横向控制

对于 EPC 总承包工程来说，设计、采办、施工三个板块对项目实施建设相辅相成。要强化资源组织，以目标利润为共同导向，才能统筹协调好人、材、机全链条关键成本的工程管理，有利于各板块横向维度有序联动。

以一个 20 万立方米 LNG 储罐所需弹性毡保冷材料为例，国产带铝箔弹性毡在罐壁挂毯最外层，所需罐壁保冷工程量为 1 148 立方米，材料费单价为每立方米 705 元；国产不带铝箔弹性毡在罐壁挂毯内两层及储罐吊顶封板连接处，所需保冷工程量为 2 348 立方米，材料费单价为每立方米 653 元，即单罐使用国产弹性毡材料（带铝箔和不带铝箔）成本合计约 235 万元。而单罐使用进口弹性毡材料（带铝箔和不带铝箔）成本则超过 1 000 万元，远高于使用国产弹性毡材料（表 1）。针对 LNG 储罐罐壁建造中出现的罐壁上部因保冷材料沉降导致的储罐上部保冷失效问题，某 LNG 接收站项目，自主设计了一种罐壁保冷系统——储罐上部保冷结构，能够有效降低 LNG 储罐罐壁 BOG 蒸发率。同时对满足试验要求的材料开展保冷性能进行可行性研究，实现从设计方案、采购材料到施工安装，从根本上解决进口弹性毡材料价格昂贵、供货周期长等缺点，充分发挥了总包 EPC 的主观能动性。

另一方面，该项目为进一步发挥组织维度的横向协调和管理作用，根据建设计划安排设计人员驻场进行技术交底与把关，围绕生产现场实际问题，鼓励团队深化创新成果转化应用，联动横向板块创新推动了联动型火灾自动报警系统、高压大口径全焊接阀门等国产化应用等，以国产材料的优化推广降低项目成本并取得了一定的良好实践。

表 1 LNG 项目不同弹性毡材料成本
Table 1 The cost of different resilient felt materials for LNG projects

序号	材料名称	市场单价 / 元 / 米^3	购置数量 / 米^3	采购成本 / 万元
1	国产弹性毡（带铝箔）	705	1 148	81
2	国产弹性毡	653	2 348	153
3	进口弹性毡（带铝箔）	1 200	3 462	415
4	进口弹性毡	900	6 921	623

6　结论与建议

对于 LNG 接收站 EPC 总承包工程项目而言，成本管控是项目全过程、全要素、全方位和全生命周期的系统性成本控制，本文通过对现有规模 LNG 接收站项目成本执行情况进行梳理，将成本分析前置，分别从纵向和横向成本管控维度要做好 LNG 项目全链条成本控制和管理，总结起来有以下三点建议。

一是从可行性研究、FEED 到 EPC 招标、初设、详设和施工阶段等纵向维度都要不断强化目标成本意识，重视项目成本全链条、全过程的管控，细化成本控制项目，压实成本控制措施与责任。

二是从组织架构、现场需求、合同执行等横向维度建立健全 EPC 总承包工程项目管理分工配合、全员参与的全过程成本控制网络，做好材料、分包等重点科目控制，提高对风险因素的研判能力，加强可控成本的动态管控。

三是 LNG 工程项目的成本控制及管理要以降本增效为核心，做到纵横交织，强化各项目间协作，将项目管理资源关键点凝练到成本管理的重心上，建立良好实践、经验做法的共享机制。

参考文献

[1] 中国海油集团能源经济研究院.中国海洋能源发展报告 2024.[R].北京：中国海油集团能源经济研究院，2024：55–57.

[2] 任正，王岱秋，仝滢洋，等.双碳目标下关于 LNG 行业发展的探讨 [J].山东化工，2022，51（9）：101–103.

[3] 赵广明.中国 LNG 接收站建设与未来发展 [J].石油化工安全环保技术，2020，36（5）：1–6，77.

[4] 张波.基于工程造价管理的工程项目成本控制与优化实证研究 [J].建筑技术，2024，55（11）：1334–1338.

[5] 韩祖祯.江南公司 LNG 工程项目全面成本管理研究 [D].兰州：兰州大学，2014.

[6] 宋占明.工程项目成本控制管理浅析 [J].甘肃科技纵横，2013，42（1）：70–72.

[7] 张吉华.总承包项目的工程变更和签证管理及费用的有效控制 [J].中国石油大学胜利学院学报，2011，25（4）：86–88.

[8] 任丽燕.浅析 LNG 接收站建设项目工程总承包与造价控制 [J].山东化工，2019，48（14）：157–158.

[9] 张伟，李弼正，常青，等.浅析玉树 LNG 气化（接收）站总承包项目经验与教训 [J].青海石油，2012，30（2）：87–93.

[10] 向导.基于项目管理理论的工程项目成本管理系统研究 [J].商讯，2021（8）：173–174.

[11] 王浩.施工阶段建筑工程项目成本管理研究 [D].成都：成都理工大学，2011.

[12] 许冠春，李红涛，杨彦昌.工程项目成本控制管理研究 [J].经济研究导刊，2009（33）：197–198.

[13] 黄淑丽.工程施工项目成本管控方法分析 [J].中小企业管理与科技（上旬刊），2009（6）：197–198.

Cost Control for LNG Receiving Terminals Construction and Management Strategies

Yingze TONG

Offshore Oil Engineering Company Limited

Abstract: Cost control is an important way for enterprises to achieve target costs and target profits during project implementation. The LNG receiving station project includes services such as design, procurement, construction, installation, commissioning and acceptance, which is an EPC general contracting project. Due to its large contract investment scale, wide scope of work interface, complex technology and high risk, it requires more refined cost control and management. This article takes the actual budget execution of existing construction projects as the background, analyzes and studies the key and difficult points of cost control in LNG engineering projects from both vertical and horizontal dimensions, and proposes measures to keep project cost-effectiveness in a dynamic and controllable state, in order to provide good management practices for the development of similar projects in the future.

Keywords: LNG receiving station project; cost control; vertical; horizontal; countermeasures

电力现货市场中天然气销售与燃气发电协同经营模式研究

李劼*

中海石油气电集团有限责任公司

摘要： 近年来，随着我国天然气行业发展日渐成熟，部分从业主体正在朝上下游一体化方向整合演进。一方面，气源企业积极介入用气终端领域，布局燃气发电资产；另一方面，国家油气管网公平开放后，部分发电企业积极向产业链上游延伸，探索开展液化天然气进口等天然气购销业务，提升自有燃气电厂的天然气资源保障能力。与此同时，我国从2015年加快推进电力市场建设，目前广东等地的电力现货市场已投入正式运行，燃气电厂的电力交易复杂程度大大提升。基于以上背景，本文对当前我国燃气发电行业发展概况和我国电力市场改革进展进行分析，在电力现货市场建立了上下游一体化企业的天然气销售与燃气发电协同经营模型的基础上，提出协同经营模式优化相关建议，为天然气产业链上下游一体化企业提升全产业链经营效益提供参考。

关键词： 电力现货市场；天然气销售；燃气发电；协同经营

0 引言

近年来，随着我国深化油气体制改革与天然气产供储销体系建设等工作的持续推进，上游资源多主体供应、中间统一管网高效集输、下游销售市场充分竞争的"X+1+X"天然气市场体系已基本形成，天然气行业格局和运行模式正在发生深刻的结构性变革[1-4]。为积极应对行业新形势、持续提升市场竞争力，部分企业开始向产业链上下游进行业务延伸，打造一体化经营模式。一方面，以三大石油公司为代表的上游气源企业正在积极布局燃气发电等天然气利用终端，以增强市场掌控力，巩固销售基本盘；另一方面，以广东能源集团、浙能集团为代表的下游发电企业正在积极探索液化天然气（LNG）进口业务，争取更具竞争力的天然气资源，补强对所属燃气电厂的资源保障能力[5-9]。在此

---

* 李劼，男，硕士，工程师、经济师，主要从事电力业务战略规划、电力交易、碳交易、电力项目开发等工作。E-mail: lijie13@cnooc.com.cn

背景下,如何做优天然气销售与燃气发电的协同经营,是这类一体化企业打造差异化优势、提升产业链经营效益的关键。

与此同时,2015 年以来,以电力市场建设为核心的新一轮电力体制改革在我国各地快速推进。目前,广东等地已进入电力现货市场正式运行阶段,中长期交易与现货交易按照差价合约规则进行结算,电力交易复杂度大大提升。燃气发电企业全电量参与市场化交易,经营逻辑发生了根本性改变。为了提升产业链协同经营效益,需对燃气电厂参与电力现货市场的交易策略进行深入研究。基于上述背景,本文通过分析我国燃气发电行业发展概况、电力市场改革与电力现货市场交易,搭建了电力现货市场环境下的天然气销售与燃气发电协同经营模型,并基于模型提出了协同经营模式优化相关建议,以期为上下游一体化企业加强产业链协同、提升经营效益提供参考。

1 研究背景

1.1 我国燃气发电行业发展概况

2003 年以来,随着"西气东输"工程的推进及我国对 LNG 进口的加大,我国燃气发电装机容量逐步增加。近年来,燃气发电保持稳步增长态势,但装机及发电量占比仍处于较低水平。截至 2023 年底,我国燃气发电装机容量 12 562 万千瓦,约为 2013 年的 2.9 倍,较 2013 年增长 8 285 万千瓦,年均增速约为 11.4%(见图 1),但由于基数偏低,

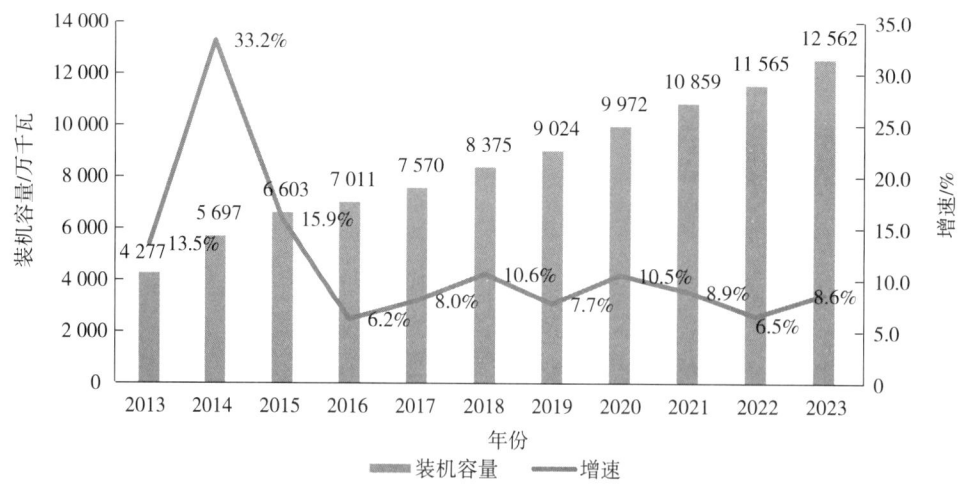

图 1 2013—2023 年燃气发电装机容量及同比增速

Figure 1 Installed capacity and year-on-year growth rate of gas power generation from 2013 to 2023

资料来源:中国电力企业联合会

燃气发电装机整体规模占比较低，仅占总装机规模的4.3%，远低于世界平均水平（25%左右），与美国40%以上的燃气发电装机占比相比差距较大。从发电量看，燃气发电量近年来也保持了稳定增长，2023年燃气发电量达3 016亿千瓦时，约为2013年的2.6倍，较2013年增长1 852亿千瓦时，年均增速约为10.2%（见图2），但燃气发电量占总发电量比重始终未突破3.5%，远低于世界平均水平（23%），显著低于美国（37%）、欧盟（27%）、日本（36.8%）、韩国（27%）、德国（13%）等。从发电用天然气看，2013年发电用气302亿立方米，2023年增加至685亿立方米，占国内天然气总消费量的17%，低于全球39%的平均水平。从清洁能源利用和减排的角度看，未来中国天然气发电存在一定的发展空间。

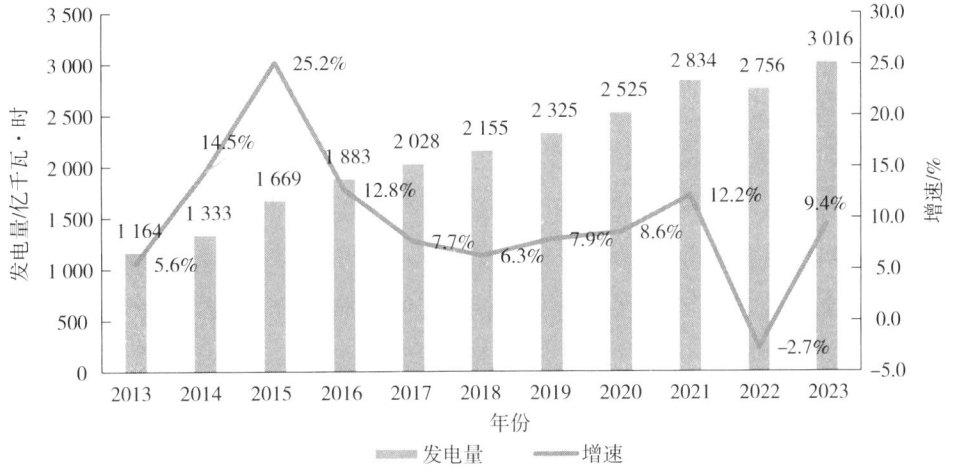

图2　2013—2023年气电发电量及同比增速
Figure 2　Gas power generation and year-on-year growth rate of from 2013 to 2023
资料来源：中国电力企业联合会

受天然气资源条件、管线建设和经济承受能力的限制，目前我国燃气发电装机主要集中在珠三角、长三角、京津和油田地区。广东是目前燃气发电装机容量最大的省份，华东地区是燃气轮机最集中的地区。广东、江苏、浙江、北京、上海五省（市）气电装机容量合计约9 250万千瓦，占比73.6%（见图3）。近年来，山西、宁夏、川渝等地也陆续有燃气机组通过审批或投产，燃气电厂分布得更加广泛。

近年来，随着油气体制改革的深入推进，我国天然气及燃气发电行业格局正在发生持续变革。一方面，三大石油公司以天然气购销为传统优势业务的油气企业正在积极布局燃气发电资产。中国海油已深耕燃气发电领域二十余年，截至2023年底，控股和参股燃气发电装机规模已突破1 100万千瓦；中国石油于2019年通过增资扩股形式获取了

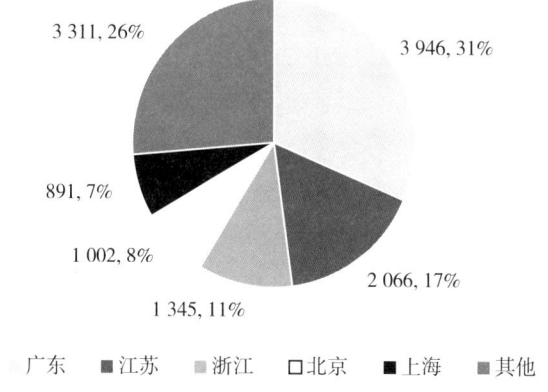

图3　2023年底我国主要地区燃气发电装机规模（万千瓦）及占比
Figure 3　Installed capacity (10MW) and proportion of gas power generation in major regions of China by the end of 2023
资料来源：中国电力企业联合会

华电江苏公司20%的股权，截至2023年底，华电江苏公司燃气发电装机约650万千瓦；中国石化于2024年参股国家能源集团浙江安吉燃气发电项目，该项目将新建2套9H级燃气发电机组，装机容量约160万千瓦。另一方面，广东能源集团、浙能集团等以发电为传统优势业务的电力企业正在积极拓展天然气购销业务。广东能源集团在2020年与日本三菱株式会社签订了公司首个中长期LNG采购协议，此后与卡塔尔、美国等LNG资源商也陆续达成LNG采购长期合作；浙能集团于2019年与埃克森美孚签订了为期20年的LNG采购协议，后续与俄罗斯、墨西哥等LNG资源商也锁定了LNG进口资源。总体而言，产业链上下游一体化已成为我国天然气及燃气发电行业一些头部企业的重要发展战略选择。

1.2　我国电力市场化改革及电力现货市场建设回顾

2015年，中共中央、国务院印发《关于进一步深化电力体制改革的若干意见》，标志着我国正式启动以电力市场建设为核心的新一轮电力体制改革。本轮改革以完善市场化交易机制、形成公平规范的市场交易平台、有序向社会资本放开售电业务等为重点改革任务，从根本上改变了我国电力行业运行的商业逻辑[10-12]。改革以前，电网企业对发电企业、电力用户施行"统购统销"，其中发电企业的销售电价（即上网电价）和电力用户的用电价格（即目录电价）由政府部门制定，发电计划则由政府部门制定、电网企业根据电网实际运行情况进行动态调整。该模式下，发电企业提升经营效益的主要途径是争取更好的上网电价政策、更大的发电量以及更高效的调度运行计划。改革以后，电网企业逐渐由"统购统销"向提供输配电服务过渡，售电公司作为新兴市场主体，通过代理各类型电力用户的购电需求，与发电企业进行批发交易，进入市场的发电企业、售电公司、电力用户之间的交易电量、电价通过市场化机制形成（见图4）。该模式下，发电企业提升经营效益的主要途径是开发高价值电力用户市场、做优做精电力交易。近年来，我国各地电力市场高速发展。2023年全国各电力交易中心累计组织完成市场交易电量56 679.4亿千瓦时，同比增长7.9%，占全社会用电量比重为61.4%，同比提高0.61%[13]。市场化交易已成为我国电力购销的主要形式，电力交易已成为我国发电企业和售电公司为提升经营效益所必须关注的重点业务。

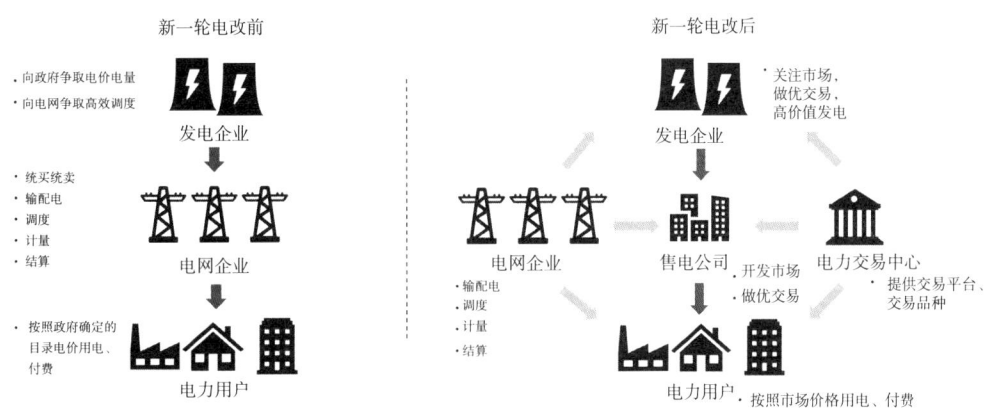

图4 改革前后电力行业运行模式对比
Figure 4 Comparison of the operation mode of power industry before and after the reform

根据我国电力行业发展特点，我国电力市场建设在当前阶段主要以省（自治区、直辖市）为界，一省（自治区、直辖市）一市场，发展的路径是先从中长期市场起步，再逐步向现货市场过渡。经过多年发展，目前山西、广东、山东、甘肃四省的电力现货市场已进入连续正式运行阶段。作为燃气装机规模最大的省份，广东省在2017年已将燃气发电机组纳入市场化电力交易范畴，并于2022年起开启全电量现货交易。在电力现货市场阶段，一方面，燃气发电企业和售电公司在批发侧开展中长期交易与现货交易；另一方面，售电公司和电力用户在零售侧开展零售交易（见图5）。对于批发侧交易而言，中长期交易主要指年度交易、月度交易、多日交易，根据成交方式的区别，主要分为双边协商、集中竞价、滚动撮合、摘挂牌四类；现货交易主要指日前交易、实时交易。其中，双边协商交易主要通过线下双边谈判进行，有明确的交易对手方；而其他各类交易则通过交易中心系统进行，无明确的交易对手方。

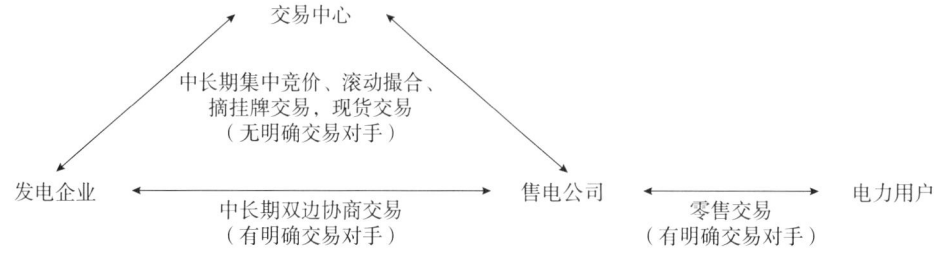

图 5 电力现货市场交易流程图
Figure 5　Trading flow chart of electricity spot market

目前,我国各省(自治区、直辖市)的电力现货市场主要采用集中式运行模式。该模式下,燃气发电企业与售电公司之间的中长期交易属于"金融合约",仅与电费结算相关,与实际发用电无关;而现货交易属于"物理合约",既与电费结算相关,又与实际发用电相关。中长期交易与现货交易按照差价合约规则进行结算,见公式(1):

$$R = P_{中长期} \times Q_{中长期} + P_{现货} \times (Q_{现货} - Q_{中长期}) \tag{1}$$

其中 R 是电费收入,$P_{中长期}$ 是中长期交易电价,$Q_{中长期}$ 是中长期交易电量,$P_{现货}$ 是现货交易电价,$Q_{现货}$ 是现货交易电量(即实际发、用电量)。

2　天然气销售与燃气发电协同经营模型

对于上下游一体化企业,首先建立天然气销售业务的经营模型,其次建立燃气发电业务在电力现货市场下的经营模型,最后对以上两个模型进行融合,得到天然气销售与燃气发电协同经营模型。

2.1　天然气销售经营模型

天然气销售业务主要由天然气资源采购、输配、销售三个环节组成。其中,采购和输配是天然销售业务的主要成本组成,销售则是营业收入的主要来源。

对于天然气采购,其资源类型主要有国产气和进口气两大类别。其中,国产气的定价机制以固定价格模式为主,进口气的定价机制以与国际油气价格指数(Brent、JCC、HH 等)挂钩为主。采购成本模型见公式(2)和公式(3):

$$C_{采购} = P_{国产气} \times Q_{国产气} + P_{进口气} \times Q_{进口气} \tag{2}$$

$$P_{进口气} = f(P_{Brent}, P_{JCC}, P_{HH}) \tag{3}$$

其中，$C_{采购}$是天然气采购的资源成本，$P_{国产气}$是国产气资源的价格，$Q_{国产气}$是国产气资源的采购量，$P_{进口气}$是进口气资源的价格，$Q_{进口气}$是进口气资源的采购量，P_{Brent}是布伦特油价，P_{JCC}是日本一揽子原油进口价格，P_{HH}是美国亨利枢纽天然气价格。

对于天然气输配，按我国当前行业惯例，由天然气销售企业承担。对于国产管道气和进口管道气，其输配成本主要是天然气管网管输费用；对于进口LNG，其输配成本主要是LNG接收站加工费及天然气管网管输费用或LNG槽车运输费用。输配成本模型见公式（4）：

$$C_{输配} = P_{管道气} \times Q_{管道气} + P_{LNG(气)} \times Q_{LNG(气)} + P_{LNG(液)} \times Q_{LNG(液)} \quad (4)$$

其中，$C_{输配}$是天然气销售的输配成本，$P_{管道气}$是国产气与进口管道气的管输价格，$Q_{管道气}$是国产气与进口管道气的管输量，$P_{LNG(气)}$是进口LNG气态销售的LNG接收站加工价格与管输价格的总和，$Q_{LNG(气)}$是进口LNG气态销售量，$P_{LNG(液)}$是进口LNG液态销售的LNG接收站加工价格与槽车运输价格的总和，$Q_{LNG(液)}$是进口LNG液态销售量。

对于天然气销售，将用户分为内部燃气电厂用户与其他用户两类。销售收入模型见公式（5）：

$$R_{销售} = P_{内部电厂} \times Q_{内部电厂} + P_{其他} \times Q_{其他} \quad (5)$$

其中，$R_{销售}$是天然气销售的收入，$P_{内部电厂}$是对上下游一体化企业内部燃气电厂的天然气销售价格，$Q_{内部电厂}$是对内部燃气电厂的销售气量，$P_{其他}$是对其他用户的天然气销售价格，$Q_{其他}$是对其他用户的销售气量。

综上，从天然气销售与燃气发电一体化经营的视角出发，天然气销售经营模型见公式（6）：

$$I_{天然气} = P_{内部电厂} \times Q_{内部电厂} + P_{其他} \times Q_{其他} - C_{采购} - C_{输配} \quad (6)$$

其中，$I_{天然气}$是天然气销售业务的经营收益。

由公式（6）可知，在天然气资源总量及资源成本、输配成本不变的条件下，需要根据$P_{内部电厂}$和$P_{其他}$的比价关系，确定销售气量在内部电厂和其他用户之间的分配比例，以优化天然气业务经营效益。

2.2 燃气发电经营模型

电力市场改革以前，燃气发电业务的经营模型相对简单，其成本主要由天然气采购成本和检维修费用、折旧摊销、人工成本等组成，收入主要为向电网企业出售上网电量的销售收入。其经营模型见公式（7）：

$$I_{气电} = P_{上网} \times Q_{上网} - C_{天然气} - C_{其他} \quad (7)$$

其中，$I_{气电}$是燃气发电业务的经营收益，$P_{上网}$是燃气电厂的综合上网电价，$Q_{上网}$是燃气电厂的上网电量，$C_{天然气}$是燃气电厂的天然气采购成本，$C_{其他}$是燃气电厂的检维修费用、折旧摊销、人工成本等非燃料成本。

电力现货市场环境下，燃气发电业务的成本模型与之前相同，但收入模型受中长期电量与现货电量的差价结算规则影响，产生了较大的变化。其经营模型见公式（8）：

$$I_{气电}=P_{中长期}\times Q_{中长期}+P_{现货}\times(Q_{现货}-Q_{中长期})-P_{气}\times Q_{气}-C_{其他} \tag{8}$$

对于公式（8），以$Q_{中长期}$和$Q_{现货}$的维度进行同类项合并，可得公式（9）：

$$I_{气电}=Q_{现货}\times P_{现货}+Q_{中长期}\times(P_{中长期}-P_{现货})-P_{气}\times Q_{气}-C_{其他} \tag{9}$$

其中，$P_{气}$是天然气采购单价，$Q_{气}$是燃气电厂用气量，$P_{中长期}$、$Q_{中长期}$、$P_{现货}$、$Q_{现货}$的定义与上文相同。$Q_{现货}$与$Q_{气}$之间满足以下关系，见公式（10）：

$$Q_{现货}=Q_{气}\times r \tag{10}$$

其中，r为燃气发电的综合气耗率，单位为千瓦时/米^3。

由公式（8）、公式（9）可知，电量现货市场环境下，在天然气采购成本和其他非燃料成本不变的条件下，需根据$P_{中长期}$、$P_{现货}$和$P_{气}$三者之间的比价关系，确定燃气电厂的中长期电量和现货电量持仓比例，以优化燃气发电业务经营效益。

2.3 产业链协同经营模型

对于上下游一体化企业，将上述天然气销售经营模型与燃气发电经营模型进行合并，即可得到产业链协同经营模型。具体见公式（11）：

$$I_{产业链}=I_{天然气}+I_{气电} \tag{11}$$

将公式（6）、公式（9）代入公式（11），合并同类项，可得公式（12）：

$$I_{产业链}=Q_{现货}\times P_{现货}+Q_{中长期}\times(P_{中长期}-P_{现货})+P_{其他}\times Q_{其他}-C_{采购}-C_{输配}-C_{其他} \tag{12}$$

其中，$I_{产业链}$为上下游一体化企业天然气销售与燃气发电协同经营收益。$Q_{现货}$和$Q_{其他}$需满足以下关系，见公式（13）：

$$\frac{Q_{现货}}{r}+Q_{其他}\leq Q_{总} \tag{13}$$

其中，$Q_{总}$为一定时间一体化企业拥有的天然气资源总量。

由公式（12）可知，对于上下游一体化企业，在天然气采购成本、输配成本、燃气电厂非燃料成本不变的条件下，需根据$P_{中长期}$、$P_{现货}$和$P_{其他}$三者之间的比价关系，确定内部燃气电厂中长期电量、现货电量（即内部燃气电厂用气量），以及对其他用户销售气量之间的比例关系，以实现产业链经营效益最大化。

2.4 模型验证

假设 A 企业是一家同时拥有天然气销售和燃气发电业务的上下游一体化企业。其天然气销量为 10 亿米^3/年；其燃气电厂拥有 2 套 9F 级发电机组，装机规模约 100 万千瓦，燃气发电综合气耗率 r 为 5 千瓦时 / 米^3。以 2024 年国际国内油气市场和广东电力市场相关数据为基础，通过对比未优化的与优化后的 A 企业产业链总体收益，验证模型的有效性，具体如下：

首先，测算 A 企业天然气销售和燃气发电的相关单位成本。假设 A 企业的 10 亿立方米天然气资源均为以 13% 斜率与布伦特油价挂钩的进口 LNG 长期协议资源。根据相关数据，2024 年平均布伦特油价为 79.8 美元 / 百万英热，人民币兑美元平均汇率为 7.12 元 / 美元，热值转换系数为 52.08 百万英热 / 吨，LNG 体积与质量转换系数为 1 450 米^3/吨，税率为 9%。按照公式（2）和公式（3），A 企业的天然气资源成本为：

$$P_{进口气}=13\% \times 79.8 \times 7.12 \times 52.08 \div 1\,410 \times (1+9\%)=2.89（元 / 米^3）$$

$$C_{采购}=2.89 \times 10=28.9（亿元）$$

假设 A 企业的天然气销售均为管道气销售，LNG 接收站加工及管输费率（含税）为 0.26 元 / 米^3。按照公式（4），A 企业的天然气销售输配成本为：

$$P_{输配}=0.26（元 / 米^3）$$

$$C_{输配}=0.26 \times 10=2.6（亿元）$$

综合以上两项，A 企业所属燃气电厂的到厂天然气价格为：

$$P_{电厂气价}=P_{采购}+P_{输配}=3.15（元 / 米^3）$$

$$\frac{P_{电厂气价}}{r}=\frac{3.15}{5}=0.63（元 / 千瓦时）$$

根据 2 套 9F 级机组燃气电厂运营的经验数据，A 企业燃气电厂的年平均非燃料成本为：

$$C_{其他}=3.5（亿元）$$

其次，测算 A 企业天然气销售和燃气发电的相关销售单价。根据 2024 年广东天然气市场和电力市场的实际运行情况，广东天然气市场销售价格约为 3.5 / 米^3，广东电力市场年度长期协议价格为 0.462 元 / 千瓦时、全年平均现货价格为 0.347 元 / 千瓦时、电量电价补贴 0.192 元/千瓦时。假设 A 企业实现的天然气销售价格、电力交易价格与市场平均价格一致，则 A 企业对其他客户的销售气价 $P_{其他}$、中长期电价 $P_{中长期}$、现货电价 $P_{现货}$ 为：

$$P_{其他}=3.5（元/米^3）$$

$$\frac{P_{其他}}{r}=\frac{3.5}{5}=0.7（元/千瓦时）$$

$$P_{中长期}=0.462+0.192=0.654（元/千瓦时）$$

$$P_{现货}=0.347+0.192=0.539（元/千瓦时）$$

再次，测算 A 企业未按照协同经营模型优化经营策略时，产业链的总体收益。由前述计算可知，由于 $P_{其他}>P_{电厂气价}$，A 企业的天然气销售单位将尽可能提升对其他客户的销售气量，降低对内部燃气电厂的销售气量，以提升自身收益；由于 $P_{中长期}>P_{电厂气价}/r>P_{现货}$，燃气电厂将尽可能多签中长期电量，多争取中长期电量对应的发电用气量，以提升自身收益。在天然气销售单位与燃气电厂存在利益冲突的情况下，假设按照 50%：50% 的方式对 10 亿立方米的天然气资源进行分配，则产业链经营总体收益为：

$$I_{产业链}=3.5×5+0.654×5×5−28.9−2.6−3.5=−1.15（亿元）$$

最后，测算 A 企业运用协同经营模型优化经营策略后，产业链的总体收益。根据前述计算，$P_{其他}/r>P_{中长期}>P_{电厂气价}/r>P_{现货}$，由此可得出以下结论：一是天然气对其他客户销售实现的价值高于用于燃气发电实现的价值，二是燃气电厂的中长期电量会产生正收益，三是燃气电厂的现货电量会产生负收益，四是燃气电厂可通过中长期与现货的差价结算获取合约收益。因此，在理想情况下，A 企业的天然气销售单位应将 10 亿立方米天然气全部销售给其他客户，燃气电厂应按照配额上限（假设为 20 亿千瓦时）获取中长期电量并最大限度地减少现货电量（假设为 0 千瓦时），此时产业链经营总体收益为：

$$I_{产业链}=3.5×10+(0.654−0.539)×20−28.9−2.6−3.5=2.3（亿元）$$

通过产业链协同经营模型优化，A 企业实现扭亏为盈，产业链总体收益为 2.3 亿元，较此前增长 3.45 亿元。

3 协同经营模式优化建议

基于上述天然气销售与燃气发电协同经营模型，从管理模式和经营策略两个方面，对上下游一体化企业的经营模式提出相关优化建议。

3.1 管理模式优化建议

首先，应在上下游一体化企业总部层面设立负责天然气销售和燃气发电经营统筹协调的职能机构。通常情况下，天然气销售和燃气发电在同一企业内部分属于两个不同的业务板块。由于业务主体不同，各主体都会从自身利益最大化的角度出发，制定相关业务策略，从而可能引起局部最优与全局最优之间的矛盾。例如，当对外部客户的天然气销售价格（$P_{其他}$）高于内部燃气电厂发电折合气价（$P_{现货} \times r$）时，从产业链利益最大化的角度出发，应尽可能压减内部燃气电厂发电用气；但燃气电厂从自身利益最大化的角度出发，只要现货电价（$P_{现货}$）高于其天然气采购成本（$P_{内部电厂}/r$），其就会选择尽可能多争取发电量的经营策略。因此，需要在企业总部层面设立经营统筹协调部门，指导天然气销售和燃气发电的责任主体协同制定相关业务策略，才能实现产业链利益最大化。

其次，应优化对天然气销售和燃气发电业务主体的绩效考核方法。对于经营单位而言，利润指标通常在绩效考核中占据绝对主导地位。在上下游一体化企业中，天然气销售业务和燃气发电业务之间会发生大额的天然气购销关联交易，且天然气采购成本在燃气电厂经营总成本中的占比巨大（70%～80%），直接影响燃气电厂的盈利水平。因此，若对天然气销售业务主体和燃气发电业务主体同时考核利润指标，必然导致两个主体之间产生大量矛盾，增加产业链经营的内耗，进而影响全局利益最大化。对此，一是可以考虑优化燃气电厂在绩效考核中的定位，将其由利润中心转变为成本中心，增加对其经营成本相关指标的考核权重；二是将利润指标替换为营收指标，从而剔除气价对于考核的影响，并重点评价其综合上网电价、售电收入与行业对标的水平。

3.2 经营策略优化建议

基于天然气销售与燃气发电协同经营模型，在电力现货市场环境下，上下游一体化企业在完成管理模式优化后，可按以下方案对产业链协同经营策略进行优化。

首先，在天然气资源总量（$Q_{总}$）一定的情况下，需要预判对外天然气销售价格（$P_{其他}$）和内部燃气电厂发电折合气价（$P_{现货} \times r$），根据两者的比价关系，确定对外销售气量（$Q_{其他}$）和对内部电厂销售气量（$Q_{内部电厂}$）。当$P_{其他}$大于$P_{现货} \times r$时，应尽可能提升对外销售气量；当$P_{其他}$小于$P_{现货} \times r$时，应尽可能提升对内部电厂销售气量。

其次，在对内部电厂销售气量（$Q_{内部电厂}$）确定之后，需要预判中长期交易电价（$P_{中长期}$）、现货交易电价（$P_{现货}$）和内部电厂销售气价（$P_{内部电厂}$），根据三者的比价关系，基于差价合约结算机制，确定中长期交易电量（$Q_{中长期}$）和现货交易电量（$Q_{现货}$），具体可参考表1。

表1 电力现货市场环境下燃气电厂电力交易策略矩阵

Table 1 Trading strategy matrix for gas-fired power plants in the electricity spot market

序号	情景	交易策略
1	$P_{中长期} > P_{现货} > (P_{内部电厂}/r)$	①尽可能多签中长期合约,提高$Q_{中长期}$ ②尽可能多中标现货电量,提高$Q_{现货}$
2	$P_{中长期} > (P_{内部电厂}/r) > P_{现货}$	①尽可能多签中长期合约,提高$Q_{中长期}$ ②尽可能少中标现货电量,降低$Q_{现货}$
3	$P_{现货} > P_{中长期} > (P_{内部电厂}/r)$	①尽可能少签中长期合约,降低$Q_{中长期}$ ②尽可能多中标现货电量,提高$Q_{现货}$
4	$P_{现货} > (P_{内部电厂}/r) > P_{中长期}$	①尽可能少签中长期合约,降低$Q_{中长期}$ ②尽可能多中标现货电量,提高$Q_{现货}$
5	$(P_{内部电厂}/r) > P_{中长期} > P_{现货}$	①尽可能多签中长期合约,提高$Q_{中长期}$ ②尽可能少中标现货电量,降低$Q_{现货}$(赚取差价合约收益)
6	$(P_{内部电厂}/r) > P_{现货} > P_{中长期}$	①尽可能少签中长期合约,降低$Q_{中长期}$ ②尽可能少中标现货电量,降低$Q_{现货}$

4 结论与展望

近几年,我国油气企业积极向产业链下游延伸业务,而燃气发电企业探索涉足天然气资源采购业务,逐渐形成了一批天然气销售和燃气发电上下游一体化企业。本文基于我国燃气发电行业发展和电力现货市场建设的现状,建立了上下游一体化企业的天然气销售与燃气发电协同经营模型,并从管理模式和经营策略两个维度,提出了上下游一体化企业的产业链协同经营优化建议,为上下游一体化企业打破业务板块之间壁垒、提升产业链协同经营效益提供了参考。

根据上述产业链协同经营模型可知,在电力现货市场环境下,对于中长期交易电价、现货交易电价、销售气价三者比价关系的准确预测,是在企业经营实践中应用本文提出的管理模式优化和经营策略优化方案的关键。下一步,应基于电力交易和国际天然气贸易的业务场景,探索通过人工智能等技术,对中长期交易电价、现货交易电价、销售气价进行精准预测研究。

参考文献

[1] 段言志，郭焦锋，邬宗婧，等 . 天然气管输体制改革成效与展望 [J]. 油气储运，2024，43（10）：1089-1098.

[2] 王震，孔盈皓 . 油气管网服务新型能源体系建设的创新路径 [J]. 油气储运，2024，43（10）：1081-1088.

[3] 李剑，佘源琦，高阳，等 . 中国天然气产业发展形势与前景 [J]. 天然气工业，2020，40（4）：133-142.

[4] 段兆芳，张晓宇，吴珉颉，等 . 2023年国内外天然气市场回顾与2024年展望 [J]. 国际石油经济，2024，32（3）：19-28.

[5] 马新华，胡勇，何润民 . 天然气产业一体化发展模式研究与实践 [J]. 技术经济，2019，38（9）：65-72.

[6] 朱兴珊，沈学思，李天一，等 . 中国气电发展的制约因素及政策建议 [J]. 国际石油经济，2024，32（8）：15-26.

[7] 武艺，李然，张晓明 . 新型能源体系目标下中国气电发展趋势及应对策略 [J]. 油气储运，2024，12.

[8] 潘赟，谢春旺 . 天然气发电产业气源保障策略与实践 [J]. 企业管理，2016（S2）：128-129.

[9] 周敏智 . 基于后管网时代的天然气营销对策 [J]. 市场瞭望，2024（13）：23-25.

[10] 于崇德 . 中国电力年鉴 [M]. 北京：中国电力出版社，2016.

[11] 连维良 . 加大推进力度 加快改革步伐 全面深化认真落实电力体制市场化改革 [J]. 宏观经济管理，2017（5）：4-8.

[12] 林博 . 我国电力体制改革与电力市场建设：一个文献综述 [J]. 生产力研究，2021（11）：40-46.

[13] 北极星售电网 . 2023年1—12月份全国电力市场交易简况：市场交易电量56 679.4亿千瓦时 同比增长7.9%[EB/OL]. [2024-1-24]. https://news.bjx.com.cn/html/20240124/1357661.shtml.

Gas-Power Synergy in Electricity Spot Markets: Integrated Business Models for Natural Gas Sales and Generation

Jie LI

CNOOC Gas & Power Group Ltd.

Abstract: In recent years, with the gradual maturation of China's natural gas industry, some industry players are integrating and evolving towards upstream and downstream integration. On one hand, gas source enterprises are actively intervening in the terminal use areas, deploying gas-fired power generation assets. On the other hand, after the fair opening of the national oil and gas pipeline network, some power generation companies are actively extending towards the upstream of the industrial chain, exploring businesses such as importing liquefied natural gas, to enhance the natural gas resource security for their own gas-fired power plants. Meanwhile, since 2015, the construction of China's electricity market has accelerated, with electricity spot markets in places like Guangdong, significantly increasing the complexity of electricity trading for gas-fired power plants. Based on the above background, this article conducts research and analysis on the current development overview of China's gas-fired power generation industry and progress in the reform of China's electricity market. By establishing a collaborative operation model for natural gas trading and gas-fired power generation for integrated upstream and downstream enterprises based on the electricity spot market, it proposes optimization suggestions related to the collaborative operation model, providing references for enterprises to improve their overall industrial chain operating efficiency.

Keywords: electricity spot market; natural gas sales; gas-fired power generation; collaborative operation

理论方法

Theories and Methods

基于 LSTM 模型的国内外碳排放配额价格预测研究

王文怡[*1]，艾佳宁[2]，孙海萍[1]，孙洋洲[1]

1. 中国海油集团能源经济研究院；
2. 中海油国际贸易有限责任公司

摘要： 碳排放权交易是用经济手段控制二氧化碳排放的重要措施，而碳排放配额价格是碳排放权交易市场的核心要素。为有效提高碳排放配额价格的预测精度，本文主要基于长短期记忆网络模型（LSTM）来预测中国碳市场和欧盟碳市场的碳排放配额价格。结果显示，LSTM 模型能够基于中国碳市场和欧盟碳市场的各类影响因子识别有效信息进行预测。根据测试集对比图，并比较均方误差损失（MSE loss）、平均绝对误差损失（MAE loss）等评估指标，发现当前 LSTM 模型对欧盟碳排放权价格的预测效果优于国内碳排放权交易市场。此研究结果能辅助能源市场参与者做好碳领域的风险管理和资产管理，借助科学的决策工具，助力履约企业实现碳减排成本最小化和可持续发展。

关键词： 碳排放配额价格预测；LSTM 模型；中国碳市场；欧盟碳市场

0 引言

全球气候变暖已经成为人类面临的最严峻的挑战之一。国际能源署（IEA）发布的报告显示，2023 年全球能源相关的二氧化碳排放增长至 374 亿吨二氧化碳当量[1]，降低温室气体排放量已刻不容缓。截至 2024 年 5 月，全球已运行 75 个碳定价机制，覆盖全球 24% 的温室气体排放量[2]。作为基于市场机制的核心减排工具，碳排放权交易体系正逐步显现其推动低碳转型的重要价值。在全球众多碳市场中，欧盟碳排放交易体系（EU ETS）以其突出的市场体量、成熟的运行机制和广泛的行业覆盖度居于领先地位。欧盟碳市场是交易规模最大、运行最成熟以及纳入行业最多的碳市场，其发展经验对我国碳市场建设具有重要借鉴意义[3]。2011 年 10 月，国家发展改革委批准 7 个省、市开

---

* 王文怡，女，硕士，经济师，主要从事碳中和经济、能源政策、能源展望模型等研究。E-mail: wangwy26@cneei.com.cn

展碳排放交易试点工作。在两年左右的时间里，北京、上海、深圳、天津、重庆、广东、湖北7个试点碳交易市场陆续启动，全国碳市场也开启筹备工作。2021年7月16日，全国碳排放权交易市场正式启动，虽仅纳入发电行业，但其覆盖排放规模已居全球首位。上海环境能源交易所数据显示，截至2024年12月31日，全国碳市场碳排放配额累计成交量为6.30亿吨，累计成交额为430.33亿元。国际实践表明，碳市场的健康发展需依托持续优化的制度设计。参考欧盟等成熟市场的演进路径，我国将通过有序扩大行业覆盖范围、完善价格形成机制等措施提升市场活跃度。在此背景下，研究预测碳排放配额价格（以下简称"碳配额价格"）影响因素及其变动规律，对引导市场主体理性参与交易、保障碳市场长效发展具有重要意义。

1　文献综述

对于碳配额价格的研究主要围绕以下两个方面开展。一是研究影响碳配额价格变动的各类因素。杜子平等通过采用GA-BP神经网络及MIV方法，发现中国碳配额价格受经济形势、工业发展水平、能源价格及汇率影响较大[4]。吕靖烨等以湖北碳市场作为研究对象，采用遗传算法进行属性规约，在剔除掉对碳配额价格影响较小的因素后进行方差分解，发现宏观经济、行业发展、气候环境等因素对碳配额价格的方差贡献较大[5]。道文静对国内各碳排放权交易所的产品开展了实证分析，通过VAR模型分析发现，碳配额价格主要受试点碳市场自身的历史价格、其他试点市场碳配额价格及中国碳市场的交易政策影响。然而，现有研究多聚焦单一市场，较少开展对于全国碳市场与欧盟等国际碳市场的对比研究。二是对于碳配额价格预测的研究。对碳配额价格的预测方法包括回归预测、机器学习等[6]，预测方法呈现从传统计量向机器学习演进的趋势。在传统模型方面，Zhou K等采用VEC模型研究了社会经济指标、能源价格、气候环境和碳配额价格之间的关联关系，通过GARCH模型分析了碳配额价格的波动特征[7]。Kim HS等使用自回归分布滞后模型挖掘各影响因素对美国碳配额价格的影响，研究发现无论是长期还是短期时间尺度下，能源价格都显著影响美国碳配额价格[8]。王一蓉等基于带有外生变量的自回归积分移动平均模型（ARIMAX）构建全国碳配额价格预测模型[9]。机器学习模型更具优势，陈司焕采用了分位数回归和神经网络的混合模型，全面预测了不同分位数条件下的碳配额价格波动[10]。云坡等基于碳配额价格非对称性、极端冲击敏感性强以及时变波动等专属特征，构建新的机器学习碳配额价格预测模型[11]。Zhang F等采用能源价格和金融指标作为主要的模型输入，运用TCN-Seq2Seq深度神经网络模型对欧盟碳市场期货价格进行预测[12]。当前预测研究仍面临两大瓶颈：一方面，传统模型对价格跳跃性波动的捕捉能力有限；另一方面，机器学习模型虽提高了精度，但难以解析关键驱动因子作用路径。

在众多碳配额价格预测方法中，Li HJ 等比较了多变量 LSTM 模型、多层感知机（MLP）、支持向量回归（SVR）以及循环神经网络（RNN）等方法，用于湖北省碳市场碳配额价格的预测，结果表明 LSTM 模型的预测结果优于其他模型[13]。郭宇辰等采用卷积神经网络（CNN）与 LSTM 相结合的组合模型 CNN-LSTM，对欧盟碳市场和广州碳市场碳配额价格进行验证，与其他常用预测模型对比，CNN-LSTM 模型在碳配额价格预测中具有更高的预测准确性[14]。危冰淋等通过对湖北省碳配额价格历史数据进行训练，Transformer-LSTM 模型得到的预测价格与实际价格较为吻合[15]。鉴于 LSTM 在时序预测与非线性处理上的平衡性，本文选择 LSTM 模型来预测中国碳市场和欧盟碳市场的碳配额价格。

2 指标选取与数据分析

2.1 数据来源与指标选取

考虑到国内企业履约周期与数据公开性等实际情况，本文选取了 2023 年 1 月至 2024 年 4 月的上海环境能源交易所公布的全国碳排放配额价格（共 320 个交易日数据），以及 2019 年 1 月至 2024 年 4 月的欧盟碳排放配额价格（共 1 350 个交易日数据）。从碳排放量、能源价格、气候环境、市场需求 4 个方面选取相关影响因素构建碳配额价格预测模型，具体指标如下。

碳排放量：全国碳市场已将电力行业纳入碳排放管控，未来计划陆续纳入钢铁、石化、化工等工业部门。从供需角度看，电力行业碳排放量、工业部门碳排放量与碳配额需求直接相关。因此，本文选择电力行业碳排放量、工业部门碳排放量作为中国碳市场影响因子。欧盟碳市场涵盖能源行业和制造业约 10 000 个工业设施的碳排放量，本文选择所有统计行业碳排放量①作为欧盟碳市场影响因子。

能源价格：原油、煤炭和天然气价格是碳配额价格的重要影响因素[16]。能源价格变化会直接影响电力企业的发电成本和发电量，进而影响电力企业的碳排放量。此外，煤炭和天然气的相对价格差异也会影响电力企业的发电方式，进而改变电力企业的碳排放量。本文分别选取布伦特原油期货价格、鹿特丹煤炭期货价格和 TTF 天然气期货价格作

---

① 指全球实时碳数据库中统计的所有行业，包括电力、工业、航空、地面运输与其他行业。

为能源价格的代理变量。

气候环境：气候环境与碳配额价格紧密相关。气温将直接影响电力需求，进而影响电力企业的碳排放量。例如，极端天气下，制冷与供热的需求提高，将增大电力企业的碳排放量。本文选取北京最高气温、欧盟平均气温作为气候环境的代理变量进行碳配额价格预测。

市场需求：市场需求是碳配额价格的直接影响因素。交易量大则代表市场活跃度高，为碳配额价格提供上涨动力。本文选择全国碳市场碳排放配额成交量作为中国碳市场影响因子，选择欧盟碳配额期货成交量作为欧盟碳市场影响因子。综上，碳配额价格和各解释变量的具体信息见表1和表2。

表 1　全国碳市场碳配额价格影响因素
Table 1　Key factors influencing carbon prices in Chinese national ETS

指标类型	指标名称	指标简称	资料来源
碳排放量	电力行业碳排放量	Power	全球实时碳数据库
	工业部门碳排放量	Industry	
能源价格	布伦特原油期货收盘价（连续）	Brent	洲际交易所（ICE）
	秦皇岛港动力末煤平仓价	Coal	Wind 金融终端
	中国液化天然气出厂价格指数	Gas	上海石油天然气交易中心
气候环境	北京最高气温	Temperature_Max	公开数据
市场需求	全国碳市场碳排放配额成交量	CEA_Volume	上海环境能源交易所

表 2　欧盟碳市场碳配额价格影响因素
Table 2　Key factors influencing carbon prices in EU ETS

指标类型	指标名称	指标简称	资料来源
碳排放量	欧盟碳排放总量	Total	全球实时碳数据库
能源价格	布伦特原油期货收盘价（连续）	Brent	ICE
	TTF 天然气价格	Gas	金凯讯
	鹿特丹煤炭期货价格	Coal	Wind 金融终端
气候环境	欧洲平均气温	Temperature_Ave	公开数据
市场需求	欧盟碳配额期货成交量	EUA_Volume	ICE

2.2 数据分析

运用皮尔逊相关系数（PCC）法进行碳配额价格影响因素的相关性分析，并绘制热力图，判断各影响因素与全国碳配额价格、欧盟碳配额价格的相关性强度，相关计算见公式（1）。

$$r = \frac{\sum XY - \frac{\sum X \sum Y}{N}}{\sqrt{(\sum X^2 - \frac{(\sum X)^2}{N})(\sum Y^2 - \frac{(\sum Y)^2}{N})}} \tag{1}$$

公式（1）中，r 为皮尔逊相关系数；Y 为碳配额价格；X 为影响因素；N 为 X 和 Y 所包含的数据个数。r 可以反映 2 个变量之间的线性关联程度，其绝对值越大，则表明两者的相关性越高。

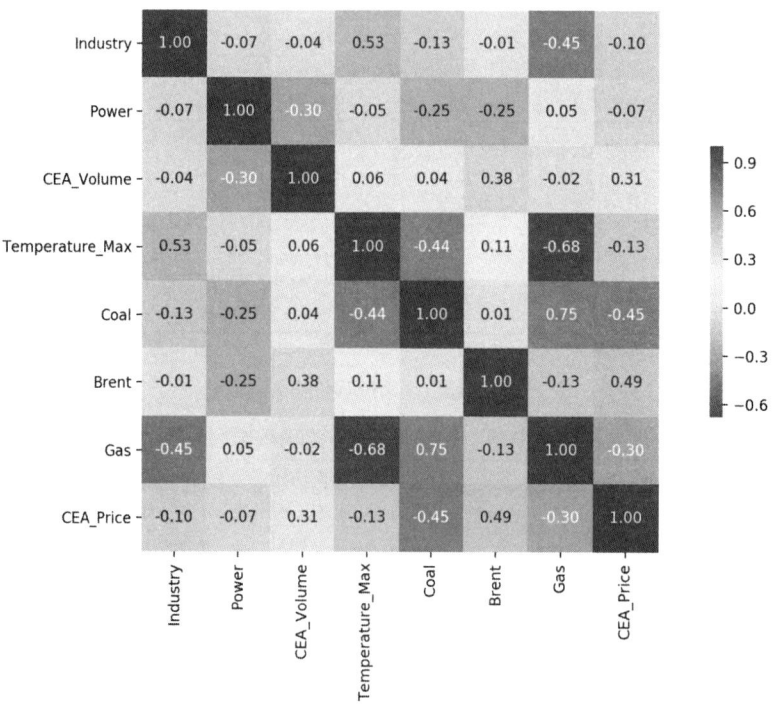

图 1 全国碳市场碳配额价格影响因素皮尔逊热力图
Figure 1　Pearson correlation heatmap of factors influencing carbon prices in Chinese ETS

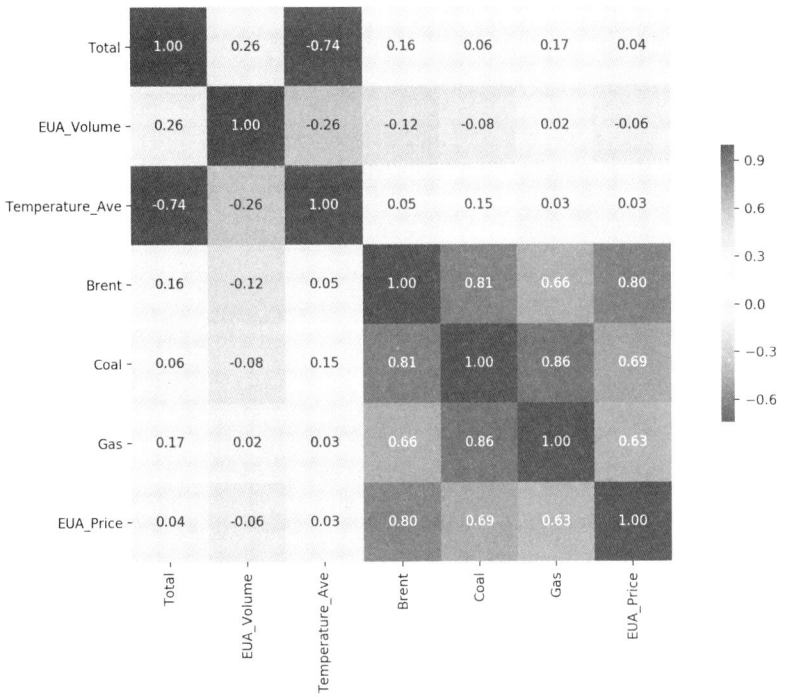

图 2 欧盟碳市场碳配额价格影响因素皮尔逊热力图
Figure 2　Pearson correlation heatmap of factors influencing carbon prices in EU ETS

由图 1 可知，原油、天然气、煤炭的能源价格及国内碳配额成交量与全国碳市场碳配额价格的相关性较强，其他影响因素的相关性相对较弱。由图 2 可知，原油、天然气、煤炭的能源价格与欧盟碳市场碳配额价格的相关性较强，以上热力图显示选取因子较为有效。

3　模型训练与实证分析

3.1　模型介绍

本文采用的 LSTM 模型是一种适合时间序列分析的深度学习模型，它可以解决传统循环神经网络模型（RNN）在处理时间序列数据时遇到的梯度消失或梯度爆炸等问题。LSTM 因其强大的序列处理能力和灵活性，在时间序列预测和深度学习领域得到了广泛的应用。

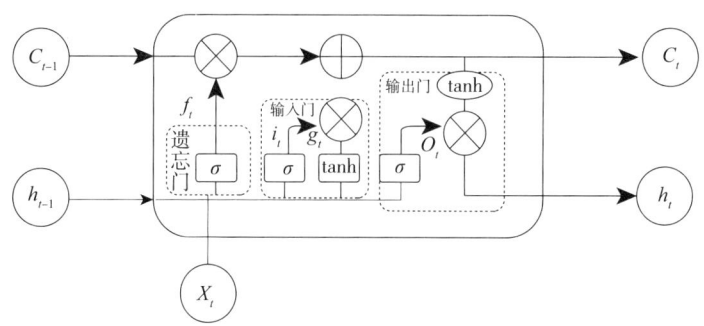

图 3 LSTM 的模型结构图
Figure 3 LSTM model diagram

图 3 展示了 LSTM 模型的关键特性与工作原理。该模型的每个单元都有一个单元状态，通过引入遗忘门、输入门和输出门来控制信息流动并进行更新，它可以跨越时间步长保持重要信息，并通过函数进行最终输出，其门控机制具体如下。

3.1.1 遗忘门（Forget Gate）

遗忘门使用 sigmoid 激活函数来决定哪些信息将从单元状态中被遗忘。它的输出是一个介于 0 和 1 之间的值，其中的 0 表示"完全忘记"，1 表示"完全保留"，见公式（2）：

$$f_t = \sigma(W_{xf}x_t + W_{hf}h_{t-1} + b_f) \quad (2)$$

其中，σ 为 sigmoid 函数，W_{xf} 和 W_{hf} 分别为遗忘门和上一隐藏状态的权重，b_f 则为偏置向量。

3.1.2 输入门（Input Gate）与更新细胞状态

输入门决定要添加多少新的信息，此时细胞状态可据此进行更新，即由遗忘门的输出和候选单元状态（一个 sigmoid 层与 tanh 层的乘积）共同组成，见公式（3）～公式（5）：

$$i_t = \sigma(W_{xi}x_t + W_{hf}h_{t-1} + b_i) \quad (3)$$

$$g_t = \tanh(W_{xg}x_t + W_{hg}h_{t-1} + b_g) \quad (4)$$

$$c_t = f_t \times c_{t-1} + i_t \times g_t \quad (5)$$

其中，tanh 为双曲正切函数，W_{xi}、W_{xg} 和 W_{hg} 分别为输入门、更新细胞状态和相应隐藏状态下的权重，b_i、b_g 则为对应的偏置向量。

3.1.3 输出门（Output Gate）

输出门也是使用 sigmoid 函数来确定输出哪些重要部分，即决定下一个隐藏状态的输出，其中的 W_{xo}、W_{ho} 与 b_o 分别代表该输出状态下的权重和偏置向量，见公式（6）：

$$o_t = \sigma(W_{xo}x_t + W_{ho}h_{t-1} + b_o) \quad (6)$$

以上门控机制使得 LSTM 模型具备较强的时间特征提取能力，在捕捉长期依赖关系的同时避免传统 RNN 的梯度问题，以尽可能实现准确捕捉时间序列趋势中的隐含信息并进行建模预测。

3.2 参数设置与模型训练

本文在使用 LSTM 模型进行预测时，模型参数主要设置如下：基础学习率为 0.01，权重衰减系数为 0.001；数据步长为 10，即用过去 10 天的各维度数据预测未来一天的碳配额价格；设置两层堆叠次数以提高模型处理复杂序列数据的能力，设置 128 个隐藏层维度与 300 次训练代数以保障模型的性能和学习能力。

考虑到上海环境能源交易所的全国碳市场价格上市较晚，即中国与欧盟的碳数据在时间维度上存在差异，本文对模型训练中的训练集、验证集和测试集的比例也进行了调整。基于国内碳数据集相对较小的情况，训练集、验证集和测试集的设置比例为 6∶2∶2，通过减小训练集的比例，以确保验证集和测试集有足够的数据来评估模型。基于欧盟碳数据集相对较大的情况，训练集、验证集和测试集的设置比例为 8∶1∶1，通过适当增加训练集的比例，以捕捉时间序列中的长期依赖关系。

3.3 预测对比与分析

首先将国内碳配额价格、欧盟碳配额价格分别与其对应的特征因子输入 LSTM 模型，随着训练代数的增加，数据训练集与验证集的损失函数逐渐下降，表明模型的训练效果良好。图 4、图 5 和表 3 展示了 LSTM 模型对国内碳配额价格与欧盟碳配额价格的预测拟合效果，本文也选取了均方误差损失（MSE loss）、平均绝对误差损失（MAE loss）、平均绝对百分比误差损失（MAPE loss）和拟合优度（R2）等指标来进行评估，分析如下。

图 4 表明，在国内碳配额价格测试集所对应的 64 个交易日（2024 年 2—4 月）中，LSTM 模型对其整体预测趋势与实际情况相符。但前期的预测效果好于后期，即后期实际值与预测值差距逐渐拉大，这可能源于我国第一部应对气候变化领域的法规——《碳排放权交易管理暂行条例》，该条例于 2024 年 5 月 1 日起施行，以行政法规的形式明确了国内碳排放权市场交易制度，在有效保障碳排放数据质量的同时，加强了对违法违规行为的约束。例如，对未按照规定清缴其碳排放配额的重点排放单位，按照清缴截止日前 1 个月市场平均成交价的 5 倍至 10 倍处以罚款，此举强化了排放控制约束，并为相关企业提前储备配额完成履约提供了政策依据和市场预期，而这类政策影响是本模型和特征因子当前尚无法捕捉到的。

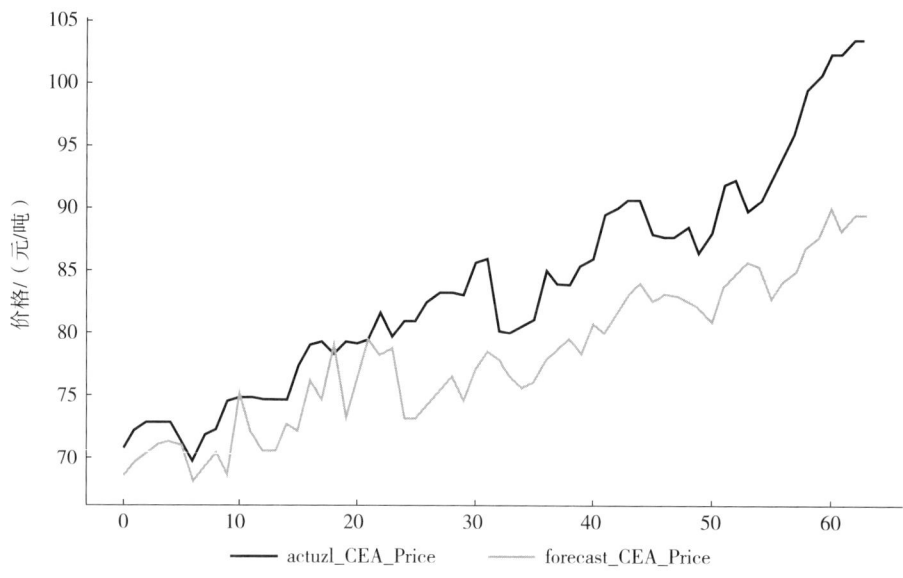

图 4　LSTM 模型预测全国碳交易价格碳配额价格对比图
Figure 4　Comparison of LSTM model predictions and actual carbon prices in China

图 5 表明，在欧盟碳配额价格测试集所对应的 135 个交易日（2023 年 11 月—2024 年 4 月）中，LSTM 模型得到的预测价格与实际价格更加吻合，这一方面说明 LSTM 模型可以更好地捕捉到各时间序列数据动态变化的模式和规律；另一方面体现了基于欧盟碳配额价格所选取的 8 个特征因子已较为全面有效，使得 LSTM 能够从中学习到有用信息进行拟合预测。

在预测中国碳配额价格过程中，验证集与测试集的损失函数分别为 0.058 和 0.268，均大于预测欧盟碳配额价格数据中相应的损失函数值，表明可能需要更长时间维度的国内碳数据来训练模型。表 3 表明，预测欧盟碳配额价格中的 MSE loss、MAE loss、MAPE loss 和 R2 分别为 27.747、3.151、0.036 和 0.631，均优于预测中国碳配额价格中的相应指标，这也印证了 LSTM 模型对欧盟碳市场数据有更强的时间依赖性，即能够更好地识别各因子并进行预测。

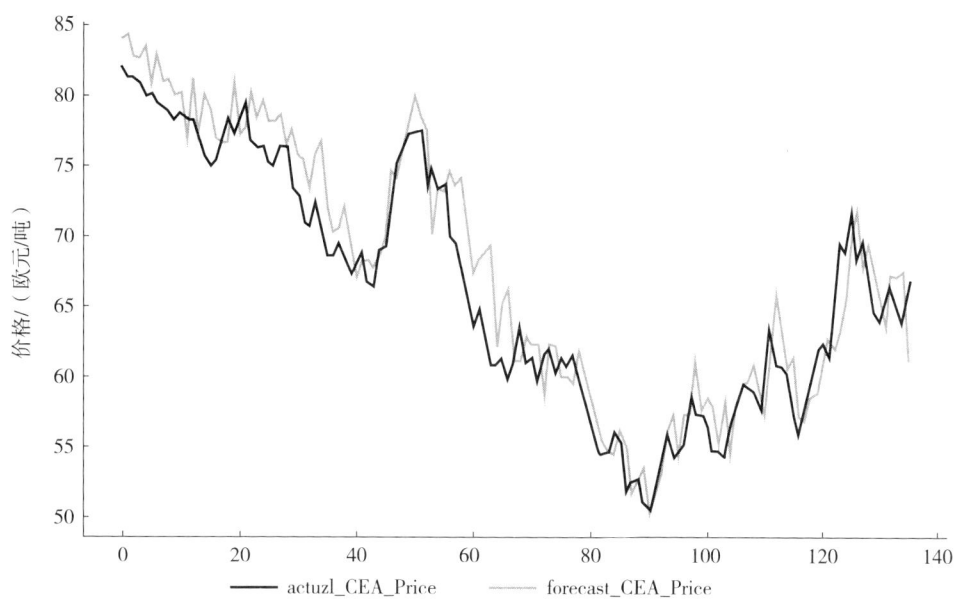

图 5 LSTM 模型预测欧盟碳配额价格对比图

Figure 5 Comparison of LSTM model predictions and actual carbon prices in EU

表 3 LSTM 模型对中国和欧盟碳配额价格预测的评估指标对比

Table 3 Evaluation metrics for LSTM model predictions of carbon prices in China and EU

价格预测评估指标	碳市场类型	
	中国碳市场	欧盟碳市场
MSE loss	46.615	27.747
MAE loss	5.800	3.151
MAPE loss	0.066	0.036
R2	0.388	0.631

4 结论与建议

本文主要基于 LSTM 模型来预测中国碳市场和欧盟碳市场的碳配额价格，根据预测趋势图与模型评估指标结果，LSTM 模型整体上对碳配额价格预测存在一定优势，能较好地捕捉各数据间的长短期依赖关系，并对中国与欧盟的碳配额价格趋势进行预测。

基于对比中国碳市场和欧盟碳市场的测试集效果，发现当前 LSTM 模型对欧盟碳配额价格的预测效果优于国内碳市场，这可能源于基于欧盟碳配额价格所选取的 8 个特征因子使得模型能够从中学习到充足有效的信息并进行拟合预测，也反映了欧盟的碳市场建设已处于更成熟阶段，受政策制度等外生变量影响较小。模型的评估指标对比也印证了上述结果，LSTM 模型对欧盟碳配额价格预测的评估指标均优于预测中国碳配额价格中的相应指标。考虑碳市场也会受到许多其他社会因素的影响，未来将进一步结合环境政策变化、气候因素等指标，提高碳配额价格预测模型的准确性和可靠性。

基于本文研究结论，提出以下对策建议：第一，碳配额价格预测有助于履约企业调整和优化碳排放配额采购机制。随着全国碳市场的运行成熟，对不会产生碳泄漏的行业，在无偿分配基础上对相关行业引入拍卖等有偿分配方式，并逐步扩大有偿分配比例，可以提高配额配置效率，促进价格发现。第二，碳配额价格预测为金融产品的设计提供了可靠的数据支撑。待国内碳市场逐步纳入更多行业后，建议国内碳市场参照欧盟碳市场开展碳期货交易试点，为市场参与者提供套期保值机会与对冲价格波动风险的衍生品工具，提高碳市场活跃度，促进形成远期价格相对公允的碳配额交易市场，推动全国碳市场从目前单一履约型市场发展成具有金融属性和投资价值的复合型市场。第三，在碳交易实施环境中，控排企业作为"理性经济人"会作出相应的适应性反应。针对碳交易价格变动带来的减排和成本压力，建议控排企业根据自身的资源禀赋与技术优势等条件权衡不同策略的边际成本，以碳配额价格预测作支撑，优化自身的生产经营、投融资和履约决策等。

参考文献

[1] IEA. CO_2 Emissions in 2023[R]. Paris: IEA, 2024.

[2] World Bank. State and Trends of Carbon Pricing 2024[R]. Washington, DC: World Bank, 2024.

[3] 林岫，黄晓辰，王永中. 欧盟碳市场发展实践及对中国的启示[J]. 中国外汇，2024，（12）：44-46.

[4] 杜子平，刘富存. 中国区域碳排放权价格及其影响因素研究——基于 GA-BP-MIV 模型的实证分析[J]. 价格理论与实践，2018（6）：42-45.

[5] 吕靖烨，杨华，郭泽. 基于 GA-RS 的中国碳排放权价格影响因素的分解研究[J]. 生态经济，2019，35（11）：42-47+130.

[6] 道文静. 基于 VAR 模型的中国碳金融交易价格影响因素分析[D]. 郑州：河南大学，2019.

[7] Kaile Zhou, Yiwen Li. An Empirical Analysis of Carbon Emission Price in China[J]. Energy Procedia, 2018, 152: 823–828.

[8] Hyun Seok Kim, Won W. Koo. Factors affecting the carbon allowance market in the US[J]. Energy Policy, 2010, 38 (4): 1879–1884.

[9] 王一蓉，陈浩林，林立身，等．考虑电力行业碳排放的全国碳价预测[J]．中国电力，2024，57（5）：79–87．

[10] 陈司焕．基于QRNN模型的碳交易价格预测[D]．广州：暨南大学，2020．

[11] 云坡，唐文之，黄荷暑．基于时变高阶矩NAGARCHSK–LSTM模型的中国碳排放权价格预测[J]．安徽农业大学学报（社会科学版），2021，30（5）：48–57．

[12] Zhang Fang, Wen Nuan. Carbon price forecasting: A novel deep learning approach[J]. Environmental Science and Pollution Research, 2022, 29 (36): 54782–54795.

[13] Li, Houjian, Xinya Huang, Deheng Zhou, et al. Forecasting Carbon Price in China: A Multimodel Comparison[J]. International Journal of Environmental Research and Public Health, 2022, 19 (10): 6217.

[14] 郭宇辰，加鹤萍，余涛，等．基于CNN–LSTM组合模型的碳价预测方法[J]．科技管理研究，2023，43（11）：200–206．

[15] 危冰淋，刘春雨，刘家鹏．基于Transformer–LSTM模型的多因素碳排放权交易价格预测[J]．价格月刊，2024（5）：49–57．

[16] 魏宇，张佳豪，陈晓丹．基于DMS和DMA的我国碳排放权交易价格预测方法——来自湖北碳市场的经验证据[J]．系统工程，2022，40（4）：1–16．

Carbon Emission Trading Price Prediction: Based on LSTM Model

Wenyi WANG[1], Jianing AI[2], Haiping SUN[1], Yangzhou SUN[1]

1. CNOOC Energy Economics Institute;

2. CNOOC International Trading Co., Ltd

Abstract: The carbon emissions trading market is a crucial measure for controlling carbon dioxide emissions through economic means, with carbon pricing being a core element of this market. To effectively enhance the accuracy of carbon price forecasts, this paper primarily utilizes the Long Short-Term Memory (LSTM) model to predict the carbon emissions trading prices in both the Chinese National Carbon Market and the European Union Emissions Trading System (EU ETS). The results demonstrate that the LSTM model can identify and fit effective information based on various influencing factors from the Chinese National Carbon Market and the EU ETS. Evaluation indicators such as the test set comparison chart, Mean Squared Error (MSE), and Mean Absolute Error (MAE) indicate that the current LSTM model performs better in predicting the European Union carbon emissions prices than those of Chinese National Carbon Market. The findings can assist energy market participants in managing risks and assets in the carbon sector, leveraging scientific decision-making tools to help enterprises minimize carbon reduction costs and achieve sustainable development.

Keywords: LSTM model; carbon price prediction; China national ETS; EU ETS

基于数智化和 AHP-CRITIC 法的 LNG 项目成本控制研究

张赵君*，苏娟，甄静水，卢晶，石磊

海洋石油工程股份有限公司

摘要： 在数字化协同设计和人工智能辅助设计（AID）广泛应用的背景下，研究如何在 LNG 项目中应用限额设计实施成本控制。通过数字化协同设计平台共享数据，利用层次分析法（AHP）和一种客观权重赋权法（CRITIC）评价限额设计效益和关键因素，构建一种基于量化分析的限额设计决策模型。将该模型应用于某液化天然气（LNG）项目的 22 万立方米储罐工程限额设计，快速评估关键因素和最优效益，确定多专业多目标的限额设计指标。相较于经验性优化设计，降低成本 3.2%，单台储罐经济效益 1 280 万元。低温钢板减量 5%，低温钢减量 3%，保冷材料减量 8%，储罐工程关键技术指标蒸发率（BOR）低于 0.5‰，结果证明该模型在 LNG 项目限额设计决策中具有可行性和有效性。

关键词： 数智化；限额设计；AHP-CRITIC 法；LNG 项目

0 引言

限额设计是造价专业术语，指按照可行性研究报告批准的投资限额进行初步设计，按照批准的初步设计概算进行施工图设计的工作程序[1]。在设计管理工作中成为一种重要的成本控制方法。其基本思路为，在不降低工程既定价值或功能前提下，按照不得高于投资或造价的限额目标，开展设计工作。

在实践层面，传统的限额设计的流程是将材料设备的单位限定用量指定给工程师，强制要求落实。这种传统的方法常见于房地产行业，建设单位通常以每平方米混凝土用量和单位面积用钢量作为限额设计指标[2]。这虽然起到了成本控制的作用，但长此以往将造成单专业单指标的过度优化，导致劣质工程和质量事故层出不穷。

国内学者从不同角度研究了限额设计的核心思路，禚新伦等在限额设计的组织管理

---

* 张赵君，男，硕士，高级工程师，主要从事低温混凝土、钢结构设计，LNG 混凝土全容罐工程创新应用，EPC 项目技术管理等工作。E-mail：zhangzhj26@cnooc.com.cn

架构和制度方面提出实施思路[3]。杨武勇等从施工单位角度提出限额设计实施路线[4]。白永莉提出了贯穿全流程全专业协同设计的限额设计理念[5]。王晓辉等开展了功能成本的适配性研究[6]。

在石油天然气行业，数字化和智能优化设计的应用日渐普遍，为限额设计提供了数字分析和智能决策的条件。甄静水等采用基于功能性量化分配的数字模型研究LNG储罐的限额设计策略[7]，该成果提供了一种限额设计管理的数字量化思路和应用经验。本文将基于数据分析量化决策的限额设计思路，进一步利用数字化和智能化工具，在LNG项目中探索多专业、多目标的限额设计思路。

1 数字化协同设计和智能优化

当前，数字革命和人工智能在各行各业广泛应用。在此背景下，在具有高度协同性和复杂技术难度的LNG行业，数字化协同设计极大提高了工程师设计效率及协同效率。但在设计管理方面，其应用深度还仅限于视觉呈现和成本统计。在降本增效和限额设计方面，尚未发挥成本控制的关键作用。

数字化协同设计和人工智能辅助设计（AID）技术所蕴含的大量技术数据和经济数据，天然地构成了限额设计主要的数据管理对象，通过数字化与管理的耦合，将多种统计、分析和决策工具引入数字化协同设计平台，可实现为项目设计管理深度赋能[8]。因此，本文基于数字化协同设计和大数据分析，采用AHP法和CRITIC算法，联合构建了一种限额设计管理决策模型。该模型利用数字化设计过程生成的技术参数，在专业数据之间建立关联。为限额设计的评估决策提供了数据基础。结合经济专业提供的成本价格信息，将数字化设计的数据从技术维度链接到了经济维度。通过对经济技术数据的科学分析，从而为项目限额设计和优化设计提供科学决策，并通过决策模块的分析预测，在设计过程中实现人机交互，调动AID的技术模块快速实施优化设计迭代，最终实现最优的成本控制。

2 基于数智化的限额设计思路

基于数智化的限额设计思路，是运用价值工程理论对项目的功能和成本进行系统优化，通过数字协同设计所形成的多专业技术和经济参数实现科学比选，本质上是一种融入了经济指标的方案优选法。数智化的设计技术大幅提升了设计迭代的效率，为限额设计提供了现实可行的工具，不因限额设计的实施而显著增加工程师的投入。

2.1 限额设计与主观因素依赖

传统的限额设计手段通常是运用模糊综合评判法、聚类分析、系统工程法等理论进行定性的分析和决策,具有较强的经验性和主观性。受制于个人经验和主观意识,传统限额设计理论无法在复杂的大型项目中广泛推广和应用。

此前,已经有学者提出主动控制、目标预控和过程优化的限额设计理念[5]。该方法提出了基于目标控制,以过程优化代替结果优化的理念,将限额设计理念向前推进一大步(见图1)。但该方法必须基于数据分析和科学决策才能发挥强大的管理效能,否则,只能作为调动设计管理和技术人员主观能动性的理论,因此依然受制于主观因素。

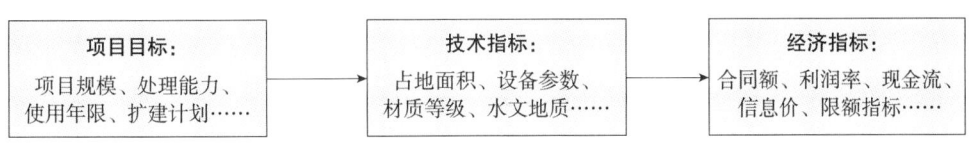

图 1 基于目标控制的限额设计
Figure 1 Quota design based on target control

过度依赖人员自身经验、专业能力和责任心的限额设计思路,导致在设计管理过程中,管理人员更倾向于制定单专业单指标的限额目标。而由于关联专业间成本关系复杂,相关联的各专业都难以确定全局最优的限额目标,限额设计管理缺乏整体性。在某些情况下,关联专业间的成本关系呈现负相关,单专业实现限额目标后,可能导致总成本增加。如在管廊工程中,管道专业优化了阀门管道路由和支座,却导致荷载增大,结构专业成本增加。还有一种情况,成本关系则呈现正相关,例如对阀门紧急关断功能的优化,降低管道水锤力的同时对管廊结构也是成本利好[8]。鉴于情况的复杂性,需要将单专业方案分别组合,形成大量方案分支,筛选最优方案。但这一过程仅依靠经验选择和人工的经济性判别,在面对大量经济技术数据的情况下,显然是不可行的。

因此,本文将基于数智化加快发展的背景,进一步提出可以降低主观因素依赖的、覆盖全过程全专业的、实现定量分析和决策的限额设计模式。

2.2 限额设计因素的量化

因限额设计工作具有较强的技术性,在数字化时代,应衔接数智化形成的技术数据来实施量化分析。实现限额设计和数智化的衔接,必须使管理对象可量化,以便进行数据分析。限额设计的管理对象包括技术因素和经济因素,经济因素已经是量化数据。如何将技术因素量化并与经济数据形成关联是本方法的关键环节。笔者采用AHP法作为限额设计量化分析的工具，而 AHP 法对于技术数据的量化只能采用主观判断，这显然重新回到了对人员经验和专业能力等主观因素依赖的困境。

因此，本文引入 CRITIC 评价模型算法，对技术数据和影响成本的多方面因素进行权重分析，降低了 AHP 法的权重主观因素依赖，合并成为 AHP-CRITIC 方法。该方法形成了限额设计决策的可量化数据，实现了多方案多专业协同的限额设计决策。基于数智化的限额设计流程如图 2 所示。

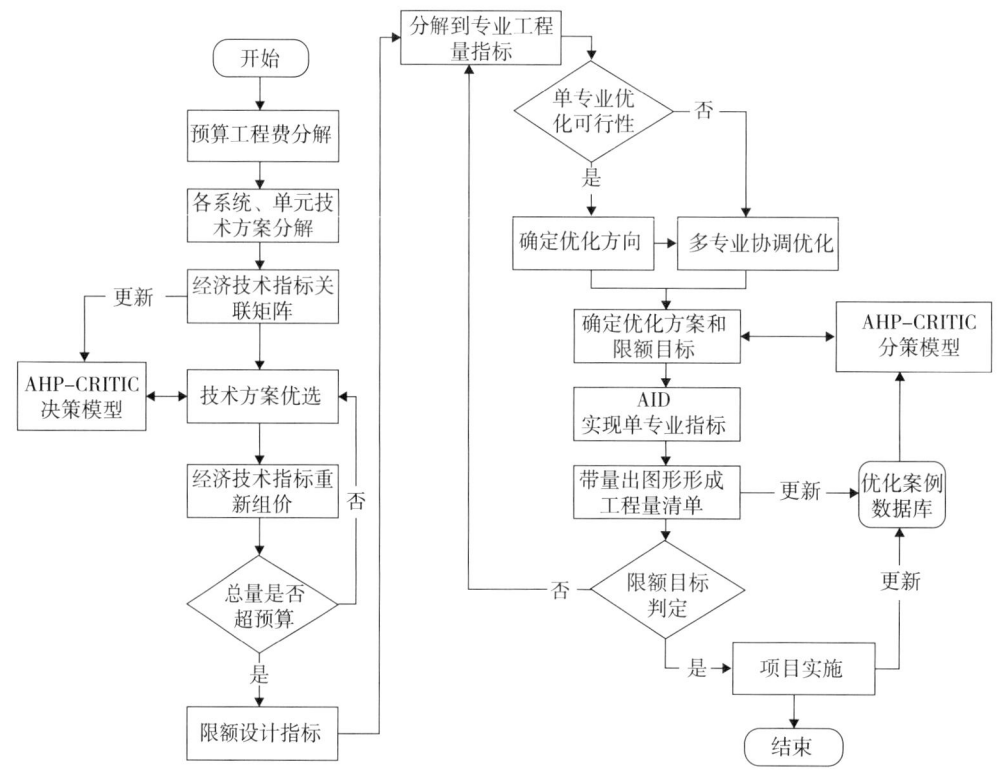

图 2　基于数智化的限额设计流程
Figure 2　Process of quota design based on digitization and intelligence

基于数字分析决策的限额设计思路，解决了技术因素的数据化问题，进一步利用 CRITIC 法解决了 AHP 法的主观性问题，克服了传统限额设计过程中无法充分考虑各专业之间技术方案相互制约的困难，确定了多专业多目标的限额设计指标。

2.3　限额设计决策与智能优化设计

构建限额指标体系，并为各项指标赋予科学合理的权重是构建限额设计管理模型的技术核心。限额指标的科学合理性及其与项目所处经济环境的匹配度，以及权重分配的准确性，是限额设计管理模型能否真正发挥作用的决定性因素。

在完成 AHP-CRITIC 限额设计决策后，形成的限额目标，特别是其中的技术指标，将输出给工程师作为优化设计方向。基于数智化的设计思路，在实际操作中应直接调用 AID 进行单专业优化设计，实现最终的限额设计目标。

目前 AID 技术的应用主要采用循环迭代的思路，提高单专业优化的效率。以结构专业某 AID 软件为例，技术关键在于对结构多个参数进行灵敏度分析。基于力学方法，对结构进行初步分析，首先计算出整体指标对构件的影响程度，再从关键影响指标中筛选出关键构件作为优化方向，进行迭代优化。工程师只需根据限额设计决策的结论，确定对某一项指标进行优化即可，而不再需要人为地判断优化方向，不需要考虑关联专业的影响，以最小的代价快速完成优化设计，实现成本控制目标。

基于以上流程，构成了一种基于数智化的决策限额设计思路。同时，限额设计完成后，过程中形成的技术方案可以系统化存储，形成优化案例数据库，作为决策模型的经验积累。通过不断地应用和积累，形成项目大数据，使决策模型实现自主学习迭代。

3 AHP-CRITIC 决策算法过程

如前文所述，将技术因素量化并与经济数据形成关联是本方法的关键环节。下文将就此重点内容展开阐述。

3.1 CRITIC 赋权

算法的对象可以是单项工程，也可以是单位工程。对于分部工程，专业间联系和影响已被分部工程界面切分，本文的限额设计思路虽然仍可应用，但显然无法发挥其核心的优势。因此本算法不对分部工程兼容，下文所指的构件、零部件或子系统等概念不适用于分部工程的范畴。

为实施量化分析，首先将各专业的多个零件/构件/子系统等进行分解，排列出 p 个评价对象，例如管道专业的容器、阀门，工艺的单台设备，结构专业的梁柱等。然后提取所有评价对象的共性指标，汇总归纳出能代表评价对象的 n 项性能指标，形成评价的指标体系。各项性能指标的初始赋值应由造价专业专家综合判定。判定的依据为工程项目中各项指标所占的造价占比，性能指标的取值一般较为客观，取值为相对值，并且在计算的过程中 x_{ij} 需要做归一化处理，也可直接取为 ≤1 的数值，减少归一化处理过程。后续借助数字化协同设计平台对生成的技术经济数据进行积累和迭代。

初始的相关性的赋值需要多专业的技术专家判断，这是该方法应用过程中涉及主观因素依赖的环节。其取值与专家经验、项目特点和工程领域有关，实践中我们通过德尔菲法由多专业共同确定，并经造价专业和数字化协同设计的经济数据修正。

性能指标和相关性赋值后，采用公式（1）和公式（2）进行对比强度指标分析。

$$\bar{x}_j = \frac{1}{n}\sum_{i=1}^{n} x_{ij} \quad (1)$$

$$S_j = \sqrt{\frac{\sum_{i=1}^{n}(x_{ij}-\bar{x}_j)^2}{n-1}} \quad (2)$$

其中，x_{ij} 表示第 j 种方案的第 i 项性能指标，可以是安全性指标、功能性指标、经济性指标，对应图 3 规则层的各项性能的量化。S_j 表示求得第 j 种方案指标的均方差。n 表示需要考虑的各项性能，对应图 3 中规则层的性能数量。

采用公式（3）～公式（5）进行相关性分析。R_j 代表第 j 种方案指标在各方案中的相关性；r_{ij} 表示第 j 种方案的第 i 项指标的相关性。S_j 和 R_j 分别完成赋值后，可计算信息值 C_j；最终得出各方案权重 W_j。

$$R_j = \sum_{i=1}^{n}(1-r_{ij}) \quad (3)$$

$$C_j = S_j \sum_{i=1}^{n}(1-r_{ij}) = S_j \times R_j \quad (4)$$

$$W_j = \frac{C_j}{\sum_{j=1}^{n} C_j} \quad (5)$$

3.2 构造判断矩阵

按照市场信息价和技术方案对应工程清单，构建经济技术指标矩阵和影响因素矩阵，利用对技术方案的不同方案分支进行多项指标量化，形成后续所有数值模型决策的指标体系。

采用 CRITIC 方法对所有技术方案的不同方案分支进行权重分析，对各分支的对应总价进行对比强度和相关性分析。对比强度越高的权重越大，相关性越低的权重越大。项目意义表征为同一方案的不同方案分支的价格差异越大，说明优化价值越高，所占决策权重应越高。相关性越低，说明方案的可实施性越强，值得重点实施优化设计，所占决策权重应越高。将指标体系和评估权重构建成数字矩阵，为分层结构分析做好了准备。

3.3 构建 AHP 分层结构

经过上述的 CRITIC 方法分析后，免除了主观定权的弊端，使整个环节减少专家决策的影响。因此在分层结构的层次排序上，将不再需要复杂的排序。另外需要关注的问题是，分层结构中的方案层包含了方案分支，作为方案层的子层，其特点是方案分支与判断规则并非直接关联，而是通过单专业方案（如桩基方案）形成的组合。方案分支指最终的方案组合，可以是多个单专业方案的组合。例如，桩基方案和内罐方案组合成的方案，成为方案分支 1。单专业方案一定要落实到至少一项方案分支上，因此必须有至少一条实线向下传递，而方案分支则不依赖于某一种特定的单专业方案，因此可以全部用虚线向上联系。方案分支的数量不定，一般较多，但至少数量应与单专业方案数量一致。因此单专业方案层实质上可以理解为规则层向方案层的过渡层。这是为了解决设计专业的复杂性而对 AHP 分层结构的创新改造。

在规则层，关键环节是提取性能指标。如图 3 所示，所采用的性能指标包含上文针对评价对象的 n 项性能指标。例如，阀门和梁柱构件是完全不同的对象，但都需要具有各自特定的功能，如 ESDV 阀需要具有截断或隔离的安全性能，同时也应具备检修更换的维护性能；结构梁柱也需要具有提供空间的承载性能和美观性能，同时满足地震和极端荷载条件下的安全性能；工艺系统应具有特定工艺流程的能耗性能和维护性能。各评价对象最具共同特点的是必须考量的经济性能。

图 3 所示的性能仅为普遍性的示例，随着评价对象的范围扩大，可以动态地扩大，如鲁棒性、施工性、资源获取性等。

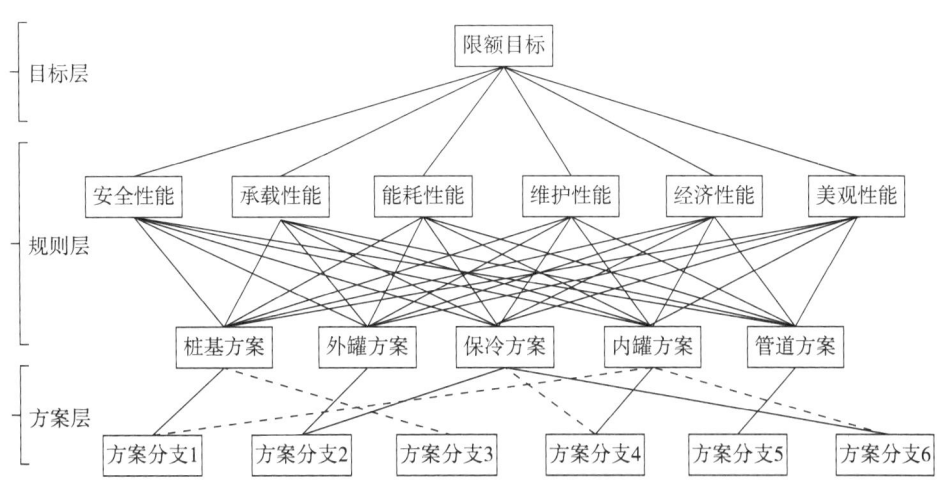

图 3 AHP 分层结构示意图
Figure 3　Schematic diagram of AHP hierarchical structure

3.4 执行层次分析和一致性检验

对设定的规则层和方案层再次进行权重计算，对所有元素进行两两评比，并开展层次排序，计算各元素权重叠加到判断矩阵，计算矩阵的特征根和特征向量[10]。由于在方案层中存在专业方案的过渡，理论上需要进行一致性检验的判断，但在 CRITIC 分析环节经过了专家判断，因此方案分支的逻辑性已得到保证，一致性检验的结果不再具有决定性影响。经过层次分析后，评价的权重一般直接决定限额设计的优化方向。

4 某储罐工程限额设计算例

针对 LNG 接收站项目技术经济特点，根据上述原理和数字模型，本文以某 LNG 项目储罐工程为例，模拟了限额设计的目标分配过程，作出了限额设计决策。同时为进行合理性验证，笔者采用功能性量化分配系数的方法制定了限额设计目标[7]，并将限额设计成果进行了对比。

按照本文第 2 章所述思路和第 3 章所述算法。为便于分析演示，将设计方案按照分部工程划分。主要分为桩基方案、外罐方案、内罐方案、保冷方案、管道方案和工艺方案。算例中，组织了各专业的专家采用德尔菲法进行了打分，选取的性能指标较少，因此采用了两轮评分。

其中，各性能指标所表征的主要内容和范围如下：
- 安全性能：评价对象对整体的安全性的作用和影响，也包括自身的安全性；
- 经济性能：评价对象相对的经济性指标，主要指在建设期间的经济性；
- 维护性能：评价对象可维修、养护、更换的性能，以及为维护提供的条件；
- 美观性能：评价对象的外观，也包括空间的便利性和人因工程的合理性；
- 功能性能：评价对象提供的工艺功能、承载能力等，以及对其他对象功能性能的影响。

为增强评价指标的科学性与客观性，本文对各项性能指标的量化方法进行如下定义，用于引导德尔菲法评分过程。

（1）安全性能（S）：采用自身安全性能及次生风险产生的安全风险评估 $S=\alpha \cdot SF + \beta \cdot (1-RF)$。其中，$SF$ 表示自身安全系数，SF 的值等于材料极限强度与设计应力之比（对 LRFD 设计法应采用可靠指标，最低为 2.7，最高为 4.2）；RF 表示次生风险概率，基于项目安全风险评价的取值，对风险可接受度较低的项目（$1-RF$）≈ 1.0；α、β 均应为 1 左右的系数，大小反映自身安全和次生风险的影响。

（2）经济性能（Ec）：以经验成本占比和预期成本占比的百分数的差值表征。$Ec=(\delta-\varDelta)\times 100$。其中，$\delta$ 等于经验设备或系统造价与经验总造价之比；$\varDelta$ 等于预期成本与预期总造价之比。

（3）维护性能（M）：以年均维护成本与故障频率综合表征。$M=T+\gamma/N$。其中，N 等于维护成本总和与设备系统成本之比；T 表示维护间隔时间；γ 表示平均故障间隔时间（MTBF，一般通过历史运维数据统计获得或行业经验判断）。

（4）美观性能（A）：以可见范围及主观系数的成绩表征，$A=V\cdot\lambda$。其中，V 表示设备或系统的可见性，如隐蔽工程可取 0；λ 表示主观系数，但取值应介于 1～10 之间。

（5）功能性能（C）：通过设计确定的功能与实际需求的比值量化，叠加空间冗余。$C=I+J$。其中，I 等于设计能力与需求能力之比，J 等于设计尺度与需求尺度之比。例如，对于储罐外罐，能力可基于截面承载力估算，尺度可基于罐容估算。

综合评分结果列于表 1 中。

表 1 各项性能指标专家打分表

Table 1 Expert scoring table for various performance indicators

评审项	安全性能	经济性能	维护性能	美观性能	功能性能
桩基方案	8.49	6.02	4.66	3.01	6.66
外罐方案	6.67	2.67	1.33	1.33	1.33
保冷方案	3.20	3.11	3.53	0.47	4.66
内罐方案	5.70	5.30	5.07	0.58	4.95
管道方案	5.06	5.29	3.54	2.50	5.46
工艺方案	4.91	5.72	4.97	0.58	5.72

由于实际项目需要计算的数据量较大，通过手工计算实施限额设计决策的方法过于复杂，因此本文利用 SPSSPRO 提供的工具进行了数据分析和处理[11]。针对特定项目，需要在数字化协同设计平台中嵌入本模型。

利用表 1 进行对比强度分析后，还需输入相关性矩阵，相关性系数的取值也采用专家判断，对同一技术类型的项目，其相关性固定，因此在同类型的多个项目中不再需要重复判断。本算例采用的相关性矩阵由表 3 进行归一化处理获得。通过对比强度和相关性计算后，得到权重分析结果，详见表 2。

表2 基于CRITIC法的过渡方案权重
Table 2　Transition scheme weights based on CRITIC method

评审项	对比强度	相关性	信息量	权重
桩基方案	2.068	1.271	2.6284	0.1610
外罐方案	2.31	1.292	2.9845	0.1828
保冷方案	1.54	1.103	1.962	0.1202
内罐方案	2.112	1.389	2.5446	0.1559
管道方案	1.293	1.556	3.2105	0.1967
工艺方案	2.161	1.385	2.993	0.1834

采用CRITIC法完成权重计算后得到权重矩阵W，进一步根据技术方案之间的相关性构建AHP判断矩阵A。

表3 AHP判断矩阵
Table 3　AHP judgment matrix

评审项	桩基方案	外罐方案	保冷方案	内罐方案	管道方案	工艺方案
桩基方案	1.00	1.20	0.90	1.40	1.10	1.05
外罐方案	0.83	1.00	1.33	0.86	1.09	1.14
保冷方案	1.11	0.75	1.00	0.64	0.82	0.86
内罐方案	0.71	1.17	1.56	1.00	1.27	1.33
管道方案	0.91	0.92	1.22	0.79	1.00	1.05
工艺方案	0.95	0.88	1.17	0.75	0.95	1.00

得到AHP判断矩阵A和权重矩阵W后，可直接计算最大特征向量。

$$A \times W = \begin{bmatrix} 0.1610 & 0.2194 & 0.1082 & 0.2183 & 0.2164 & 0.1926 \\ 0.1342 & 0.1828 & 0.1603 & 0.1336 & 0.2146 & 0.2096 \\ 0.1789 & 0.1371 & 0.1202 & 0.1002 & 0.1609 & 0.1572 \\ 0.1150 & 0.2133 & 0.1870 & 0.1559 & 0.2503 & 0.2445 \\ 0.1464 & 0.1676 & 0.1469 & 0.1225 & 0.1967 & 0.1921 \\ 0.1533 & 0.1600 & 0.1402 & 0.1169 & 0.1878 & 0.1834 \end{bmatrix}$$

在用6项单专业方案组合方案分支时，理论上最简单的组合也至少有15种。本算例为简化示例，仅考虑两方案的组合，剔除相关度过低的组合，简化出6项方案分支，分别为：

方案分支 1：桩基方案与内罐方案的组合；

方案分支 2：外罐方案与保冷方案的组合；

方案分支 3：桩基方案与外罐方案的组合；

方案分支 4：内罐方案与外罐方案的组合；

方案分支 5：管道方案与工艺方案的组合；

方案分支 6：保冷方案与工艺方案的组合。

从表 4 中可以看出方案分支 4 对应最大特征值，λ_{max}=1.247，基于前文所述原因，对其一致性验证不再展开。此时最大特征向量对应的方案即为限额设计最优目标。可见该方案在 CRITIC 法分析中所占权重并非最大。但经过 AHP-CRITIC 决策模型分析后，认为该方案具有最优的限额设计价值。

表 4 特征值计算表
Table 4 Eigenvalue calculation table

项 目	W_i	$\sum_{i=1}^{n}\dfrac{A_i \times W_i}{n}$
方案分支 1	0.1610	1.155
方案分支 2	0.1828	0.944
方案分支 3	0.1202	1.185
方案分支 4	0.1559	1.247
方案分支 5	0.1967	0.824
方案分支 6	0.1834	0.856

在本算例中，方案分支 4 对应的方案为以内罐抗震优化为核心的组合方案，这与常规经验相符，并与罐体结构力学分析所证实的结论一致[12]。而保冷方案与管道方案所占权重较低，未成为限额设计的最优方向。该结论从储罐设计的技术经济角度分析，与事实相符，验证了 AHP-CRITIC 法的合理性。

在设计过程中，某 LNG 项目的 22 万立方米储罐项目采用了基于 SP3D 的数字化协同设计。在储罐初步设计方案确定的基础上，利用本方法重新搜索和制定限额设计目标，确定了以内罐结构抗震、排版方式和外罐低温钢筋为核心的组合方案作为优化方向。在此指引下，储罐工程实现降本 3.2%，单台储罐经济效益 1 280 万元。其中，低温钢板减量 5%，低温钢筋减量 3%，保冷材料减量 8%，而储罐工程关键技术指标蒸发率（BOR）低于 0.5‰。结果表明，本方法为 LNG 储罐工程限额设计设定了合理的指标权重明确了正确的优化方向和目标，值得深入研究和推广。

5 限额设计的制度保证措施

本方法所采用的限额设计思路，减少了对人为因素的依赖。但在实践中，仍然需要建立相应的制度，转变限额设计的思维，否则无法保证基于数智化限额设计理念的有效贯彻实施。

5.1 超前谋划组织的意识

设计管理人员需要开拓管理的思维，应超前谋划并组织施工方、厂家及业主单位明确项目功能需求，做到功能与设计意图相一致，规避因功能性变化产生的变更。

5.2 梳理施工设计方案联动意识

施工工艺的合理性直接关系到设计方案的成本和质量。应充分识别施工方案中所蕴含的经济效益和社会效益[13]。这部分是本文限额设计方法未能涵盖的范畴。必须在设计之前，对施工方案进行设计方案适配性分析，并将分析结果反映到 AHP-CRITIC 法的经济因素中。

5.3 增强设计人员的成本意识

尽管本方法将技术和经济作为同等重要的因素，但在工程设计人员进行单专业优化设计的过程中，依然会存在只关注工程设计速度、技术和产值，不重视工程成本的倾向。而经济管理人员又无法及时参与到设计环节，只能在事后进行验证。因此，限额设计目标的实现必须在设计环节得到有效控制和落实。这就需要设计人员增强成本意识，最大限度地实现限额设计目标。

5.4 重视新技术应用对成本控制的作用

借助结构智能监测技术，限额设计的技术手段具有更大的应用潜力。笔者曾对某 LNG 项目管廊结构的超低温管道温度荷载开展反演分析，优化极端温度荷载作用下的管廊设计方案，这项技术又是本文所述方法力不能及的范畴，需要通过技术经济联合手段深化研究。

6 结论与展望

通过本文理论阐述和决策模型推算，建立了基于数智化和 AHP-CRITIC 法的 LNG

工程限额设计方法。通过在某 LNG 项目设计管理实践中的应用，在项目使用功能和工程价值不变的前提下，实现了显著的经济效益。

本文算例仅在复杂程度较低的单位工程中实施，其数据分析的规模较小，未能覆盖全部的评价对象和性能指标。本限额设计方法的应用离不开数据分析算法。将算法嵌入到数字化协同设计平台中，可以实现对整个 LNG 项目，甚至更复杂系统的限额设计决策。

仅靠专家经验性的判断无法实现精准快速的限额设计，尽管如此，基于专业技术分析的经验方法依然值得研究，本文所示限额设计决策的思路可以作为经验判断的逻辑性参考。

文中性能指标的确定与多专业工程技术紧密相关，本文仅提供一种尝试，涉及具体专业的性能指标，还需要多专业工程师协同进行深入研究。

本文的重点在于限额设计目标决策方法的研究，关于 AID 技术实施细节未作展开。但 AID 的开发思路与本文所论述的限额设计思路相辅相成，很有必要继续联合 AID 技术开展更深层次的研究。

参考文献

［1］ 中华人民共和国住房和城乡建设部. 工程造价术语标准：GB/T 50875—2013[S]. 北京：中国计划出版社，2013.

［2］ 沈佳星. 许昌空港新城第一国际 A 座钢结构用钢量限额设计及其合理性分析 [J]. 建筑科学，2020，36（S2）：143-147.

［3］ 禚新伦，曹丽，赵红. 工程项目限额设计流程及组织管理分析 [J]. 工程经济，2017，27（4）：23-26.

［4］ 杨武勇，李政道，郭振超，等. CL-EPC 项目结构设计优化研究与应用 [J]. 建筑经济，2021，42（S1）：136-138.

［5］ 白永莉. 新业态下建设项目限额设计方法及应用研究 [J]. 建筑经济，2021，42（5）：52-54.

［6］ 王晓辉，吴冉昂，李灵霞. 基于功能成本适配的 EPC 项目限额设计管理研究 [J]. 建筑经济，2024，45（5）：52-58.

［7］ 甄静水，张赵君，郭冠群. LNG 储罐总承包项目的限额设计研究与实践 [J]. 化学工程与装备，2016（3）：230-232.

［8］ 白小虎. BIM 技术和 AHP 法在 EPC 项目限额设计中的应用研究 [J]. 施工技术，2018，47（17）：14-17.

［9］ 黄宇，陈海平，刘梦溪，等. LNG 接收站 LNG 管道系统水力特性分析研究 [J]. 化工设备与管道，2023，60（6）：65–71.

［10］ DIAKOULAKI D, MAVROTAS G, PAPAYANNAKIS L. Determining objective weights in multiple criteria problems: The CRITIC method[J]. Computer Ops Res, 1995, 22: 763–770.

［11］ Scientific Platform Serving for Statistics Professional 2021. SPSSPRO. (Version 1.0.11) [Online Application Software].

［12］ 吴洁颖，余倩倩，顾祥林，等. 近断层地震下基于新型减隔震装置的大型 LNG 储罐动力响应研究 [J/OL]. 工程力学 [2024–07–24]. https://doi.org/10.6052/j.issn.1000–4750.2023.09.0701.

［13］ 王勇军. 限额设计在 EPC 项目中的应用研究 [J]. 建筑经济，2022，43（11）：67–72.

Cost Control for LNG Construction Projects: Digitization and AHP-CRITIC Method

Zhaojun ZHANG, Juan SU, Jingshui ZHEN, Jing LU, Lei SHI

Offshore Oil Engineering CO., LTD

Abstract: Accompanied by the rapid development of digitization and artificial intelligence assisted design (AID), a new quota design method has been studied for implementing cost control in LNG projects. A quota design decision model based on quantitative analysis has been constructed, utilizing shared data from a digital collaborative design platform and employing Analytic Hierarchy Process (AHP) and Criteria Importance Though Intercrieria Correlation method (CRITIC). The benefits and key factors of quota design can be reasonably evaluated. This model was applied to the limit design decision of a 220 000 cubic meter storage tank project for a liquefied natural gas (LNG) project in Tangshan. Quickly evaluate key factors and optimal benefits, and determine quota design indicators for multiple specialties and objectives. Compared to traditional empirical optimization design, it reduces costs by 3.2% and achieves an economic benefit of 12.8 million yuan per storage tank. The cryogenic steel plate is reduced by 5%, the cryogenic bar is reduced by 8%, and the insulation material is reduced by 2%. The evaporation rate (BOR) is less than 0.5‰, which is the key technical indicator for tank engineering. The results prove the feasibility and effectiveness of this model for quota design decision-making in LNG projects.

Keywords: digitization and intelligence; quota design; AHP-CRITIC method; LNG project

兼顾准确性和可解释性的聚丙烯毛利预测模型

邱瑞祥*，李梦祎，许了，王殿铭，朱芳奇

中国海油集团能源经济研究院

摘要：准确预测化工品毛利，对推动石化产业链平稳运行、提升上下游企业运营收益意义重大。对此，本研究基于数据分解去噪、自动化机器学习与可解释性工具，构建了兼顾准确性和可解释性的聚丙烯毛利预测模型。首先，运用完全集合经验模态分解，对聚丙烯毛利数据进行分解，去除高频噪声分量后重构剩余分量，实现去噪操作。其次，鉴于当前数据驱动模型繁多，模型选择存在主观性与低效率问题，本研究搭建了自动化机器学习框架。该框架能在短时间内，从上百种模型中自动筛选出最优模型，且扩展性良好。研究结果显示，预训练神经网络展现出最优预测性能，获得了精准的聚丙烯毛利预测结果。最后，使用SHAP方法揭示机器学习模型中特征变量与聚丙烯毛利预测之间的复杂关系。

关键词：聚丙烯毛利；数据分解去噪；自动化机器学习；机器学习可解释性

0 引言

聚丙烯（PP）作为丙烯经加聚反应生成的聚合物，是性能优良的热塑性合成树脂，具备耐化学性、表面光泽度好、耐热、抗腐蚀、电绝缘性佳等优势。聚丙烯行业上游以丙烯为主要原料，下游应用领域广泛，涵盖编织制品（如塑编袋、篷布、绳索等）、薄膜制品、纤维制品以及管材等多个方面。2023年，我国聚丙烯年均价格为7 680元/吨，相比2022年的8 360元/吨呈下降态势。加之碳中和政策推进及地缘政治冲突等因素影响，原油价格居高不下[1]，聚丙烯生产企业利润空间被严重压缩，行业面临产品同质化和市场竞争加剧的局面。

目前，中国石油化工行业处于"减油增化"的转型发展阶段[2]，为实现化工产业高质量发展，不仅要在产品技术研发上取得突破，更关键的是要准确判断未来市场的景气程度。此外，炼化产业的行业特性决定了可依据效益估算，在多种化工品间进行投资组

---

* 邱瑞祥，男，硕士，主要从事能源价格分析预测研究。E-mail: qiurx@cneei.com.cn

合优化以实现利润最大化。因此，研究聚丙烯市场的价格逻辑，构建定量化模型精准预判产品毛利的未来发展，对指导炼化企业开展生产销售工作意义重大。

1 研究现状

长期以来，化工品价格与利润预测研究多从供需水平、开工率等维度展开定性分析。陈诚等人通过统计2018—2022年数据指出，聚丙烯市场供应、下游需求规模、上游原料成本以及宏观经济运行状况，是影响聚丙烯价格的关键因素[3]。李花等人对我国聚丙烯市场现状与发展趋势进行定性分析后预计，2022年后我国聚丙烯产能供应将持续高增长，供应过剩压力增大；而高端专用产品领域对外依存度依旧较高，若原材料价格持续高位，聚丙烯价格整体或将小幅下行[4]。齐姝婧等人聚焦透明聚丙烯这一重要改性品种，全面回顾其应用领域，并在统计国内产能、产量和需求的基础上，对未来发展趋势作出预测[5]。

定性分析研究在把握行业发展趋势、剖析市场影响因素方面提供了重要见解，但结论往往较为模糊，且大多缺乏对未来市场走势的精准预测。随着我国化工品市场建设日益完善，众多指标数据可得性增强，构建数据驱动的定量化聚丙烯价格预测模型成为可能。孙克乙等人从上游成本端、供给端、需求端和宏观经济四个方面，梳理出与聚乙烯、聚丙烯价格关联性较强的影响因素，运用随机森林模型拟合影响因素与近年价格的关系，据此预测未来3年利润，发现聚烯烃产品利润与原油价格呈明显负相关，且相同油价下聚乙烯盈利优于聚丙烯[6]。陈孝文等人利用小波去噪数据分解和长短期记忆神经网络模型对聚丙烯价格进行预测，结果表明小波去噪能够有效去除聚丙烯期货价格数据中的噪声，并结合长短期记忆神经网络模型后实现了较高的预测精度[7]。

数据驱动的定量预测模型为价格预测带来新机遇，尤其是人工智能模型凭借出色的特征提取和非线性拟合能力，克服了传统计量模型的不足，成为当前能源化工价格预测的重要领域。Tiwari等人对比11种不同机器学习模型在不同预测时间尺度下对天然气和原油价格波动的预测能力，发现不同模型的预测性能随预测时间尺度变化显著。其中，在日度、周度和月度尺度下，随机森林模型（RF）和极限梯度提升模型（XGBoost）在原油价格和天然气价格波动预测中均表现出较高有效性[8]。Guo等人运用循环神经网络（RNN）、长短期记忆神经网络（LSTM）、门控循环单元神经网络（GRU）、支持向量机回归（SVR）、多层感知机（MLP）、卷积神经网络（CNN）和误差反向传播神经网络（BP）对中国原油期货进行预测，结果表明GRU模型的准确性优于其他模型[9]。

值得关注的是，当前数据驱动的定量模型种类繁多，选择合适的预测模型不仅是预测成功的关键，也是预测过程中最具挑战性的环节。各模型大多有复杂的超参数需要调整优化，这使得研究人员在模型比选上耗费大量精力，缺乏统一易用的模型比选框架。为解决这一问题，本研究针对数据驱动的聚丙烯毛利预测任务，开发了一个广泛适用的自动化最优预测模型选择框架，以克服模型选择的主观性与低效率。通过应用该框架，可自动比较多种预测模型在不同超参数下的预测和泛化能力，输出最优组合方式，该框架有望成为数据驱动预测任务的有力工具。然而，广泛的非线性机器学习模型在提升预测精度的同时，其决策逻辑的黑箱特性降低了可解释性，成为制约模型落地应用的新挑战。

为平衡预测性能与可解释性，学术界提出了多种解决方案。其中代表性方法包括部分依赖图（PDP）[10]、局部可解释模型无关解释（LIME）[11]以及基于博弈论的SHapley加法解释（SHAP）[12]。SHAP方法作为其中的佼佼者，能够通过整合全局与局部特征效应，且具备模型无关性，为复杂机器学习模型的可解释性分析提供了有效解决方案。使用该方法能够在利用非线性模型提升预测能力的同时，确保决策过程的透明性。本研究进一步将SHAP方法与自动化模型选择框架相结合，为数据驱动预测任务构建从模型优化到结果解释的完整解决方案。

2 研究方法

2.1 完全集合经验模态分解

数据分解技术能够有效去除价格或毛利时间序列中的高频噪声。对于分解算法来说，传统的有Hodrick–Prescott滤波分解、季节和趋势分解（STL）、小波分解、经验模态分解（EMD）以及在此基础上衍生出的集成经验模态分解（EEMD）等。然而，上述算法存在主观性过强以及模态混叠的现象。本研究使用在EMD基础上改进的CEEMDAN模型，将计算出的聚丙烯毛利时间序列分解成不同频率的分量，模型具体步骤如下。

假设$f(t)$为原始聚丙烯毛利时间序列，$\overline{IMF}_k(t)$为第k次通过CEEMDAN分解提取出的本征模态函数（IMF）分量，$EMD_j(\cdot)$为第j次通过EMD分解提取出的IMF分量，ε_k决定所添加的白噪声的标准差，$w^i(t)$为满足标准正态分布的高斯白噪声，$r(t)$为进行分解后的残差。添加标准差为ε_0的白噪声$w^i(t)(i=1, 2, 3, \cdots, n)$到原始序列$f(t)$中，将添加噪声后的序列设为$f^i(t)(i=1, 2, 3, \cdots, n)$，如公式（1）所示：

$$f^i(t)=f(t)+\varepsilon_0 w^i(t), i=1, 2, 3, \cdots, n \tag{1}$$

使用EMD对$f^i(t)$分解n次，并且获得n次分解的结果$IMF_1^i(t)(i=1, 2, \cdots, n)$，然后计

算平均值,以获得第一次 CEEMDAN 分解的结果 $I\bar{M}F_1(t)$,如公式(2)所示。通过公式(3)获得第一次提取分量后的剩余残差。

$$I\bar{M}F_1(t)=\frac{1}{n}\sum_{i=1}^{n}I\bar{M}F_1^i(t)=\frac{1}{n}EMD_1[f^i(t)] \tag{2}$$

$$r_1(t)=f(t)-I\bar{M}F_1(t) \tag{3}$$

将自适应白噪声加入第一个残差 $r_1(t)$ 中以获得进行下一次分解的新的时间序列。然后对新生成的时间序列继续进行 EMD 分解,再进行平均以获得第二次 CEEMDAN 分解的结果 $I\bar{M}F_2(t)$,如公式(4)所示。第二个残差的生成过程如公式(5)所示:

$$I\bar{M}F_2(t)=\frac{1}{n}\sum_{i=1}^{n}I\bar{M}F_2^i(t)=\frac{1}{n}\sum_{i=1}^{n}EMD_2[r_1(t)+\varepsilon_1w^i(t)] \tag{4}$$

$$r_2(t)=r_1(t)-I\bar{M}F_2(t) \tag{5}$$

如此循环 k 次,第 k 次由 CEEMDAN 分解的结果如公式(6)所示。最后,当残差不超过两个极值点,无法继续分解时,此时,CEEMDAN 分解结束并获得 k 个 IMF 分量与一个残差项 $R(t)$,其中,残差项具有明显的趋势。IMF 分量、残差项以及原始序列的关系如公式(7)所示:

$$I\bar{M}F_k(t)=\frac{1}{n}\sum_{i=1}^{n}IMF_k^i(t)=\frac{1}{n}\sum_{i=1}^{n}EMD_k[r_{k-1}(t)+\varepsilon_kw^i(t)] \tag{6}$$

$$f(t)=\sum_{k=1}^{k}I\bar{M}F_k(t)+R(t) \tag{7}$$

2.2 偏自相关函数

为确定输入模型的最优滞后阶数,本研究采用偏自相关函数(PACF)来确定滞后期。PACF 用于衡量时间序列中某一时刻值与滞后值之间的直接相关性,同时能控制中间其他滞后值的影响。假设一个时间序列 y_t 服从 p 阶自相关模型 $AR(p)$,如公式(8)所示:

$$y_t=\varphi_1y_{t-1}+\varphi_2y_{t-2}+\cdots+\varphi_py_{t-p}+\mu_t \tag{8}$$

其中,$\varphi_1\cdots\varphi_p$ 为自回归系数,μ_t 为白噪声需求,在此公式中,偏自相关函数就是在给定 $y_{t-1},y_{t-2},\cdots y_{t-(k-1)}$ 的条件下,y_t 与 y_{t-k} 之间的相关系数。

2.3 自动化机器学习框架

在数据驱动的定量化研究领域,没有在任何情况下都能展现最佳性能的单一模型。因此,在预测研究中,方法的选择对结果有着重大影响,挑选最合适的模型便显得尤为关键。本研究引入了一种集成式自动化机器学习框架,该框架借助数据驱动的统计模型与机器学习模型,拟合滞后期毛利、消费量、生产量和原油价格对当期聚丙烯毛利的影响，从而开展下一步预测。

与以往多数依赖预选模型来追求预测准确性最大化的研究不同，本文运用自动化机器学习框架，完成模型选择、超参数调整以及性能评估等一系列工作。在实验进程中，研究人员无须进行烦琐的模型对比，这极大地避免了模型选择过程中的主观性，提高了效率。具体来说，该框架纳入了12种预测模型，涵盖经典计量模型（LinearRegression）、降维收缩模型（Lasso、Ridge）、树类模型（RandomForestRegression、ExtraTreesRegression）、梯度提升模型（GradientBoostingRegressor、LGBMRegressor、XGBRegressor）以及神经网络模型（MLPRegressor、TabPFNRegressor）等。通过设置不同超参数，实现了153个模型的对比，详细的模型设置如表1所示。

表1 自动化机器学习框架所纳入模型

Table 1 The models incorporated into the automated machine learning framework

预测模型	超参数	网格搜索数值
LinearRegression	—	—
Lasso Ridge	alpha	0.1, 1, 5, 10, 20
KNeighborsRegression	n_neighbors weights	1, 2, 3, 4, 5, 6, 7 'uniform', 'distance'
SVR	kernel C	'linear', 'poly', 'rbf', 'sigmoid' 0.1, 1, 10
RandomForestRegression ExtraTreesRegression	n_estimators min_samples_leaf max_depth	50, 100, 200 1, 2, 5, 10 5, 10, 20
GradientBoostingRegressor LGBMRegressor XGBRegressor	n_estimators learning_rate	50, 100, 200 0.01, 0.05, 0.1
MLPRegressor	activation hidden_layer_sizes alpha	'logistic', 'relu' (100,), (15,) 1e-4, 1e-5
TabPFNRegressor	device	'auto'

值得关注的是，尽管当前框架内仅包含12种模型，但其可拓展性极强。只需进行简单修改，便可将新的预测模型纳入比选范围。此外，目前框架仅涵盖了预测模型，然而对于复杂的预测任务而言，数据预处理工作同样至关重要。该框架可进一步拓展，将主成分分析（PCA）、因子分析（FA）、偏最小二乘回归（PLS）以及一致流形逼近与投影（UMAP）等数据预处理方法纳入其中，从而从高维数据中提取有效信息，提升模型

的预测能力。

模型的自动化对比采用十折交叉验证方式进行。首先，将数据按照 9∶1 的比例划分为训练集和测试集，模型训练、对比以及数据归一化操作均基于训练集数据开展，这完全避免了数据泄露问题。其次，把训练集数据分成 10 份子集，每次选取其中 9 份用于模型训练，并对比剩余 1 份的预测误差，预测误差以平均绝对误差（MAE）作为衡量指标。如此一来，153 个模型每个都进行了 10 次训练，通过比较 10 次训练后的平均误差，确保模型具备充分的泛化能力，进而从中选出最优模型。

最后阶段是评估模型在测试数据集上的性能，以便对从未接触过的数据进行无偏评估。由于已通过自动模型比选确定了性能最佳的模型，因此本文使用均方根误差（RMSE）、平均绝对误差（MAPE）和方向准确率（DA）仅对最优模型在测试集上的性能进行评估，如公式（9）～公式（11）所示：

$$RMSE=[f^i(t)]=\sqrt{\frac{1}{n}\sum_{i=1}^{n}(\hat{y}-y_i)^2} \qquad (9)$$

$$MAPE=\left(\frac{100\%}{n}\right)\sum_{i=1}^{n}\left|\frac{\hat{y}_i-y_i}{y_i}\right| \qquad (10)$$

$$DA=\frac{\sum_{i=1}^{n}d_i}{n-1}\times 100\% \qquad (11)$$

其中，$d_i=\begin{cases}1,(y_i-y_i-1)与(\hat{y}_i-\hat{y}_{i-1})同号\\0,(y_i-y_i-1)与(\hat{y}_i-\hat{y}_{i-1})异号\end{cases}$

其中，y_i 为聚丙烯毛利的原始值，$\hat{y}_i$ 为聚丙烯毛利的预测值。RMSE 和 MAPE 都是衡量预测值和真实值之间偏差程度的指标，数值越小代表模型预测精度越高。而 DA 表示了模型预测方向与真实方向之间的差异，该数值越大代表精度越高。

2.4 机器学习可解释性分析

为揭示机器学习模型中特征变量与聚丙烯毛利预测间的关系，本研究采用基于博弈论的 SHAP（SHapley Additive exPlanations）解释框架。该方法通过 Shapley 值理论量化各特征对模型输出的边际贡献，构建加性特征解释模型。

设特征集合包含 n 个预测变量，模型输出可分解为各特征的 SHAP 值贡献之和，如公式（12）所示：

$$v(N)=\phi_0+\sum_{i=1}^{n}\phi_i \qquad (12)$$

其中，ϕ_i 为特征 i 的 SHAP 值，表示其对模型预测的边际贡献。该值通过遍历所有

特征子集 $S \subseteq N$，计算特征 i 在子集 S 中的边际贡献 $v(S\cup\{i\})-v(S)$，并对所有可能的子集组合取期望值，如公式（13）所示：

$$\phi_i = \sum_{S \subseteq N/\{i\}} \frac{|S|!(n-|S|-1)!}{n!}[v(S\cup\{i\})-v(S)] \qquad (13)$$

该方法可兼容 RandomForest、XGBoost 和 TabPFN 等多种机器学习模型，通过整合局部与全局特征效应，实现模型预测逻辑的可视化解释。整体研究框架图如图 1 所示。

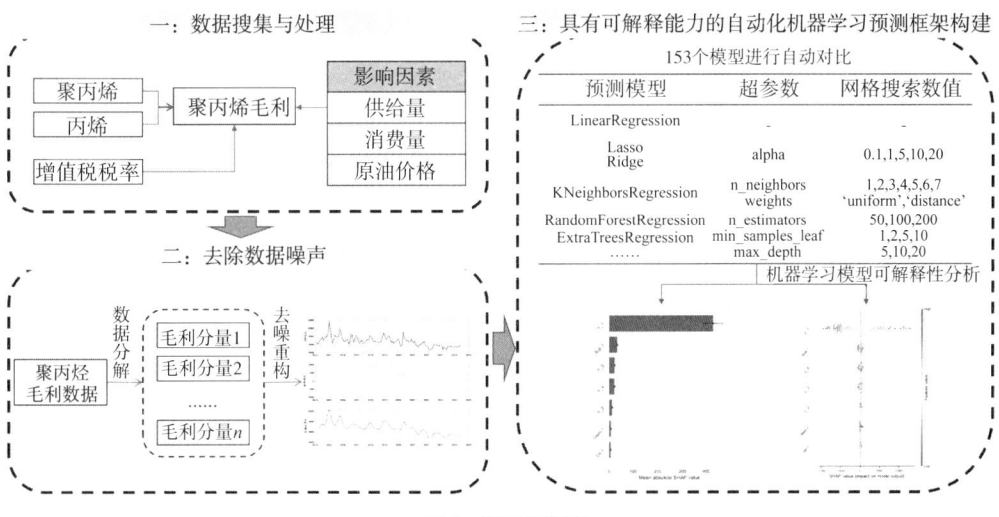

图 1　研究框架图
Figure 1　Research frame diagram

3　实验与结果

3.1　数据

本研究选取镇海炼化聚丙烯出厂价与中国成本加运费（CFR）丙烯现货价格作为研究对象，用以计算聚丙烯毛利。同时，将产量、消费量以及上游成本端的原油价格作为外生影响因素。原始数据集涵盖 2014 年 1 月至 2024 年 11 月的月度数据，其中 90% 的数据用于模型训练集，10% 作为测试集。

基于数据的可获取性，毛利仅从原材料角度计算，采用一单位聚丙烯价格减去一单位丙烯价格。此计算方式的依据是，从碳原子层面分析，一个丙烯分子（C_3H_6）含有 3 个碳原子，在聚丙烯的加聚反应中，丙烯分子的碳碳双键打开并相互连接形成聚丙烯分子链，而聚丙烯的一个基本结构单元（—CH_2—CH（CH_3）—）同样由 3 个碳原子构成，即每 3 个碳原子对应一个重复单元。

另外，CFR 现货价格未包含增值税，而依据《中华人民共和国增值税暂行条例》，在我国境内进口货物的单位和个人是增值税纳税人，需依法缴纳增值税。本研究参考我国增值税率改革历程，对丙烯 CFR 现货价格进行乘税处理。具体为：2014 年 1 月至 2014 年 6 月增值税率为 17%，2014 年 7 月至 2019 年 3 月增值税率为 16%，2019 年 4 月至 2024 年 11 月增值税率为 13%。

由于各数据在统计维度上存在大小差异，若直接用于训练模型，可能致使求解器不稳定。因此，数据归一化是提升模型预测精度的必要前提。本研究采用 Min-Max 归一化方法对原始数据进行预处理，以消除数据量纲的影响，如公式（14）所示：

$$x_{\text{scaled}} = \frac{x - x_{\min}}{x_{\max} - x_{\min}} \tag{14}$$

3.2 聚丙烯毛利数据分解去噪

图 2 呈现了基于 CEEMDAN 的月度聚丙烯毛利分解结果。原始的聚丙烯毛利被成功分解为 7 个分量，分别记为 IMF1 至 IMF7。各分量的频率特性各异，其中 IMF1 的频率最高，IMF7 的频率最低，且所有 IMF 分量均呈现显著的周期性特征。不同的 IMF 分量蕴含着独特的经济意义，IMF1 作为高频分量，反映的是聚丙烯毛利的短期波动情况，而这种短期波动对于月度毛利预测而言，具有一定的干扰性。

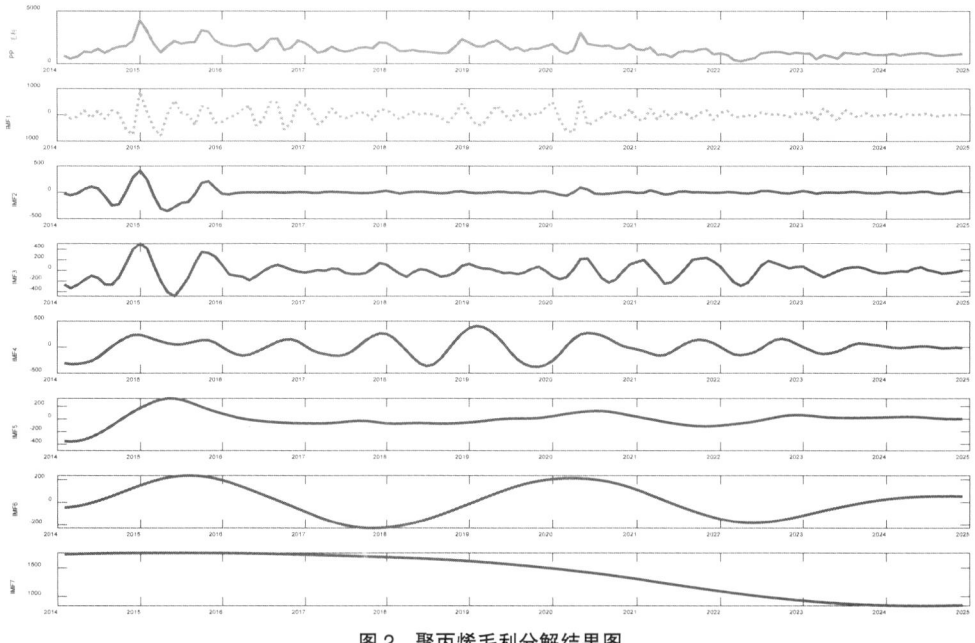

图 2 聚丙烯毛利分解结果图
Figure 2 The decomposition result diagram of the gross profit of polypropylene

基于此，本研究决定剔除 IMF1，将 IMF2 至 IMF7 进行加和重构，以此完成去噪处理。为了充分验证去噪操作的必要性，在后续研究中，对去噪和未去噪两种情况下的预测性能展开了对比分析。结果表明，经过去噪处理后，聚丙烯毛利预测的准确性得到了显著提升，有力证实了去噪操作在提升预测效果方面的有效性。

3.3 偏自相关函数确定最佳滞后阶数

在本研究中，为确定输入模型的数据，运用 PACF 对聚丙烯毛利去噪数据的自身超前滞后关系展开分析。图 3 展示了聚丙烯毛利去噪数据的 PACF 分析结果，横坐标代表数据滞后阶数，纵坐标为偏自相关系数，该系数绝对值越大，表明对应滞后期的毛利数据对当期的影响程度越大。

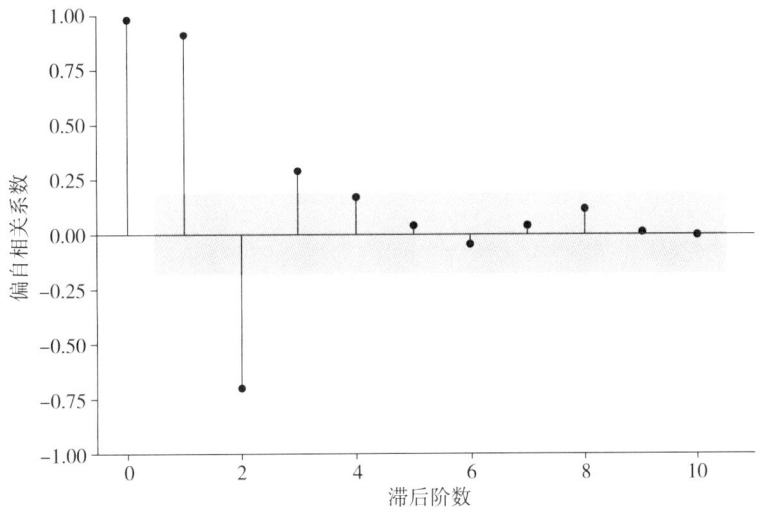

图 3 聚丙烯毛利偏自相关函数结果图
Figure 3 The result diagram of the partial autocorrelation function of the gross profit of polypropylene

图 3 中阴影部分为 95% 置信区间，理论上，真实的偏自相关系数在 95% 的情况下会处于该阴影区域内。若某一滞后阶数的 PACF 值超出阴影区域，便有较高把握认定该阶数的偏自相关系数不为零，即该滞后阶数可能对序列产生显著影响。基于此，本研究纳入滞后四阶的自身信息用于预测当期毛利。

除自身滞后历史信息外，本研究还纳入聚丙烯供需基本面市场数据和上游成本端的原油价格数据，选取滞后一阶的聚丙烯产量、消费量和原油价格作为外生变量，构建滚动窗口的监督学习数据格式，以便将其融入自动化机器学习框架，进行预测与模型比选。

3.4 自动化机器学习框架实现最优预测模型选择

本文将构建好的滚动窗口监督学习数据格式融入自动化机器学习框架中开展模型比选工作。框架运行88秒后，便自动完成了对153个模型的十折交叉验证性能对比。其中，预测误差最低的前五个模型如图4所示。图中横坐标代表在归一化训练集上进行十折交叉验证后的MAE，纵坐标则展示了不同的预测模型。通过这一对比，能够直观地呈现各模型在预测性能上的差异，为后续筛选最优模型提供了有力依据。

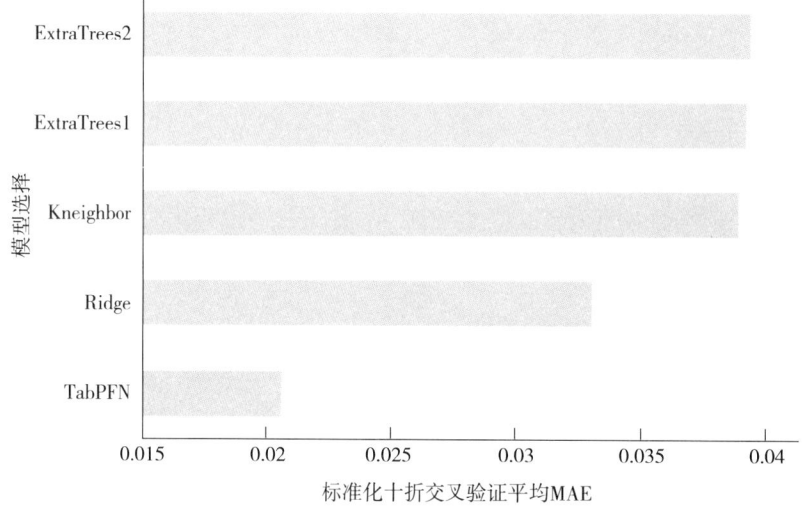

图4 自动化机器学习框架模型对比图

Figure 4 Comparison chart of models in automated machine learning frameworks

在图4的纵坐标所涉及的模型中，TabPFN代表TabPFNRegressor(device='auto')模型，Ridge代表Ridge(alpha=0.1)模型，Kneighbors代表KNeighborsRegressor(n_neighbors=2, weights='distance')模型，ExtraTrees1代表ExtraTreesRegressor(max_depth=20, min_samples_leaf=1, n_estimators=200)模型，ExtraTrees2代表ExtraTreesRegressor(max_depth=20, min_samples_leaf=1, n_estimators=100)模型。

通过图4的对比可以清晰发现，TabPFN模型的平均MAE仅为0.021。与排名第二的Ridge模型相比，TabPFN模型在性能上有37.61%的显著提升；相较于排名第五的ExtraTrees2模型，其性能提升幅度更是达到47.57%。由此可见，TabPFN模型在本次研究中展现出了最优的预测性能和出色的泛化能力。

TabPFN模型之所以能取得如此优异的成果，主要源于其本质为预训练模型。该模型于2025年1月发表在《Nature》杂志上[10]，基于Transformer架构，TabPFN模型在数百万个合成数据集上进行了预训练。在这一过程中，它掌握了处理数据缺失、噪声和不重要特征等常见难题的方法，因而能够有效应对现实世界中的各种复杂任务。与传统方法相比，TabPFN 模型不仅在较少的数据量下仍能保持较高的预测准确度，还大幅提高了预测速度，在表格数据建模领域展现出了巨大的潜力。

图 5 展示了 TabPFN 模型在训练集上的拟合能力以及在测试集上的预测能力，具体预测误差详见表 2。经计算，TabPFN 模型在测试集上的 MAPE 约为 5%，DA 为 75%，成功实现了对下一步月度毛利的精准预测。

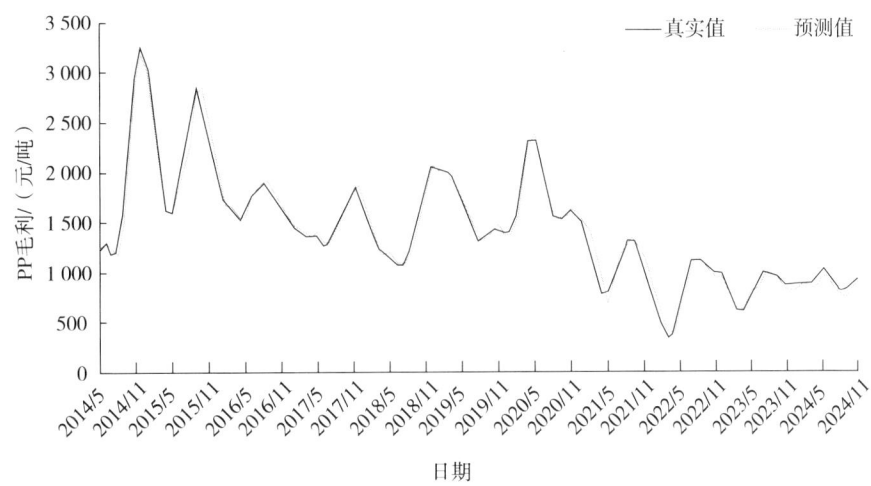

图 5　聚丙烯毛利预测效果图
Figure 5　Effect diagram of polyolefin gross profit prediction

表 2　TabPFN 模型预测误差表
Table 2　Prediction error table of the TabPFN model

误差指标	训练集	测试集
RMSE	43.96	50.89
MAPE	2.39%	5.68%
DA	86.72%	75.00%

本文不仅将数据分解去噪和自动化机器学习框架结合，实现了对聚丙烯月度毛利的提前一步精准预测，还基于拟合后的数据关系，对未来三年的年均聚丙烯毛利展开预测。考虑到向前多步预测需要未来数据，本研究借助 S&P Global 提供的我国未来聚丙烯供需增长率进行毛利预测，并设置了两种原油价格情景以反映原油价格波动的外部冲击。正常情景假设未来三年国际原油价格为 80 美元/桶、75 美元/桶与 70 美元/桶。低油价

情景假设未来三年国际原油价格为 70 美元 / 桶、65 美元 / 桶与 60 美元 / 桶。

预测结果显示，正常情景下，2025 年聚丙烯毛利约为 892.49 元 / 吨，2026 年约为 816.14 元 / 吨，2027 年约为 724.50 元 / 吨。低油价情景下，2025 年聚丙烯毛利约为 915.98 元 / 吨，2026 年约为 823.07 元 / 吨，2027 年约为 732.49 元 / 吨。这一预测结果为石化产业链相关企业的生产、投资决策提供了重要的数据支持，有助于企业提前规划，应对市场变化，进一步凸显了本研究在指导行业发展方面的重要价值。

3.5 机器学习可解释性分析

为解析与聚丙烯毛利预测相关的特征重要度，本研究采用 SHAP 方法对通过自动化机器学习框架筛选出的最优模型 TabPFN 进行解释。图 6 展示了基于平均绝对 SHAP 值的特征重要度排序，按预测影响从高到低排列。该分析通过 1 000 次自助重采样（Bootstrapping）计算 95% 置信区间，以量化解释过程的不确定性。

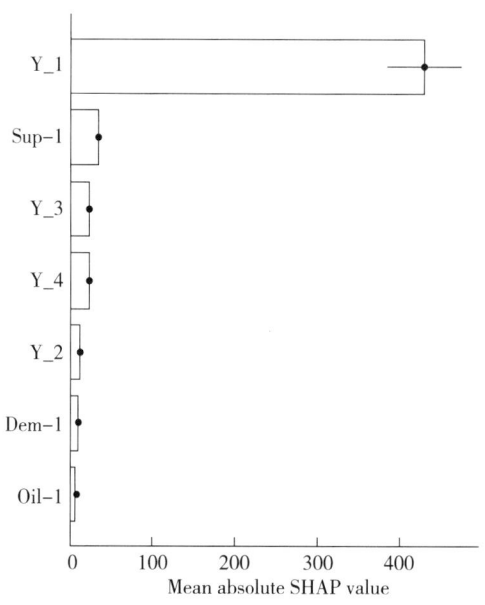

图 6　聚丙烯毛利预测特征重要度
Figure 6　Feature importance for polyolefin gross margin prediction

结果表明，聚丙烯毛利具有显著的时序依赖特性：前五大关键变量中，四个为自身滞后信息。其中，滞后一阶信息的贡献度最高。值得注意的是，滞后三阶和四阶信息的预测效能超过滞后二阶，验证了通过 PACF 确定最优滞后阶数的必要性。在基本面特征中，聚丙烯产量对毛利的影响效应显著高于聚丙烯消费量及上游原油价格。

为进一步揭示特征与毛利的作用机制，图7通过SHAP蜂群图展示特征值与SHAP值的依赖关系。图中每个样本点采用颜色编码表示特征值高低（红色表示高值，蓝色表示低值）。分析结果表明：滞后一期毛利对当期毛利具有显著正向驱动效应（高滞后值对应正SHAP值）；而上期聚丙烯产量则表现出显著负向抑制作用（高产量对应负SHAP值）。其余特征因SHAP值较低，对预测影响有限，故不展开讨论。

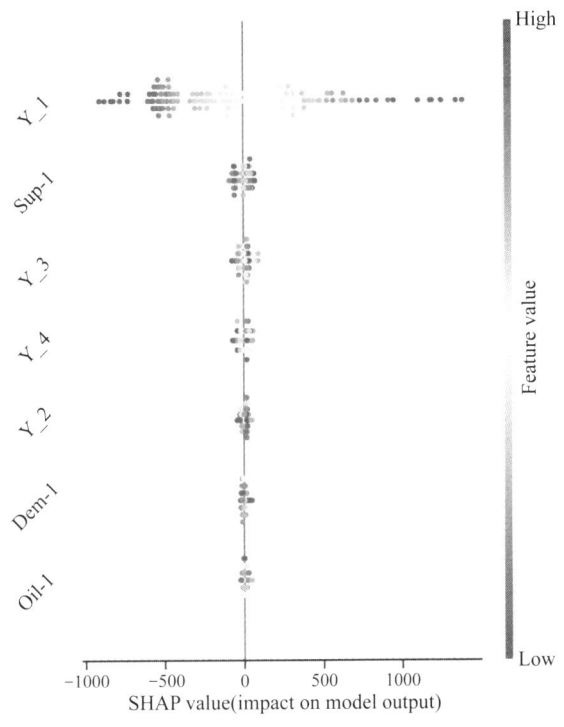

图7 聚丙烯毛利预测SHAP蜂群图
Figure 7　Polypropylene gross margin prediction SHAP swarm plot

3.6 稳健性检验

尽管已有大量研究表明数据分解去噪对提升模型预测精度意义重大，但为进一步增强研究结论的说服力，本研究开展了稳健性检验，旨在探究对毛利数据进行分解去噪是否切实提高了模型预测精度。

在确保除数据去噪步骤外其余操作完全一致的情况下，本文发现，未进行数据去噪时，聚丙烯毛利测试集的MAPE为9.76%；而经过去噪处理后，MAPE降至5.68%，两者之间存在超过4%的预测误差差距。若进一步以未去噪数据为基准，对比去噪后的预测值与未去噪的真实值之间的差异，此时的预测MAPE为6.98%，相较于未去噪时的

9.76%，精度提升显著。这一系列结果有力地证明了数据分解去噪在提高聚丙烯毛利预测模型精度方面的有效性和必要性。

4 结论

本文以聚丙烯为研究对象，构建了数据驱动的炼化产品毛利预测模型。与通过产品价格预测间接推导产品毛利的研究方法不同，本研究直接开展毛利预测，有效避免了建模过程中预测误差的累积问题。

首先，基于上游原料成本、产品供需规模等数据，深入梳理与产品毛利关联性较强的影响因素，成功挖掘出聚丙烯的毛利逻辑，为后续建模提供了坚实的理论基础。其次，对毛利数据进行分解重构，剔除月度毛利数据中的噪声信息，显著提高了预测精度。

在模型选择方面，鉴于现有数据驱动预测模型众多，研究过程中面临模型选择困难的问题，本文开发了自动化预测模型选择框架。该框架能够自动比较多种机器学习算法在不同超参数下的模型预测和泛化能力，进而输出最优组合方式。研究选取了包括经典计量模型、降维收缩模型、树类模型和神经网络模型在内的 12 种预测模型，并结合不同超参数设置，共训练了 153 个模型。通过网格搜索，以最小化训练集十折交叉验证平均绝对误差为优化目标，筛选出最优模型，有效克服了模型选择过程中的主观性和低效率问题。

本文构建的预训练神经网络模型在验证集单步向前月度毛利预测中实现了约 5% 的预测误差，展现出较高的预测效能。基于该模型，本研究构建了基准（正常油价）与低油价两种情景预测框架，对 2025—2027 年聚丙烯毛利走势进行了前瞻性分析，为石化产业链企业的生产规划与市场布局提供了量化决策依据。

模型在保持预测精度的同时，通过 SHAP 解释框架揭示了滞后一阶毛利与上期产量的关键预测作用。其中，滞后一阶毛利的正向驱动效应与上期产量的负向抑制效应，经 SHAP 值量化验证，增强了决策依据的透明度与可信度。

参考文献

[1] 赵鲁涛，顾启宇，曲直，等. 2024 年国际原油价格分析与趋势预测 [J]. 北京理工大学学报（社会科学版），2024，26（2）：55-58.

［2］何盛宝. 依靠科技创新 支撑我国石化产业绿色低碳转型发展[J]. 当代石油石化，2024，32（9）：1-10.

［3］陈诚，魏海国，孙克乙，等. 影响聚丙烯价格的因素有哪些[J]. 中国石油和化工产业观察，2023（3）：60-61.

［4］李花，姚云，高莹，等. 中国聚丙烯市场现状及发展趋势[J]. 中外能源，2022，27（10）：63-69.

［5］齐姝婧，刘宏吉，刘畅宇，等. 我国透明聚丙烯市场供需分析及发展趋势[J]. 化学工业，2023，41（2）：6-9.

［6］孙克乙，陈诚，魏海国，等. 基于随机森林算法的中国聚烯烃市场价格逻辑[J]. 油气与新能源，2023，35（4）：60-65.

［7］陈孝文，苏攀，王欣宇，等. 基于小波去噪和长短期记忆网络的聚丙烯价格预测[J]. 现代计算机，2024，30（22）：67-72.

［8］Tiwari A K, Sharma G D, Rao A, et al. Unraveling the crystal ball: Machine learning models for crude oil and natural gas volatility forecasting[J]. Energy Economics, 2024, 134.

［9］Guo L, Huang X, Li Y, et al. Forecasting crude oil futures price using machine learning methods: Evidence from China[J]. Energy Economics, 2023, 127.

［10］Hollmann N, Müller S, Purucker L, et al. Accurate predictions on small data with a tabular foundation model[J]. Nature, 2025, 637 (8045): 319-326.

［11］Liao W, Fang J, Ye L, et al. Can we trust explainable artificial intelligence in wind power forecasting?[J]. Applied Energy, 2024, 376.

［12］Chen X, Karin T, Jain A. Analyzing the impact of design factors on solar module thermomechanical durability using interpretable machine learning techniques[J]. Applied Energy, 2025, 377.

Polypropylene Gross Margin Forecasting: Balancing Accuracy and Interpretability

Ruixiang QIU, Mengyi LI, Liao XU, Dianming WANG, Fangqi ZHU

CNOOC Energy Economics Institute

Abstract: Accurate prediction of chemical product gross margins is of significant importance for promoting the stable operation of the petrochemical industry chain and enhancing operational profits of upstream and downstream enterprises. In response to this, this study builds a polypropylene gross margin forecasting model balancing accuracy and interpretability based on data decomposition denoising, automated machine learning, and interpretability tools. First, complete ensemble empirical mode decomposition is applied to decompose polypropylene gross margin data. After removing high-frequency noise components, the remaining components are reconstructed to achieve denoising. Second, considering the subjectivity and inefficiency in model selection caused by the numerous existing data-driven models, this study constructs an automated machine learning framework. This framework can automatically screen the optimal model from hundreds of candidates within a short time while maintaining good scalability. The results show that pre-trained neural networks demonstrate the best prediction performance, yielding precise polypropylene gross margin forecasts. Finally, the SHAP method is used to reveal the complex relationships between feature variables and polypropylene gross margin predictions in the machine learning model.

Keywords: polypropylene gross profit; data decomposition and denoising; automated machine learning; machine learning explainability

基于多期双重差分模型的中美贸易转移实证方法研究

王萌 *

中国海油集团能源经济研究院

摘要：当前，中美贸易摩擦日趋严重，两国经贸纷争的紧张关系短期难以缓解。本文首先梳理了 2018—2024 年美国政府对我国实施的五轮加征关税政策以及中国的应对措施，然后通过多期双重差分模型，研究东盟在美国对我国加征关税政策后承接两国贸易转移情况的实证分析。结果显示，关税政策实施后，中美两国贸易破坏效应逐渐加剧，我国出口产品流向发生明显变化，美国贸易转向效应逐渐增强，东盟承担中美两国贸易转移的作用凸显。

关键词：贸易摩擦；加征关税；双重差分模型；贸易转移

0 引言

2018 年以来，美国政府在贸易领域对我国持续加征高额关税，加之地缘政治风险加剧了出口贸易的不确定性，我国政府虽有效提出贸易反制措施，但双边高额关税的持续化和常态化严重影响两国社会经济发展，我国出口贸易长期仍受冲击。基于此，不少学者开始研究中美贸易战对两国以及全球贸易的影响，Cui 等、张爱玲等、Shen 等、张大海等、郑休休等、宋国友、严莹等均通过不同分析方法研究了美国加征关税对我国出口的影响以及我国的应对措施[1-7]。近年来，我国积极发展多方友好贸易伙伴关系，与其他贸易伙伴建立自由贸易区，签订经贸协议，构建新的贸易韧性体系。2020 年，东盟首次超越美国成为我国第一大贸易伙伴，至今一直保持第一大贸易伙伴地位。同时，东盟跃升成为美国最大贸易进口来源地之一，我国不再是美国最大的贸易进口来源国。本文回顾了 2018—2024 年美国政府对我国实施的五轮加征关税政策，以及我国的贸易反制措施，然后通过多期双重差分模型，对东盟在中美贸易摩擦后承接两国贸易转移的情况进行实证分析。

---

* 王萌，男，博士，工程师，主要从事能源经济、宏观经济、环境经济、能源与经济政策等研究。E-mail: wangmeng43@cneei.com.cn

1 2018年以来美国对中国加征关税历史回顾

2017年8月,特朗普政府1.0时期开启对中国的"301调查",中美贸易摩擦正式开始。根据"301调查"结果,2018—2019年,特朗普政府对我国出口商品共加征了四轮关税。2024年5月,拜登政府对我国新能源产品加征关税。2025年,特朗普政府2.0时期,美国再次对我国出口商品加征关税,"贸易战"逐步升级,截至2025年3月,美国对我国加征多轮多批次的高额关税。

1.1 第一轮加征关税清单及中国应对

2018年,中美开启第一次贸易战。同年7月6日,美国政府针对我国电子产品、化工产品、金属制品、机械和设备等近千项、价值340亿美元的商品加征25%进口关税。随后我国对美国实施对等反制措施,针对从美国进口的500多项商品加征25%的关税。

1.2 第二轮加征关税清单及中国应对

2018年8月23日,美国对我国第二轮加征关税清单生效。针对我国出口的电子元件、电路板、汽车零部件、化肥、刀具等270多项、价值160亿美元的商品加征25%的进口关税。作为回应,我国也分两批对从美国进口的约1 100亿美元商品加征关税,并向世界贸易组织起诉美国。

1.3 第三轮加征关税清单及中国应对

2018年9月24日,美国对我国第三轮加征关税清单生效。美国对我国纺织物、化学品、调制调节器等6 000多项、价值约2 000亿美元的商品加征10%的进口关税,之后于2019年5月将关税提高至25%。我国则对从美国进口的5 000多项、价值约600亿美元商品征收5%~25%(不同类别商品征收比例不同)不等的关税。

1.4 第四轮加征关税清单及中国应对

2019年8月15日,美国对我国进行第四轮加征关税,分两批对约3 000亿美元商品加征15%关税。同年9月1日,第一批清单包含3 229项、价值约1 200亿美元商品,基本覆盖前三轮清单中未涉及的产品;12月15日,第二批清单包含542项、价值约1 800亿美元商品,覆盖服装、鞋等生活必需品。我国则对美国5 078项、价值约750亿美元的商品加征5%~10%(不同类别商品征收比例不同)不等的关税。

1.5 第五轮加征关税清单及中国应对

2021年，拜登政府上任后继续视中国为"美国最严峻的地缘政治挑战"，其保留了特朗普时期大部分关税政策，并于2024年5月提高了对我国电动汽车、太阳能电池、电池零部件等商品、价值约180亿美元的进口关税，其中电动汽车的某些产品关税提高至100%，太阳能电池关税提高至50%。我国则禁止镓、超硬材料和石墨等两用物项对美国出口。

2 中国、美国、东盟三方贸易变动分析

本节通过2018年美国对我国加征关税政策前后我国的贸易流向，分别从中国出口、美国进口、东盟进出口视角分析三方贸易合作情况。为了更加客观，本研究选取三方贸易数据，并引入其与主要贸易伙伴的贸易数据作为参照。需要说明的是，由于各国统计口径不同，本文仅分析各国贸易变化趋势，不对各国统计部门的进出口数据进行对比。

2.1 我国出口贸易变动

从我国对各国出口额变动趋势看，2018年美国关税政策实施之前，我国对美国出口额总体保持稳定增长，但在2018年之后的6年时间，我国对美国出口额出现两次大幅下降（见图1）。一次是2019年出口同比降低12.5%，这是美国关税政策实施后的第一年，贸易破坏效果明显；另一次是2023年出口同比降低13.1%，东盟国家替代了部分中国出口，且美国增加了对墨西哥的进口。近年来，我国对东盟国家出口保持较快增长，且东盟在2023年取代美国成为我国第一大出口市场。我国对日本、韩国以及欧洲主要国家出口一直保持平稳增长，这说明东盟承担了我国大部分出口增量。

从我国对各国出口额增速看，以2018年为时间节点，我国对贸易伙伴的出口额增速发生了明显变化（见图2）。可以看出，2015—2018年，我国对美国的出口无论在金额还是增速方面都远超中国其他贸易伙伴，年均增速为5.1%。但关税政策实施之后，2019—2024年我国对美国的出口年均增速降至2.7%。而东盟成为我国出口转移的主要目的地，我国对东盟出口年均增速由4.4%大幅提升至11.7%。

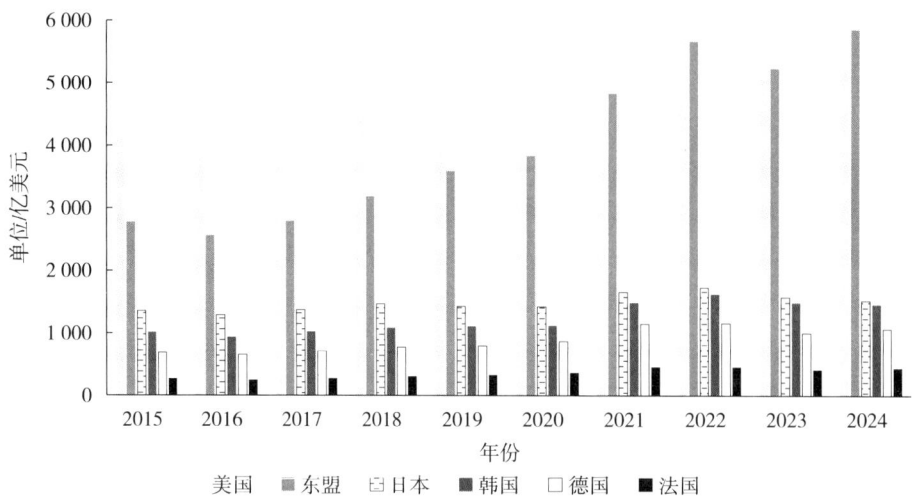

图 1　2015—2024 年中国对贸易伙伴出口额
Figure 1　China's export volume to trade partners (2015—2024)

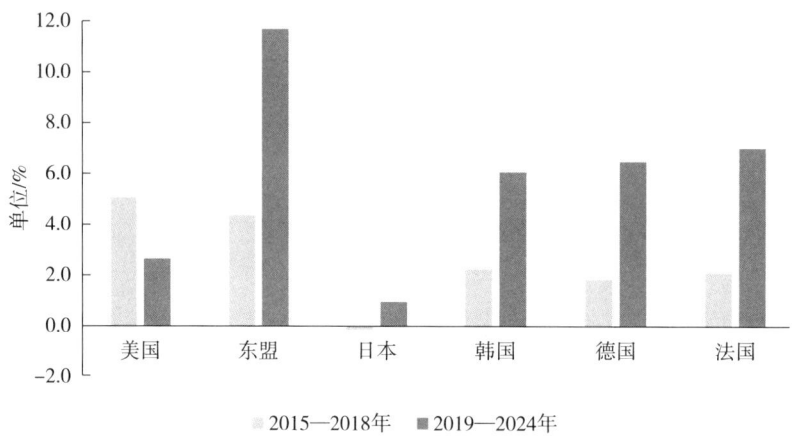

图 2　以 2018 年为时间节点,我国对贸易伙伴出口额年均增速对比
Figure 2　Annual growth rate comparison of China's exports to trade partners (2018 as the time node)

2.2　美国进口贸易变动

从美国对各国进口额变动趋势看,美国对我国进口额在 2018 年达到峰值后,2019 年出现大幅下降,2020 年由于全球新冠疫情,美国对各国进口贸易额均下降。虽然

2021—2022年进口额有所回升，但仍未超过2018年水平。2023年墨西哥取代中国成为美国第一大出口国后，美国对我国进口持续处于较低水平。美国对日本、德国、法国、韩国进口额变化不大，对东盟进口额整体保持稳定增长，且逐渐缩小了对东盟和加拿大进口的差距。因此，美国对我国加征关税后，东盟成为美国进口转移的主要受益者。通过图3可以看出，2018年美国对我国加征关税后，短期内（1～2年）产生较为明显的贸易破坏效应，进口大幅减少；中期内（3～5年），贸易破坏效应有减弱趋势，因此美国政府再次通过提高关税的方式强化了这一效应。

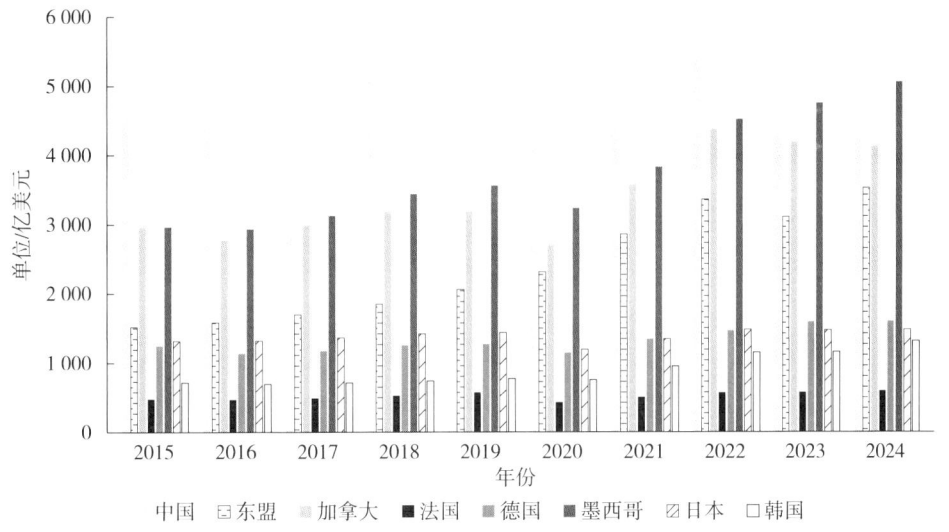

图3　2015年以来，美国对贸易伙伴进口额
Figure 3　U.S. import volume from trade partners (2015—present)

从美国对各国出口额增速看，关税政策实施前后，贸易格局发生明显转变（见图4）。2015—2018年，美国对我国进口贸易额年均增速为3.7%，对东盟为7.7%，对加拿大为-1.8%，对墨西哥和日本为3.9%和1.4%。2019—2024年，美国减少对我国的进口，增加对东盟、加拿大和墨西哥的进口，对我国进口年均增速为-2.5%，对东盟、加拿大和墨西哥年均增速为11.8%、5.6%和7.1%；对日本进口增速有所下降但降幅较小，年均增速为1.2%。因此，美国关税政策实施后，贸易转移效应显著增强。

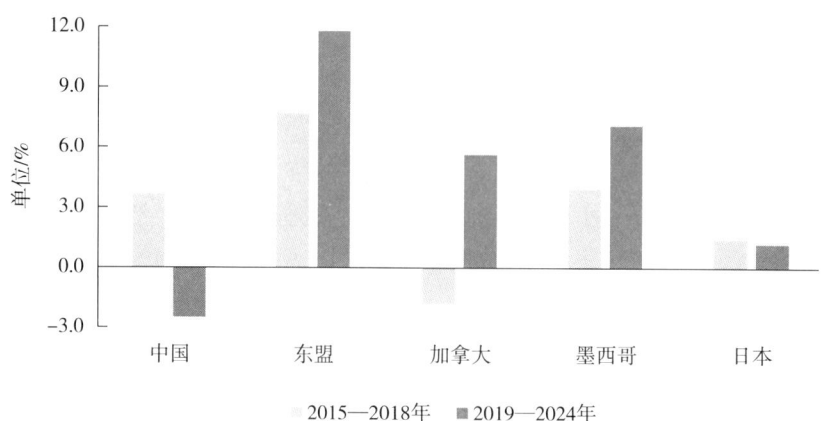

图 4 以 2018 年为时间节点，美国对贸易伙伴进口额年均增速对比
Figure 4　Annual growth rate comparison of U.S. imports from trade partners (2018 as the time node)

2.3 东盟进出口贸易变动

从东盟对各国进口贸易额变动趋势看（见图 5），2018 年之后东盟对我国进口额大幅增加，其中 2021—2024 年进口额分别是 2018 年的 134.1%、148.4%、138.5% 和 152.7%。由图 5 可以看出，近十年来，东盟对日本、德国、法国、韩国、印度等国家进口额总量变化不大，绝大部分进口增量来自中国。可以推断，中美贸易摩擦中东盟进口了来自中国的大部分产品。

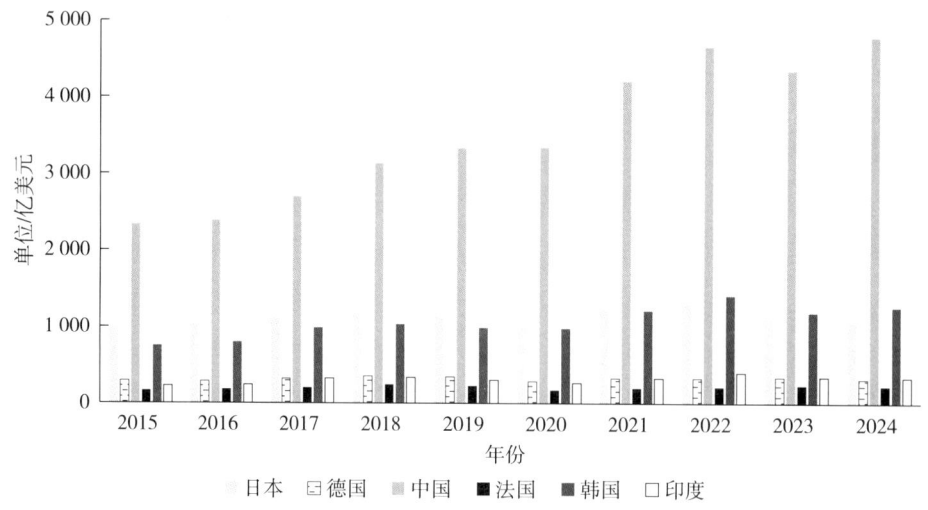

图 5　2015 年以来，东盟对贸易伙伴进口额
Figure 5　ASEAN's import volume from trade partners (2015—present)

从图6可以看出，2018年之后，东盟对中国和对美国的出口额差距整体呈现逐年缩小的趋势（除了2023年），且在2024年美国超过中国成为东盟第一大贸易出口国。而近十年来，东盟对日本、韩国、德国、法国、印度等国家的出口额整体变化不大。根据图7可以算出，2015—2018年，东盟对美国出口额年均增速为7.4%，到2019—2024年均增速为12.2%。因此，东盟在关税政策下成为中美两国贸易转移的重要承接地。

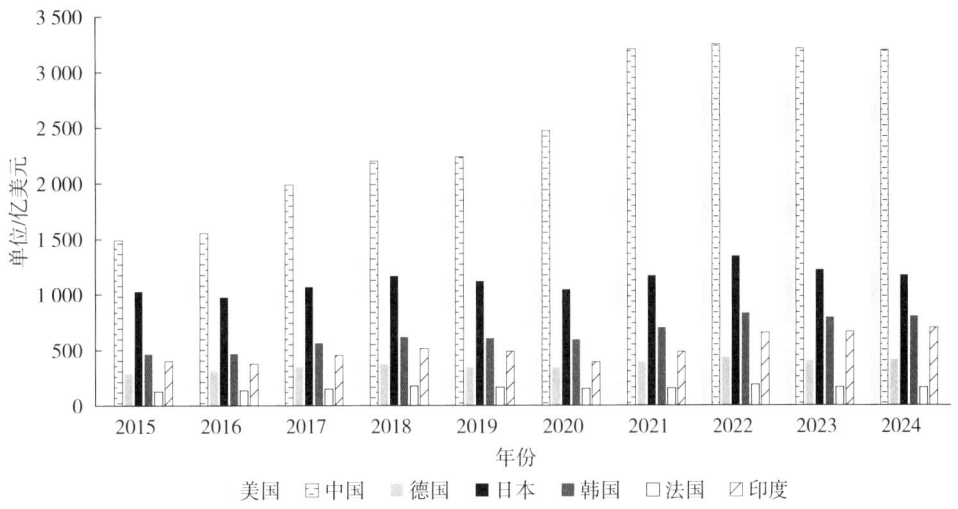

图6 2015年以来，东盟对贸易伙伴出口额
Figure 6 ASEAN's export volume to trade partners (2015—present)

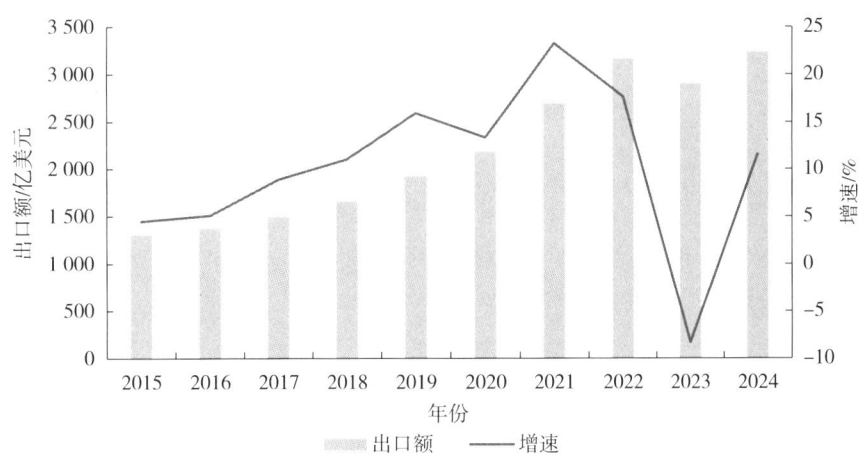

图7 2015年以来，东盟对美国出口额及增速
Figure 7 ASEAN's export volume and growth rate to the U.S. (2015—present)

3 理论模型

本研究在贸易引力模型的基础上采用双重差分模型，对东盟在中美贸易摩擦后承接两国贸易转移的情况进行实证分析。研究考虑了各国贸易会受多种不确定因素影响，若仅使用传统贸易引力模型可能出现变量遗漏等问题，因此，本研究在传统贸易引力模型基础上构建多期双重差分模型，以解决传统贸易引力模型存在的偏误，而后续稳健性检验也进一步验证了使用双重差分法的合理性。

3.1 模型设定

双重差分法（DID）是一种经典的因果推断工具，当前在政策评估和社会科学研究中是最为广泛应用的计量经济学方法之一，最早可以追溯到1855年John Snow对霍乱的研究，20世纪70年代由Ashenfelter引入经济学研究领域，之后，中国学者周黎安和陈烨将双重差分法引入国内研究，基于DID模型对中国农村税费改革的政策效果进行了估计[8]。李楠等运用双重差分法对我国国有企业改革制度的政策效果进行评价[9]。谢建国和王肖通过构建双重差分模型，研究中美贸易冲突带来的贸易破坏效应[10]。王琳运用双重差分模型，基于2008—2021年省级面板数据，对我国"一带一路"沿线省市的对外直接投资情况进行研究分析[11]。胡洁等以2010—2020年A股上市公司为样本，利用多时点双重差分模型，从绿色创新和全要素生产率两个角度实证研究了ESG评级对企业绿色转型的影响效应和作用机制[12]。DID模型通过对处理组和对照组的反事实检验，对比事件发生前后因变量的变化来判断事件的实际效应，并将事件虚拟变量和时间虚拟变量两者的交互项作为核心解释变量，模型如公式（1）：

$$y=\delta_0+\delta_1 treatment_i+\delta_2 post_t+\beta treatment_i \times post_t+\varepsilon_{ijt} \qquad (1)$$

式中，$treatment_i$为组别虚拟变量（受政策影响的为处理组，未受政策影响的为对照组，取值分别为1和0）；$post_t$为时间虚拟变量（受政策影响时间点前后取值分别为0和1）；$treatment_i \times post_t$为组别和时间虚拟变量的交互项，$\beta$为双重差分估计量，是除去时间效应和组别效应后事件发生的净影响。

3.2 模型构建与变量选取

本文借鉴周建军等的模型，在传统引力模型基础上，采用双重差分法，依次构建贸易破坏模型、贸易偏转模型及贸易转向模型，来研究美国对我国加征关税政策产生的贸易效应的平均净效应，见公式（2）～公式（4）：

$$\text{lnimport}_{it} = \alpha_0 + \Sigma\alpha_n \text{treatment}_i \times \text{post}t_n + \Sigma\alpha_2 X_t + \mu_i + \lambda_t + \varepsilon_{it} \qquad (2)$$

$$\text{lnexport}_{it} = \beta_0 + \Sigma\beta_n \text{treatment}_i \times \text{post}t_n + \Sigma\beta_2 X_t + \mu_i + \lambda_t + \varepsilon_{it} \qquad (3)$$

$$\text{lnimport}_{it} = \gamma_0 + \Sigma\gamma_n \text{treatment}_i \times \text{post}t_n + \Sigma\gamma_2 X_t + \mu_i + \lambda_t + \varepsilon_{it} \qquad (4)$$

其中，import$_{it}$ 表示 t 年美国从贸易伙伴国进口产品 i 的贸易额，export$_{it}$ 表示 t 年我国出口到东盟的产品 i 的贸易额，treatment$_i$ × postt_n 是产品被加征关税第 i 年的年份虚拟变量。公式（2）分析美国对我国加征关税政策下，中国对美国出口的影响，此时的贸易伙伴国是中国；公式（3）分析关税政策后我国对东盟出口的变化，公式（4）分析美国对东盟进口贸易的变化，此时的贸易伙伴国是东盟。

2018 年以来，美国政府对我国共加征了六轮关税，本研究对象重点聚焦于前五轮，原因是第六轮关税政策发生在 2025 年，政策实施产生的贸易效应滞后，出口贸易数据也存在一定的滞后性，因此选取 2024 年以前出口数据。模型中被加征关税的产品开始时间点均为 2018 年，所以 2019 年 $n=1$，变量 treatment$_i$ × post$t_n=1$，其余年份为 0，依次类推，α_n、β_n、γ_n 反映了政策实施第 n 年，美国对华加征关税对三边贸易的净影响。

3.3 数据来源

研究选择 2018 年 1 月至 2024 年 12 月的月度贸易数据进行实证分析，被解释变量 import$_{it}$ 选取美国国际贸易委员会（USITC）数据库中的美国对中国进口贸易总额、美国对东盟进口贸易总额；export$_{it}$ 选取国家统计局的中国对东盟六国出口贸易总额。treatment$_i$ × post$t$ 来自美国加征关税清单；控制变量 lnpgdp 选取世界银行各国人均国内生产总值。

4 东盟承接中美贸易转移的实证结果分析

4.1 贸易破坏模型回归结果分析

公式（2）为贸易破坏模型，研究检验了美国对我国加征关税政策后，美国对中国进口贸易额的影响。根据公式（2）进行实证分析，得出结果可知，treatment$_i$ × postt_n 即表 1 中 did 的系数均为负值，且较为显著。这说明美国加征关税政策效果显著，美国对我国进口额减少，存在显著的贸易破坏效应。分年份看，treatment$_i$ × postt_n 的系数自 2018—2021 年显著增加，说明特朗普政府关税政策效果明显，贸易破坏严重。但 2022—2023 年，该系数有所下降，说明贸易破坏效应减弱。2024 年该系数再次增加，说明拜登政府 2024 年 5 月的关税政策对我国出口的贸易破坏效果增加。同时，两列回归结果中lnpgdp_china、lnpgdp_usa均为正值，且lndist为负值，说明模型构建合理，变量的系数复合预期。

表1 贸易破坏模型回归结果
Table 1 Regression results of trade destruction model

变量	（1） lnimportit	（2） lnimportit
did	−0.178*** （0.004）	
did1		−0.238*** （0.005）
did2		−0.251*** （0.005）
did3		−0.269*** （0.006）
did4		−0.231*** （0.006）
did5		−0.214*** （0.007）
did6		−0.265*** （0.007）
lnpgdp_china	0.538*** （0.021）	0.550*** （0.022）
lnpgdp_usa	0.864*** （0.042）	0.740*** （0.043）
lndist	−0.478*** （0.006）	−0.307*** （0.007）
_cons	12.886*** （0.133）	12.731*** （0.165）
产品固定效应	是	是
时间固定效应	是	是
N	156 594.000	156 594.000
r2	0.928	0.929
r2_a	0.925	0.926

注：*、**、***分别表示10%、5%、1%的显著水平，括号内是标准误差。

从上述回归模型结果可以得出，由于美国提高关税，我国企业对美国的出口成本或美国企业的进口成本提高，贸易破坏效应导致中美两国贸易减少。而两国贸易成本提高，一方面，我国企业为了规避成本上升带来的风险，会选择其他地区出口商品，这使得我国出口产品流向发生变化；另一方面，美国进口企业同样为了降低进口成本，选择与中国产品具有同等替代性的市场进口。从供求关系看，我国作为供给方，选择替代市场将产品出口给其他贸易伙伴，或经由第三方市场将产品出口至美国。美国作为需求方，同样会选择替代市场进口相应产品。因此，美国关税政策改变了中美两国的贸易流向，造成中国出口产品产生贸易偏转效应，美国进口产品产生贸易转向效应。

4.2 贸易偏转模型回归结果分析

公式（3）为贸易偏转模型，研究检验了美国对我国加征关税政策后，我国对东盟国家出口贸易额的影响。根据公式（3）进行实证分析，得出结果可知，treatmenti×posttn即表2中did的系数均为正值，且较为显著。这说明美国加征关税政策效果显著，我国对东盟国家出口贸易额上升，存在显著的贸易偏转效应。从各年来看，模型中treatmenti×posttn的系数呈现逐年上升趋势，尤其是2024年，系数达到0.331，表明我国对东盟存在连续的贸易偏转，且效应逐年增强。同时，两列回归结果中lnpgdp_china、lnpgdp_asean均为正值，且lndist为负值，说明模型构建合理，变量的系数复合预期。

表2 贸易偏转模型回归结果
Table 2 Regression results of trade deflection model

变量	（1）Lnexportit	（2）Lnexportit
did	0.154***（0.004）	
did1		0.173***（0.005）
did2		0.196***（0.006）
did3		0.243***（0.006）
did4		0.286***（0.007）
did5		0.309***（0.007）
did6		0.331***（0.007）
lnpgdp_china	1.423***（0.015）	1.251***（0.022）
lnpgdp_asean	0.211***（0.048）	0.385***（0.053）

续表

变量	(1) Lnexportit	(2) Lnexportit
lndist	−0.316*** (0.006)	−0.043*** (0.007)
_cons	3.286*** (0.193)	3.573*** (0.268)
产品固定效应	是	是
时间固定效应	是	是
N	196 574.000	196 547.000
r2	0.928	0.929
r2_a	0.925	0.926

注：*、**、*** 分别表示 10%、5%、1% 的显著水平，括号内是标准误差。

4.3 贸易转向模型回归结果分析

公式（4）为贸易转向模型，研究检验了美国对我国加征关税政策后，美国对东盟国家进口贸易额的影响。根据公式（4）进行实证分析，得出结果可知，treatmenti × posttn 即表 3 中 did 的系数均为正值，且较为显著。这说明美国加征关税政策效果显著，美国对东盟国家进口额上升，存在显著的贸易转向效应。从各年来看，模型中 treatmenti × posttn 的系数呈现逐年上升趋势，表明美国对东盟存在连续的贸易转向，且效应逐年增强。

表 3 贸易转向模型回归结果

Table 3　Regression results of trade diversion model

变量	(1) lnimportit	(2) lnimportit
did	0.068*** (0.009)	
did1		0.036*** (0.006)
did2		0.117*** (0.006)
did3		0.189*** (0.007)
did4		0.243*** (0.009)
did5		0.279*** (0.012)

续表

变量	（1） lnimportit	（2） lnimportit
did6		0.301*** （0.015）
lnpgdp_usa	3.346*** （0.187）	2.257*** （0.102）
lnpgdp_asean	−0.631*** （0.148）	−0.005 （0.151）
lndist	−0.006 （0.028）	−0.039*** （0.017）
_cons	−8.987*** （0.931）	−6.842*** （0.358）
产品固定效应	是	是
时间固定效应	是	是
N	183 498.000	183 498.000
r2	0.991	0.991
r2_a	0.985	0.985

注：*、**、*** 分别表示 10%、5%、1% 的显著水平，括号内是标准误差。

为了检验我国对美国出口产品是否由东盟转向给美国，即美国对东盟进口增加是否来自我国对东盟的出口，需要进行双重验证。一是需要排除美国从东盟进口的产品增量主要来自东盟从我国以外的国家或地区进口的因素，即验证东盟从我国进口额的提高，但从其他贸易国家或地区的进口没有明显提高。二是需要排除美国进口的产品增量是来自东盟以外国家的因素，即验证美国从东盟进口的提高，但从其他贸易国家或地区的进口没有明显提高。

研究选取东盟对中国以外的前五大贸易伙伴（德国、法国、韩国、日本、印度）的进口额，以及美国对中国、东盟以外的前五大贸易伙伴（墨西哥、加拿大、德国、韩国、日本）的进口额，作为被解释变量，根据公式（4）进行回归。由表4可知，美国实施关税政策后，东盟对中国的进口显著增加，但对韩国、德国和法国的进口呈现负向影响，对日本和印度的进口没有显著变化。由表5可知，在关税政策影响下，美国对东盟国家的贸易进口显著增加，但对于墨西哥、加拿大、德国、韩国、日本五国的进口没有明显变化。

表4 贸易转向模型(东盟与其他贸易伙伴进口贸易变化)回归结果
Table 4　Regression results of trade diversion model (ASEAN's import changes with other trade partners)

变量	(1)中国	(2)日本	(3)韩国	(4)德国	(5)法国	(6)印度
did	0.072***（0.011）	−0.005（0.014）	−0.056***（0.019）	−0.045***（0.013）	−0.038***（0.014）	0.009（0.019）
控制变量	是	是	是	是	是	是
产品固定效应	是	是	是	是	是	是
时间固定效应	是	是	是	是	是	是
N	194 965	175 324	156 342	147 861	145 498	129 816
r2	0.653	0.816	0.783	0.754	0.725	0.784
r2_a	0.632	0.809	0.767	0.721	0.716	0.761

注：*、**、*** 分别表示 10%、5%、1% 的显著水平，括号内是标准误差。

表5 贸易转向模型(美国与其他贸易伙伴进口贸易变化)回归结果
Table 5　Regression results of trade diversion model (U.S. import changes with other trade partners)

变量	(1)东盟	(2)墨西哥	(3)加拿大	(4)德国	(5)韩国	(6)日本
did	0.072***（0.015）	0.003（0.004）	−0.001（0.001）	0.002（0.001）	0.003（0.002）	0.001（0.001）
控制变量	是	是	是	是	是	是
产品固定效应	是	是	是	是	是	是
时间固定效应	是	是	是	是	是	是
N	185 962	178 934	171 265	1 667 431	143 898	154 687
r2	0.863	0.634	0.608	0.623	0.655	0.619
r2_a	0.858	0.625	0.601	0.616	0.642	0.607

注：*、**、*** 分别表示 10%、5%、1% 的显著水平，括号内是标准误差。

4.4 稳健性检验

本研究对实证模型稳健性检验选择倾向得分法（PSM），该方法可以减少变量之间的系统性偏差。在剔除未匹配的样本后，利用双重差分模型重新进行检验，结果显示，did 的回归系数均在 1% 的水平上显著，表明原模型不存在严重的样本选择误差问题。美国对我国加征关税减少了我国对美国出口，增加了我国对东盟出口以及美国对东盟的进口，这一结论具有可靠性（表6）。

表 6 稳健性检验结果
Table 6 Robustness test results

变量	（1） lnimportit	（2） Lnexportit	（3） lnimportit
did	−0.128*** （0.007）	0.193*** （0.004）	0.056*** （0.008）
_cons	14.984***	4.366***	−13.275***
控制变量	是	是	是
产品固定效应	是	是	是
时间固定效应	是	是	是
N	79 867.000	126 873.000	132 087.000
r2	0.983	0.876	0.913
r2_a	0.964	0.845	0.901

注：*、**、*** 分别表示 10%、5%、1% 的显著水平，括号内是标准误差。

5 主要结论及展望

5.1 主要结论

本文分析了 2018 年以来美国对我国实施加征关税政策，中国－美国－东盟三方贸易变化情况，并通过多期双重差分法对三方贸易的月度数据进行实证研究和稳健性检验后，得出以下结论。

一是贸易成本提高，贸易破坏效应增强后逐步减弱。关税政策实施后，我国对美国的出口产生明显的负向影响，出口贸易增速大幅下降，年均增速由 2015—2018 年的 5.1% 降至 2019—2024 年的 2.7%。企业贸易成本提高，短期贸易破坏效应明显，但随着我国产品出口逐步向东盟等地区转移，贸易破坏率由 2021 年的 26.9% 降至 2023 年的 21.4%。但美国政府再次提高关税，2024 年贸易破坏率升至 26.5%。

二是贸易流向改变，贸易偏转效应明显。关税政策实施后，我国出口产品流向发生变化，美国企业选择替代市场进口。东盟自中国进口显著增加，2024 年进口额增速是 2018 年的 152.7%，但自其他主要贸易伙伴国进口显著减少或变化不明显。

三是东盟替代作用凸显，贸易转向效应增强。关税政策实施后，一是美国对东盟进口产生显著正向影响，进口额年均增速由 2015—2018 年的 7.7% 升至 2019—2024 年的 11.8%。而美国对中国的进口额年均增速由 2015—2018 年的 3.7% 降至 2019—2024 年的 −2.5%。二是东盟贸易增量主要来自中国和美国，且对中国和对美国的出口额差距整体呈现逐年缩小趋势，在 2024 年美国超过中国成为东盟第一大贸易出口国。表明我国对美国出口减少后，大概率将产品经由东盟出口到美国，东盟在中美两国贸易转移中发挥了重要作用。

与此同时，值得关注的是，2018 年美国仅对中国加征关税，而 2025 年是对世界各国进口美国的商品加征关税，对中国则是加征更高的关税。但特朗普关税 2.0 对中国贸易影响将低于 1.0 时期，一方面，新兴市场是近年来拉动我国出口的主要力量，疫情之后随着发达国家在全球经济份额的下降以及美国贸易与产业政策的转变，我国对欧洲、美国、日本的出口占比和增速均呈现下降和放缓趋势，对东南亚、俄罗斯、非洲等"一带一路"沿线区域出口增长迅速。虽然我国对美国出口比重回落，但我国占全球出口份额不降反升，2023 年中国出口占全球出口份额的 14.2%，高于中美贸易摩擦之前 2018 年的 12.8%，特朗普关税 2.0 导致的中国出口风险将得到很大程度上的缓冲。另一方面，美国对我国贸易顺差仍占比较高，2024 年为 35.6%，远高于美国对我国出口占比的 14.6%。因此，特朗普关税 2.0 对中国贸易顺差的影响将显著高于对出口的影响。

5.2　不足与展望

由于数据获取以及关税政策见效时间滞后等因素，本研究仅采用了 2018—2024 年美国对我国加征五轮关税以及月度进出口数据，没有将 2025 年美国对我国加征关税进出口数据考虑在内。因此，本研究仅从实证方法层面分析中美关税战对两国贸易的破坏效应。2025 年本轮美国关税政策影响面更广，涉及国家更多，作者后续将持续跟踪研究关税政策对全球经济和贸易的影响，填补本次研究的数据缺陷。后续研究将纳入 2025 年新一轮关税数据，结合全球供应链重构、贸易转移效应及多边贸易政策联动特征，构建动态分析方法，量化分析不同行业及区域价值链的异质性影响，为多边贸易规则重构提供政策参考。

同时也要看到，我国本轮应对美国关税政策准备充分，应对策略已从被动反应转向主动布局，体现了近年来我国在应对外部挑战时的战略调整与政策韧性，这种系统性应对能力，正在重塑全球经济贸易格局中的中国位势。

参考文献

[1] Cui L, Sun Y, Melnikiene R, et al. Exploring the impacts of Sino‐US trade disruptions with a multi-regional CGE model[J]. Economic research–Ekonomska istraživanja, 2019, 32 (1): 4015–4032.

[2] 张爱玲，欧阳秋芳. 美国加征关税对中国的影响及对策[J]. 国际经济合作, 2020（6）:

62–73.

[3] Shen G, Wang P, Xu Y. Trade destruction and deflection effects of US - China trade frictions on China's tariff - targeted products[J]. The World Economy, 2021, 44 (7): 2076–2106.

[4] 张大海, 祝志川, 张玉杰. 中美贸易摩擦对我国出口贸易影响的实证[J]. 统计与决策, 2021, 37（14）: 113–117.

[5] 郑休休, 张曦, 陈勇. 美国对华加征关税对中国林产品出口的贸易阻碍与贸易偏转效应分析[J]. 世界林业研究, 2022, 35（6）: 107–112.

[6] 宋国友. 从特朗普到拜登: 中美经贸关系评估与展望[J]. 复旦学报(社会科学版), 2021（3）: 102–120.

[7] 严莹, 张晨. 中美贸易战背景下"一带一路"沿线国家对中国出口贸易的影响研究[J]. 哈尔滨工业大学学报（社会科学版）, 2022, 24（3）: 154–160.

[8] 周黎安, 陈烨. 中国农村税费改革的政策效果: 基于双重差分模型的估计[J]. 经济研究, 2005（8）: 44–53.

[9] 李楠, 乔榛. 国有企业改制政策效果的实证分析——基于双重差分模型的估计[J]. 数量经济技术经济研究, 2010, 27（2）: 3–21.

[10] 谢建国, 王肖. 中美贸易冲突的贸易后果——基于中美贸易细分产品数据的研究[J]. 财经理论与实践, 2021, 42（1）: 86–93.

[11] 王琳. "一带一路"倡议下我国沿线省市对外直接投资研究——基于双重差分法[J]. 商展经济, 2023（23）: 15–18.

[12] 胡洁, 于宪荣, 韩一鸣. ESG评级能否促进企业绿色转型？——基于多时点双重差分法的验证[J]. 数量经济技术经济研究, 2023, 40（7）: 90–111.

An Empirical Study on Sino-US Trade Diversion: Based on Multi-Period Difference-in-Differences Model

Meng WANG

CNOOC Energy Economics Institute

Abstract: Currently, the U.S.-China trade friction has intensified, with the economic and trade tensions between the two countries unlikely to ease in the short term. The paper first reviews the five rounds of tariff increases imposed by the U.S. government on China from 2018 to 2024 and China's corresponding responses. Subsequently, using a multi-period difference-in-differences (DID) model, we conduct an empirical analysis of ASEAN's role in absorbing trade diversion between the two nations following the U.S. tariff measures. The results reveal that after the tariff implementation, the trade destruction effect between China and the U.S. gradually intensified, accompanied by significant shifts in China's export destinations. Meanwhile, the trade diversion effect toward the U.S. strengthened progressively, with ASEAN serving as a critical channel for absorbing diverted trade flows from both sides.

Keywords: trade friction; tariff hikes; difference-in-differences model; trade diversion